MINISTERE DE LA CULTURE ET DE LA COMMUNICATION

De Michel-Ange à Gericault

DESSINS DE LA DONATION ARMAND-VALTON

ECOLE NATIONALE SUPERIEURE DES BEAUX-ARTS

A Wanda Bouleau - Rabaud

Conservateur honoraire
de la Bibliothèque et des Collections
de l'Ecole nationale supérieure des Beaux-Arts.

De Michel-Ange à Gericault

DESSINS DE LA DONATION ARMAND-VALTON

ECOLE NATIONALE SUPERIEURE DES BEAUX-ARTS
Chapelle des Petits-Augustins
19 mai - 12 juillet 1981

Exposition réalisée et présentée
par le service des relations extérieures et des expositions
de l'Ecole nationale supérieure des Beaux-Arts
avec le concours du service intérieur.

ISBN 2 - 903639 - 000
Dépôt légal 2e trimestre 1981
N° Imprimeur : 187

COMITÉ SCIENTIFIQUE

Cette exposition a bénéficié des concours financiers :

du Ministère de la Culture et de la Communication,
de la Ville de Paris,
de l'Association des Amis de l'Ecole nationale supérieure des Beaux-Arts,
des Papeteries Canson et Montgolfier,
des Papeteries Arjomari.

Que le Musée du Louvre, qui a bien voulu prêter
le portrait d'Alfred Armand par Cabanel, soit ici remercié.

Sommaire

Préface

L'Ecole des Beaux-Arts continue l'exploration de son fonds patrimonial. Après les envois de Rome consacrés à Pompéi, voici quelques deux cents feuillets extraits de la donation Armand-Valton. Aux travaux des pensionnaires de l'Académie de France à Rome succèdent donc des œuvres de maître; à l'architecture, des paysages, des natures mortes, des portraits, des scènes de genre. Mais, ici comme là, et aujourd'hui dans sa rayonnante plénitude, le dessin règne en maître.

Le Cabinet de dessins de l'Ecole des Beaux-Arts est, en effet, fort important. Il abrite douze mille feuillets de maître et quelques vingt cinq mille dessins d'architecture auxquels viendront bientôt s'ajouter ceux de la donation Viollet-le-Duc. Plusieurs sources l'ont nourri : les Académies royales ont déposé les premières strates. Les concours d'élèves dont l'Ecole a conservé les œuvres primées, les prix de Rome et les envois des pensionnaires de l'Académie de France à Rome ont constitué l'ossature de son fonds d'architecture. De prestigieuses donations, faites après l'ouverture de la bibliothèque en 1864 ont couronné l'ensemble.

Ce fonds aux provenances diverses est cependant profondément original. Il s'est, en effet, constitué autour de l'idée de modèle qui pendant plus de deux siècles a sous-tendu tout l'enseignement des arts. Quand, dans les classes des Académies d'Ancien Régime, les maîtres traçaient un nu d'une main sûre pour l'édification de leurs élèves et le déposaient ensuite dans les collections de l'Académie, ils abandonnaient ainsi un modèle dont ils connaissaient la valeur exemplaire. Quand, au

XIXᵉ siècle, l'Ecole conservait les envois de Rome d'architecture, elle cherchait avant tout à constituer un Cabinet dans lequel elle trouverait l'exacte copie des grands monuments de l'Antiquité. Ainsi, le dessin d'architecture rejoignait, dans sa finalité pédagogique, les copies des tableaux de la Renaissance italienne que l'on accrochait sur les murs de la Chapelle ou les moulages d'Antique qui peuplaient la cour vitrée du Palais des Etudes. Quand, au XIXᵉ siècle, d'illustres collectionneurs léguaient leurs œuvres à l'Ecole, ils étaient convaincus qu'elles constituaient pour les élèves une inégalable leçon.

Certes, aujourd'hui, l'enseignement de l'art comme celui de l'architecture a subi de profondes mutations et l'imitation d'un modèle n'est plus l'instrument privilégié de la leçon. La photographie et le voyage ont joué leur rôle dans une évolution qui commença dès le début de notre siècle. Mais il demeure essentiel que dans leur Ecole les élèves retrouvent le long cheminement historique de l'art qui conduit jusqu'à leurs premiers travaux. C'est donc, en pensant à eux, que cette exposition a été préparée.

Elle fut possible grâce à tous ceux qui nous ont aidés dans notre travail et à qui j'adresse tous mes remerciements : Roseline Bacou, Carlos Van Hasselt, Catherine Monbeig-Goguel, Pierre Rosenberg, Antoine Schnapper, Jacques Thuillier, Françoise Viatte qui ont guidé Emmanuelle Brugerolles, Conservateur au Cabinet des dessins de l'Ecole des Beaux-Arts dans sa lourde tâche. Elle fut le maître d'œuvre de ce catalogue. Sa frêle jeunesse n'est qu'apparence. Elle cache ténacité, ardeur et compétence. Il me plait de la saluer en son premier ouvrage.

Jean Musy.

Alexandre Cabanel, *Portrait d'Alfred Armand*, toile, Musée du Louvre.

Introduction

Alexandre Cabanel, *Portrait d'Alfred Armand,*
toile, E.B.A.

La personne d'Alfred Armand nous est connue par deux sources principales : un portrait, exécuté par son ami Cabanel, figurant à l'exposition nationale de 1883, conservé au Musée du Louvre, et une notice de Georges Duplessis[1] publiée en 1888, où il lui rend hommage. Dans son tableau, Cabanel révèle d'emblée quels furent les deux domaines où se déploya toute l'activité d'Alfred Armand. On aperçoit, en effet, sur la gauche, à côté de lui, un portefeuille ouvert qui laisse entrevoir les plans de la gare Saint-Lazare et du Grand-Hôtel, et sur le bord de la table, à droite, un cadre rempli de médailles italiennes, de terres cuites de Tanagra et de livres anciens. Son existence, comme le souligne Duplessis, semble s'être partagée entre ces deux activités : l'architecture qui l'occupa sans répit jusqu'en 1863, l'histoire de l'art à laquelle il consacra le reste de sa vie. Il prodigua, dans ces deux domaines, une ardeur, une intelligence et un talent qui en font un des personnages les plus attachants du XIXe siècle.

Né le 8 octobre 1805, Alfred Armand, d'origine aisée, reçut pendant sa jeunesse une formation d'architecte : élève de Provost et d'Achille Leclère, il fut admis à l'Ecole des Beaux-Arts en seconde classe en 1827, où il reçut trois médailles. Ami de Clapeyron, qui participa de concert avec Péreire et Rothschild à la création des chemins de fer, Armand fut chargé de la construction de toutes les gares des lignes de Saint-Germain et de Versailles. La tâche était délicate. C'était en effet l'époque où s'élevaient les premières gares et où tout était à inventer dans un domaine particulièrement complexe : il fallait notamment assumer les obligations du service et prévoir les multiples besoins des voyageurs, ce qui nécessitait une réelle compétence en matière de composition architecturale. Armand semble avoir aisément franchi l'obstacle, puisqu'on lui confia la construction de la gare Saint-Lazare qui marqua le point de départ de toute une série de commandes qui se succédèrent en l'espace de dix ans : la gare de Saint-Germain-en-Laye en 1845, celles d'Amiens, d'Arras et de Lille en 1846-1847, celle de Calais en 1849, celle de Saint-Quentin en 1850 et de Douai en 1851.

A la fin de 1851, Armand abandonna définitivement les gares et se tourna vers un genre d'édifice différent, où l'architecte pouvait développer toutes les

---

1 G. Duplessis, *Notice sur Alfred Armand,* Paris, 1888.

Elévation du Grand Hôtel construit par Alfred Armand, recueil, E.B.A.

finesses de son art, puisqu'il s'agit de la construction de grands hôtels parisiens. C'est à lui que l'on confia la réalisation, sur la place du Palais-Royal et sur la rue de Rivoli, d'un hôtel de vastes dimensions qui prit rapidement le nom d'hôtel du Louvre — transformé ultérieurement en magasin de nouveautés. Armand devait, aux termes de son contrat, assurer aux voyageurs tout à la fois un confort nécessaire et un logement d'un prix relativement accessible. Il y parvint en adoptant un plan excellent. Il conçut un grand quadrilatère formant une cour ouverte où se développaient tous les services de l'hôtel ; la façade principale comprenait plusieurs étages, répondant parfaitement aux différents besoins. Le rez-de-chaussée était occupé par des magasins luxueux, le premier étage par de grands appartements destinés aux hôtes les plus fortunés, par une salle à manger et un grand salon et le dernier étage par de petites chambres réservées à des visiteurs d'une condition plus modeste. Le projet, entrepris en 1852, fut réalisé très rapidement, puisqu'il fut achevé à la fin de l'année 1855. Il remporta un grand succès. Aussi, Armand fut-il très vite amené à exécuter, boulevard des Capucines — au-dessus de l'actuel Café de la Paix — un autre hôtel du même type, mais d'un aspect sensiblement plus somptueux et luxueux, qu'il acheva le 13 mars 1863.

Au lendemain de cette lourde entreprise, il décida d'abandonner l'architecture. En 1863, il remit donc entre les mains d'un ancien collaborateur les travaux d'entretien de l'hôtel et déclara qu'il n'était plus qu'un architecte honoraire. Cette retraite prématurée lui permit de se livrer entièrement à l'étude de l'histoire de l'art et à fréquenter plus assidûment des artistes et des amateurs éclairés de son temps vers lesquels le portaient ses goûts et sa culture. Apprécié pour ses manières affables, il fut introduit par son ami Henriquel, peintre et graveur, dans ce milieu restreint et passionné. Ses relations avec Henriquel remontent en fait aux années 1840. A cette époque, Alfred Armand venait de perdre sa jeune épouse, excellente musicienne, qu'il aimait tendrement. Les Henriquel l'entourèrent, en ces moments difficiles, de leur amitié. Ils l'attirèrent chez eux et le mêlèrent aux nombreuses réunions qu'ils organisaient. Au cours de l'une d'entre elles, il rencontra His de la Salle. L'illustre collectionneur devint rapidement son ami intime et le convia chez lui. Dans ce salon d'art où se réunissaient, au moins une fois par semaine, les amateurs désireux de s'instruire auprès de lui, Armand devint rapidement un de ses hôtes les plus assidus. His de la Salle lui donna le goût des dessins et des médailles et l'aida à choisir ses premières acquisitions. En outre, comme toutes les œuvres d'art du marché parisien présentant quelque intérêt étaient montrées à His de la Salle, Armand l'accompagnait partout, acquérant ainsi l'expérience qui devait bientôt lui permettre d'acheter seul ses propres dessins.

Son éloignement de l'architecture le libérant en outre de toute contrainte, Armand se mit à voyager en Europe, visitant palais, églises, musées, monuments. Crayon à la main, il cherchait à retenir tout ce qu'il voyait. Il rapportait de ces séjours de nombreuses photographies, des reproductions d'œuvres d'art, qui forment un ensemble unique de documents comprenant 17 499 photographies et gravures. Collectionneur passionné de médailles, il décida en 1875 de leur consacrer un ouvrage en traitant de l'Italie des XVᵉ et XVIᵉ siècles. Ce choix répondait aux goûts de nombreux amateurs. La première édition parut en 1879 chez Plon[2]. Elle ne satisfit pas entièrement Alfred Armand qui la révisa jusqu'en 1883 avec l'aide de son neveu Valton[3]. L'évocation de cet homme cultivé ne serait pas complète si l'on passait sous silence son amour pour la musique. Il ne manquait en effet jamais une séance au Conservatoire, et allait régulièrement à l'Opéra, à l'Opéra Comique et au Théâtre de l'Ambigu. Il recevait en outre, chaque lundi soir, ses amis pour jouer des œuvres de Beethoven, mais aussi de compositeurs contemporains comme Gounod.

Eprouvé par ces nombreuses activités, notamment la rédaction de son ouvrage, Armand s'éteignit le 28 juin 1888. Il légua au Cabinet des Estampes à la Bibliothèque Nationale sa collection de photographies et un grand nombre de gravures, dont François Courboin dressa l'inventaire en 1895[4]. En revanche, sa riche collec-

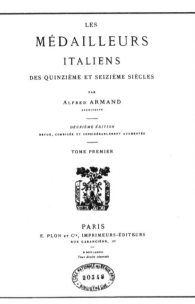

Les médailleurs italiens des XVᵉ et XVIᵉ siècles, livre, E.B.A.

---

2 A. Armand, *Les médailleurs italiens des XVᵉ et XVIᵉ siècles*, 1879.
3 A. Armand, *Les médailleurs italiens des XVᵉ et XVIᵉ siècles*, Paris, 1883, 2 tomes.
4 F. Courboin, *Bibliothèque Nationale, Inventaire de la collection Armand*, Paris, 1895, 2 vol.

tion de dessins anciens devint à son décès la propriété de son neveu Prosper Valton, qui l'avait entouré de sa sollicitude dans les dernières années de sa vie. Prosper Valton, qui s'était aussi formé au contact d'His de la Salle, était profondément lié à son oncle dont il partageait la même passion pour les dessins. A la fin de sa vie, il lui avait apporté un concours précieux, quand ses yeux fatigués l'empêchaient de conduire les recherches indispensables à la rédaction de la dernière édition de son livre. Armand dans l'introduction de son livre lui rend hommage : «Nous terminerons en nommant à côté d'His de la Salle, M. Prosper Valton, qui fut aussi son ami et en quelque sorte son élève. Amateur et connaisseur éminent des choses d'art, Valton a été pour nous le plus intelligent et le plus affectueux des collaborateurs. C'est avec un vif plaisir que nous lui exprimons notre bien cordiale reconnaissance»[5]. Valton mourut à son tour le 21 mars 1907 à Passy. En 1908, sa veuve légua à l'Ecole des Beaux-Arts, en souvenir de son mari, les 525 pièces de la collection de dessins. Ce fut donc le 1er juillet 1908, date de l'entrée à la bibliothèque de la collection, qu'on apposa la marque de l'Ecole à toutes ces pièces, soit 45 dessins de maîtres encadrés, 481 dessins dans les cartons, mais aussi 96 lithographies, 757 gravures, 186 photographies et 4 feuilles d'antiphonaires, sans oublier un portrait du donateur par Cabanel.

En parcourant l'ensemble de cette collection de dessins, on s'aperçoit rapidement qu'elle donne une vision exemplaire de ce que recherchait assidûment une grande partie des collectionneurs dans la seconde moitié du XIXe siècle. Ces hommes passionnés, regroupés dans un petit cercle restreint, ont essayé d'orienter l'histoire de l'art vers une étude plus systématique et de sortir de l'oubli beaucoup d'artistes des siècles précédents : «La seconde moitié de ce siècle apparaîtra plus tard dans l'histoire du goût des Français comme une période de noble curiosité. Par une réaction trop naturelle, les esprits ont voulu demander aux arts du passé une compensation à l'affaissement de l'art contemporain»[6]. En effet, on est surpris à travers cet ensemble de ne trouver aucune œuvre d'artistes contemporains comme Camille Pissaro, Edgar Degas ou Odilon Redon. Armand semble s'être tourné uniquement, comme beaucoup d'autres à son époque, tels Léon Bonnat ou Philippe de Chennevières, vers le passé.

Mais quel choix de dessins ! Il n'a d'ailleurs pas toujours été facile de faire un choix qui ne fût ni arbitraire ni subjectif. L'exposition reflète toutefois, dans la mesure du possible, les caractères principaux de cette collection. Certains artistes sont en effet largement représentés. Armand ayant cherché à constituer un large

---

5 A. Armand, *Les médailleurs italiens des XVe et XVIe siècles,* Paris, 1883, p. 6.
6 H. de Chennevières, «Les silhouettes de Collectionneurs, E. Marcille», *Gazette des Beaux-Arts,* 1890, t. II, pp. 217-235.

éventail de dessins permettant de saisir l'activité graphique d'un peintre au cours d'une vingtaine d'années ou même tout au long de son existence. Nous n'avons donc pas hésité pour certains artistes à exposer toutes les œuvres dont l'unité et la haute qualité rendaient la présentation indiscutable ; tel est le cas par exemple des trois dessins de Giambattista Tiepolo qui laissent entrevoir par la diversité de leurs sujets (*Faune et Faunesse*, *Sainte-Famille* et les *Polichinelles faisant la cuisine*) l'activité de cet artiste si prolifique, des six dessins de Jean-Baptiste Oudry qui sont pour le visiteur de merveilleuses promenades dans le parc d'Arcueil, ou encore des cinq études d'Ingres qui reflètent chacune un aspect de son itinéraire artistique. Néanmoins, il a parfois fallu renoncer à présenter, pour des motifs évidents, l'ensemble des dessins d'un même artiste comme Gericault par exemple. Armand ayant acquis quarante-cinq études de ce dernier. Nous avons donc choisi huit dessins qui couvrent les principales périodes de son activité artistique avec, notamment, la *Marche de Silène* exécutée en Italie, le *Retour de Russie* réalisé à son retour à Paris, alors que les *Vingt-sept têtes* et la *Course de chevaux anglais* correspondent plutôt à son séjour londonien. Dans certains cas également, nous avons dû écarter des dessins achetés par Armand sous le nom de Le Sueur, Lorrain ou Watteau, mais aujourd'hui rejetés comme tels, afin de garder pour ces séries de feuilles une qualité égale. Il en est ainsi des études de Le Sueur, du Lorrain et de Watteau, qui forment des ensembles très unis qu'il aurait été dommage de déséquilibrer par des œuvres douteuses.

Si Armand s'est parfois attaché à regrouper un nombre important de dessins de la main d'un même artiste majeur, il s'est également montré soucieux, étant d'un tempérament éclectique, de représenter par une ou deux très belles feuilles des artistes de renom dont il ne lui a pas été toujours possible de réunir autant d'œuvres qu'il aurait peut-être souhaité. Il a toujours su, dans ce cas, choisir soit des études pour des œuvres maîtresses de l'artiste, comme le *Sacrifice d'Abraham* de Titien destiné à la décoration de San Spirito in Isola, l'*Etude d'homme nu* de Michel-Ange, projet pour l'un des esclaves nus du Tombeau de Jules II, *Le Fils puni* de Greuze ou encore le *Serment des Horaces* de David, soit des dessins très représentatifs de leur art, à l'exemple de la *Diane endormie* de Boucher, *Agar et l'Ange* de Rembrandt ou *Le Grand Canal à Venise* de Guardi. A côté de ces œuvres d'artistes célèbres et déjà prisés par les contemporains d'Armand, le collectionneur a réuni des dessins de peintres alors tombés dans l'oubli, que l'amateur et le spécialiste lui sauront gré d'avoir su apprécier. En effet, les œuvres de Cecco Bravo, Nosadella, Bega, Berckheyde, Courtois, Carmontelle ou J.J. de Boissieu, négligées au XIXe siècle, sont aujourd'hui très recherchées.

On peut toutefois s'étonner de l'absence de quelques grands noms : en effet, aucun dessin de Botticelli, de Veronèse ou encore de Raphaël ne figure parmi l'Ecole italienne ; de même, Hubert Robert et Fragonard, si estimés par les frères

Goncourt, ne semblent pas avoir séduit Armand. Cela s'explique-t-il par la difficulté d'acquérir des dessins de ces maîtres, ou cela révèle-t-il plutôt un parti pris d'Alfred Armand ? La répartition bien inégale des dessins parmi les différentes écoles semble refléter ses goûts propres. L'Ecole allemande ne figure guère, sinon par le *Christ mort* du XVe siècle, autrefois attribué à Van der Weyden et par le très beau portrait de *Frédéric le Sage* de Dürer; en revanche, l'Ecole française est largement représentée à travers les siècles, offrant ainsi au visiteur une évolution précise du dessin français du XVIe au XIXe siècle. Armand ne semble pas avoir négligé non plus les Ecoles hollandaise et italienne, puisque la plupart des grands dessinateurs du XVe au XVIIIe siècle sont évoqués par un ou plusieurs dessins.

En outre, il a choisi, peut-être par un pur fait du hasard, mais également en fonction de ses goûts, aussi bien des études préparatoires très composées destinées à des tableaux ou des gravures célèbres, comme le *Jugement de Salomon* de Poussin ou le portrait de *Frédéric le Sage* de Dürer, que des dessins moins achevés et plus déroutants pour le profane, tels que les deux feuilles d'études de Léonard de Vinci et celles de Parmesan. On s'interroge dès lors, devant la qualité de ces pièces, sur la manière dont Armand les acquit.

Il se rendit en général aux grandes ventes de son temps, à une époque déterminée de sa vie que l'on peut situer entre les années 1865-1876. Après cette date, il semble qu'il se soit détourné lentement du milieu du commerce de l'art, pour se consacrer presque exclusivement à la rédaction de son ouvrage. Armand ne limita pas ses achats aux ventes parisiennes, mais il assista à plusieurs reprises aux plus célèbres ventes londoniennes. Certaines études du Lorrain portent, par exemple, les marques des collections anglaises, l'Angleterre détenant, comme on le sait, le plus grand nombre de Lorrain. Ainsi, en 1866, à la vente Esdaile, Armand acquit deux feuilles de Claude Lorrain, dont l'étude préparatoire pour la *Chasse d'Enée* et, en 1875, à celle de Schneider, le *Débarquement d'Enée*. Mais Paris fut le théâtre de ses plus belles acquisitions. A la vente Destailleur, en 1866, il acquit notamment quatre feuilles de Saint-Aubin. En 1875, à celle de Guichardot et de Galichon, il acheta le *Bacchus et Ariane* de Nicolas Chaperon, alors attribué à Poussin. Mais il faut retenir que le fonds même de la collection provient en grande partie de la vente Desperet, passée sur le marché le 7 juin 1865, où Armand acheta plus de soixante pièces. Emile Desperet, personnage modeste et timide, avait réuni, en un temps où le XVIIIe siècle était déprécié, les plus beaux Watteau, Lancret et Boucher. Cette énumération ne serait pas complète si l'on oubliait de mentionner quelques provenances illustres telles que G. Vasari, qui eut en sa possession le *Martyre de Saint Potitus* longtemps attribué à Cimabue, P.J. Mariette à qui appartinrent notamment les *Etudes de balistique* de Vinci, la *Femme nue entre un vieillard et un jeune homme* de Salviati, l'*Incendie de Catane* du Primatice ou encore le *Portrait de Seghers* de Van Dyck. Armand acquit également plusieurs dessins de la collection His de la

Salle, que celui-ci lui donna, ou plus vraisemblablement échangea contre d'autres feuilles ou des objets de collection. Prosper Valton ne compléta cet ensemble que par quelques achats.

Cette donation, dont la qualité et la provenance sont souvent remarquables, fut appréciée à sa juste valeur avant même son entrée à l'Ecole des Beaux-Arts par Ph. de Chennevières en 1879, plus tard par P. Lavallée dans ses nombreux ouvrages sur le dessin et par W. Bouleau-Rabaud qui, dans ses expositions sur le fonds de l'Ecole, choisit souvent aussi bien pour les Italiens, les Hollandais que les Français, des feuilles de la collection Armand Valton. Toutefois, si ces dessins furent très souvent cités, commentés et publiés, ils ne furent jamais exposés dans leur totalité. Cette exposition nous permet donc de répondre aujourd'hui aux désirs des donateurs qui souhaitaient que le public pût contempler cette prestigieuse donation.

Je tiens à remercier pour leur collaboration scientifique R. Bacou, C. Monbeig-Goguel, P. Rosenberg, A. Schnapper, J. Thuillier, C. Van Hasselt, F. Viatte qui m'ont fait bénéficier de leur savoir et de leur expérience.

J'exprime ma gratitude à S. Béguin, A. Brejon de Lavergnée, J. Byam Shaw, M. Coural, J.P. Cuzin, J. Gere, D. Guillet, A. Mérot, E. Munhall, N. Opperman, Ph. Pouncey. M. Roethlisberger, M. Sérullaz, R. Spear, Ch. de Tolnay et W. Ward.

J'aimerais remercier ici Annie Jacques, Conservateur de la Bibliothèque et des Collections de l'Ecole des Beaux-Arts, qui dès 1976, m'a aidée, conseillée dans mes recherches et encouragée à les poursuivre jusqu'à leur terme.

Mes remerciements vont aussi à la Documentation photographique du Musée du Louvre, à l'Institut allemand de Florence et à l'Institut Courtauld où l'accueil de M. Hodges a été très chaleureux.

Je remercie vivement D. Le Marois et C. Horton pour la restauration et le montage des dessins.

Je n'aurai garde d'oublier pour leurs concours techniques le service photographique, l'édition, l'imprimerie et le service des relations extérieures et des expositions de l'Ecole des Beaux-Arts.

Emmanuelle Brugerolles.

Catalogue

L'abréviation E.B.A. figurant dans toutes les notices du catalogue renvoie à Ecole des Beaux-Arts.

Ecole italienne

NICCOLO DELL'ABBATE
Modène 1509 ou 1512 - Fontainebleau ? 1571

1

ANGES PORTANT DES INSTRUMENTS

Plume, encre brune, lavis brun et rehauts de blanc.
H. 0,225 ; L. 0,135.
Contours piqués pour le report.
Provenance : Coll. Norblin, provenance indiquée à la vente Galichon ; E. Galichon (L.1058), vente, Paris, 8-9 mai 1875 ; n° 2 ; Armand Valton.
Inv. E.B.A., n° 2.

Bibliographie : Ph. de Chennevières, 1879, pp. 505-535 ; L. Dimier, 1905, pp. 32-33, n° 34 ; L. Fröhlich-Bum, 1921, pp. 133-136 ; P. Lavallée, 1930, pp. 96-97, fig. 64 et 65 ; L. Dimier, 1942, p. 33 ; P. Lavallée, 1948, p. 22 ; S. Béguin, 1960, pp. 67-68 ; S. Béguin, 1961, p. 231 ; S. Béguin, 1962, t. II, p. 115, fig.113 ; S. Béguin, 1966, p. 32.

Expositions : Paris, E.B.A., 1879, n° 162 ; Fontainebleau, Château de Fontainebleau, 1921, n° 176 ; Paris, Orangerie, 1934, n° 89 ; Paris, E.B.A., 1935, n° 3 ; Paris, E.B.A., 1958, n° 1 et 2 ; Paris, Petit Palais, 1965-1966, n° 2 ; Paris, Grand Palais, 1972, n° 6 ; Ottawa, National Gallery of Canada, 1973, n° 6, fig. 124 et 125 ; Rennes, Musée des Beaux-Arts, 1978, n° 190 à 193.

Ces huit figures d'anges, dont les contours sont piqués pour le transfert, furent réalisées par Niccolo dell'Abbate peu après son arrivée en France en 1552 et servirent de cartons à Léonard Limousin pour les Emaux de la Sainte-Chapelle (Musée du Louvre). Ceux-ci décoraient deux autels adossés à la clôture du chœur de la chapelle haute. Les anges prennent place dans les écoinçons, encadrant les compositions religieuses centrales qui

Emaux de la Sainte-Chapelle, Musée du Louvre.

sont *Noli me Tangere, Le Christ au Mont des Oliviers, La Résurrection, Le portement de Croix, La Crucifixion, La Déploration* et les *portraits de François Ier et d'Eléonore.*

Néanmoins, les différentes études préparatoires de Niccolo dell'Abbate pour ces quatre médaillons ronds ont aujourd'hui disparu à l'exception de celle conservée à l'Ecole des Beaux-Arts et consacrée au *Christ au Mont des Oliviers* (Inv. E.B.A. n° 3). Il semble qu'elles aient été fréquemment copiées et reprises par des artistes postérieurs, comme l'illustrent un dessin d'une collection particulière sur le thème du *Noli me Tangere* (Collection Hebald; Exp. Los Angeles, 1970, n° 8) ainsi que plusieurs dessins du Louvre pour *La Résurrection du Christ* (S. Béguin, 1961, p. 231). D'autre part, le Musée Borély de Marseille conserve une copie de l'*Ange portant la couronne d'épines* (Boulard-Collin, 1959, n° 182).

Abbate, encore sous l'influence du Parmesan et du Corrège, cherche ici par une technique très précise —les rehauts de blanc étant disposés régulièrement— à guider l'émailleur dans son travail (communication orale de S. Béguin).

Abbate entreprit d'autres décorations religieuses, vers 1558, pour Cosme Clausse, secrétaire d'Henri II au Château Fleury-en-Bière, comme en témoignent les dessins du Louvre (Inv. n° 5842-5843; Exp. Paris, 1972-1973, n° 8) notamment les *Etudes d'Anges,* où l'artiste adopte un art plus monumental.

Emaux de la Sainte-Chapelle, Musée du Louvre.

4

2

LE CHRIST AU MONT DES OLIVIERS

Plume, encre brune, lavis brun et rehauts de blanc sur papier brun.
H. 0,225 ; L. 0,175.
Contours piqués pour le report.
Provenance: E. Desperet, marque en bas à droite (L. 721), vente, Paris, 6-7 juin 1865, n° 92 ; Armand Valton.
Inv. E.B.A., n° 3.

Expositions : Fontainebleau, Château de Fontainebleau, 1921, n° 77 ; Paris, E.B.A., 1935, n° 1 ; Paris, Grand Palais, 1972, sous le n° 6.

Ce dessin fait partie comme les *Anges* (Inv. E.B.A. n° 2) de la série d'études préparatoires pour les Emaux de la Sainte-Chapelle (Louvre) exécutés par Limousin en 1553. Il semble que les projets des trois autres scènes religieuses de Niccolo dell'Abbate aient aujourd'hui disparu.

Emaux de la Sainte-Chapelle, Musée du Louvre. détail : *Le Christ au Mont des Oliviers.*

3

LE PARNASSE

Plume, encre brune, lavis brun et rehauts de blanc sur papier brun.
H. 0,299; L. 0,295.
Provenance : Armand Valton.
Inv. E.B.A., n° 1.

Bibliographie : Ph. de Chennevières, 1879, pp. 505-535; L. Dimier, 1900, p. 480; S. Béguin, 1960, p. 5; S. Béguin, 1969, t. II, p. 117.

Expositions : Paris, E.B.A., 1879, n° 161; Fontainebleau, Château de Fontainebleau, 1921, n° 78; Paris, Orangerie, 1934, n° 89; Paris, E.B.A., 1935, n° 3; Paris, E.B.A., 1958, n° 3; Paris, Petit Palais, 1965-1966, n° 4; Bologne, Palazzo dell'Archiginnasio, 1969, n° 58.

Cette feuille est une étude pour le *Parnasse* de la Salle de Bal du Château de Fontainebleau décorée à fresque en 1556 par Niccolo dell'Abbate qui, suivant Vasari, «peignit en se conformant aux dessins du Primatice» (G. Vasari, t. IX, p. 183). En effet, arrivé en France en 1552, il assiste Primatice dans les décorations entreprises au Château de Fontainebleau, dont il prit la direction à la mort du maître. Cette étude rend compte de la liberté avec laquelle Niccolo dell'Abbate interprète le projet du Primatice aujourd'hui conservé au

British Museum (Inv. n° 1900-6-11-4) : en effet, si la composition originale est respectée, Niccolo dell'Abbate introduit un rythme et une grâce toute sensuelle qui lui sont propres; il adopte un graphisme nerveux qui anime beaucoup ses figures.

Cette composition, qui fut gravée par Delaune, fit l'objet d'un grand nombre de répliques d'une moins belle qualité dispersées entre le Louvre, Windsor Castle, l'Ermitage et l'Albertina (Exp. Paris, 1965-1966, sous le n° 4).

Primatice, *Le Parnasse*, dessin, British Museum.

ANONYME
vers 1370

4

LE MARTYRE DE SAINT POTITUS

Plume, encre brune.
H. 0,272 ; L. 0,192.
Verso : scènes de la vie de Saint Potitus à la plume, encre brune.
L'encadrement est légèrement recoupé et les bandes gommées qui le tenaient ont été remplacées.
Provenance : G. Vasari (L. 2480), montage avec au verso une inscription en bas de la feuille : *Giovanni. Cimabue. Pittor. Fiore.* et au recto une gravure du peintre où son nom figure de nouveau en toutes lettres ; W. Young Ottley (L. 2662), vente, Londres, 10 mai 1838 (Cimabue) ; Sir Thomas Lawrence (L. 2445) ; S. Woodburn (L. 2584) ; E. Galichon

Verso du n° 4.

(L. 1059), vente, Paris, 8-9 mai 1875, n° 24 (Cimabue) ; Armand Valton.
Inv. E.B.A., n° 381.

Bibliographie : W. Young Ottley, 1823, p. 7, pl. 5 (Cimabue) ; Ph. de Chennevières, 1879, p. 8 (Giotto) ; P. Lavallée, 1917, p. 266 (Giotto) ; E. Panofsky, 1930, pp. 25-30 (Anonyme, XIVe siècle) ; O. Kurz, 1937, p. 7, pl. 1 (Ecole de Cimabue) ; B. Berenson, 1938, t. II, n° 2756 G (Spinello Aretino) ; P. Lavallée, 1943, pl. 2, p. 13 (Attrib. à Spinello Aretino) ; B. Berenson, 1961, n° 2756 G (Spinello Aretino) ; G. Vasari, 1962, t. I, p. 208, note 2 par G. Previtali ; E. Panofsky, 1969, pp. 137-152, pl. 48-49 (Anonyme, vers 1400) ; B. Degenhart, 1968, n° 83, pp. 158-163 (Anonyme, vers 1370) ; R. Salvioni, 1972 (Anonyme, vers 1370) ; L. Ragghianti Collobi, 1974, fig. 11 et 12 (Anonyme, vers 1370).

Expositions : Paris, E.B.A., 1879, n° 4 (Ecole de Giotto) ; Paris, E.B.A., 1935, n° 168 (Anonyme, XIVe siècle) ; Paris, E.B.A., 1953, n° 24 (Spinello Aretino).

Giorgio Vasari réalisa pour ce dessin un montage de «style gothique» qu'il compléta par une inscription imitant l'écriture florentine du trecento où il indique le nom de Giovanni Cimabue. Il encadre en effet son dessin d'une architecture feinte, en cherchant à imiter pour le verso «une sorte de tabernacle à incrustations de marbre, dont le gâble triangulaire s'orne d'un motif en rosace» et pour le recto «un riche portail avec chapiteaux à bosses, pinacles à crochets

et un arc ogival auquel le portrait gravé sert de clef de voûte plutôt incongrue» (E. Panofsky, 1969, p. 144).

Il est surprenant que Vasari ait eu le désir de réaliser un tel montage, lui qui considérait «la voûte d'ogives comme la plus exécrable des absurdités qu'ait accumulé cette «abomination d'architecture» (E. Panofsky, 1969, p. 144).

Il ajouta à l'ensemble un portrait gravé de Cimabue qui date vraisemblablement de la seconde édition des *Vies des plus excellents peintres, sculpteurs et architectes* de Vasari parues en 1568.

Cette gravure n'a pas été découpée dans un exemplaire imprimé des *Vies* puisque son verso est vierge de texte, il s'agit vraisemblablement d'une épreuve utilisée par Vasari pour ce dessin précis. Il déposa en outre sur ce portrait gravé quelques touches de lavis brun que l'on retrouve sur le montage qui fut donc exécuté au même moment (E. Panofsky, 1969, p. 142).

E. Panofsky pense que Vasari acheta ce dessin entre 1550 et 1568, car c'est seulement dans la deuxième édition des *Vies* de 1568 qu'il indique que dans son fameux recueil de dessins «il a rassemblé des dessins de tous les artistes qui ont existé depuis Cimabue, on voit de la main de ce maître, plusieurs petites miniatures qui, toutes grossières qu'elles paraissent aujourd'hui, peuvent montrer combien le dessin s'améliora dans ses mains» (G. Vasari, t. I, p. 46).

E. Panofsky a identifié en 1937 les différentes scènes de cette étude, qui

racontent les épisodes de la vie de Saint Potitus qui connut un culte tout particulier en Campanie et en Sardaigne. Au verso, l'artiste représente le père de Potitus qui tente en vain de convertir son fils au paganisme ; devant son refus, l'empereur Antonius ordonne à ses guerriers d'aller le chercher dans les montagnes où il s'était réfugié pour lui faire subir son martyre détaillé au recto de la feuille.

B. Degenhart refuse le nom de G. Cimabue ainsi que celui de Spinello Aretino proposé par B. Berenson et considère qu'il s'agit plutôt d'une copie d'un artiste du XIVᵉ qui s'inspire d'une composition de son époque. Le caractère inachevé de cette feuille — ce qui est rare pour le trecento — ne permet pas de rapprochements précis ; en outre, le copiste reste tellement fidèle à l'œuvre qu'il a choisie, que sa propre main est difficilement discernable. B. Degenhart propose de dater ce dessin vers 1370 et y reconnaît le style des artistes de l'Italie du Sud et plus précisément ceux de la Campanie. Il le rapproche notamment des fresques de Cavallini de Santa Maria Donnaregina de Naples où l'on remarque des références antiques également présentes dans la feuille exposée ici ; néanmoins, le rendu de l'espace s'apparente peut-être plus à celui de mosaïques byzantines, comme celles de Kachkije Djami d'Istanbul, où on retrouve la même construction de palais que sur le verso du dessin.

Cette étude est proche d'autres feuilles campaniennes de la seconde moitié du trecento, comme le *Dante de la Bibliothèque de Naples*, B. Degenhart, 1968, n° 136b), et le livre du Faucon de Berlin Ouest (B. Degenhart, 1968, pl. 129f, 130a).

5

LES APOTRES DEVANT LE TOMBEAU

Plume, encre brune et lavis brun.
H. 0,261 ; L. 0,235.
Collé en plein.
Provenance : G. Vasari (L. 2480) ; P.J. Mariette, marque en bas à droite et montage bleu avec le cartouche suivant : *Fuit Georgi Vasari - Bramantes urbinaten* (L. 1852) ; M. von Fries, marque en bas à gauche (L. 2903), vente, Amsterdam, 21 juin 1824 ; His de la Salle, marque en bas au centre (L. 1332) ; Armand Valton.
Inv. E.B.A., n° 53.

Bibliographie : Ph. de Chennevières, 1879, pp. 505-535, (P. 523) ; L. Marcheix, 1909, pp. 257-264 (Bramante) ; O. Kurz, 1937, n° 45, fig. 10 ; O. Kurz, 1937, n° 47, p. 33 ; V. Scamozzi, 1973, pp. 31-54, fig. 2 ; M. Chiarini, 1973, pp. 89-93 (p. 92) ; L. Ragghianti-Collobi, 1974, n° 257, p. 97.

Expositions : Paris, E.B.A., 1879, n° 94 ; Paris, E.B.A., 1935, n° 30 ; Paris, E.B.A., 1953, n° 138 (Bramante) ; Bruxelles, Palais des Beaux-Arts, 1954-1955, n° 75 ; Rome, Villa Médicis, 1972-1973, n° 1 (Anonyme, vers 1500).

La présente scène, située au premier plan d'un vaste paysage où l'on distingue notamment un arc de triomphe en ruine, fut identifiée par O. Kurz (1937, fig. 10) comme une Assomption de la Vierge, bien que cette dernière soit absente. Le groupement de ces hommes drapés à l'antique autour du tombeau ouvert et leur étonnement, manifesté par leurs bras et leurs têtes levés vers le ciel, confirment cette hypothèse. F. Viatte (Exp. 1972-1973, n° 1) rejette le nom de Bramante donné par Mariette en bas de son montage, reconnaissant plutôt le style d'un artiste originaire de l'Italie du Nord. La rapidité du graphisme à la plume et l'aspect sommaire du paysage rappellent un autre dessin de la même époque, *Saint Jérôme dans un paysage*, conservé dans la collection R. Lehmann et attribué en 1965 à Giovanni Bellini (Exp. New York, 1965, n° 5). Ce dessin reste donc, malgré sa provenance illustre, problématique quant à son attribution encore aujourd'hui non résolue.

BACCIO BANDINELLI
Florence 1493 - Florence 1560

6

_____

LE CHRIST DESCENDU DE LA CROIX

Plume, encre brune.
H. 0,277 ; L. 0,393.
Légères déchirures en haut à gauche.
Provenance : Sir Thomas Lawrence (L. 2445);
W. Young Ottley (L. 2662), vente, Londres,
10 mai 1838 (Donatello); Sir Joshua Reynolds
(L. 2364); E. Galichon, marque au verso
(L. 1058), vente, Paris, 8-9 mai 1875, n° 34
(Donatello); Armand Valton.
Inv. E.B.A., n° 24.

Bibliographie : W. Young Ottley, 1823, p. 13,
pl. 12 (Donatello); J.C. Robinson, 1862,
pp. 152-153; F. Antal et E. Wind, 1937-1938,
pp. 70-72, fig. d (Bandinelli); E. Valentiner,
1955, pp. 251-263, fig. 6 (Bandinelli); F. Antal,
1958, p. 48 et p. 157; R.R. Ward, 1975, pp.
207-226 (pp. 221-222); E.A. Carroll, 1976,
pp. 543-544.

Cette feuille fait partie de toute une
série de dessins consacrés à la vie du
Christ et destinés à décorer le chœur du
dôme de Florence (communication orale
de R.R. Ward).

Pour cet ensemble qui devait être réalisé sous forme de bas-relief en bronze,
Bandinelli —sculpteur florentin, rival de
Michel-Ange— n'exécuta qu'une composition sculptée appartenant aujourd'hui
au Victoria and Albert Museum de
Londres et son élève Vincenzo de Rossi
trois terres cuites aujourd'hui conservées
au Bargello de Florence (Exp. Florence,
1980, n° 444 à 446).

Le personnage de Marie, situé à droite
de la composition, dérive de la figure de
Ménade dansant dans une procession
bacchique, qui apparaît sur de nombreuses sculptures et intailles antiques,
notamment sur deux bas-reliefs conservés
aux Offices et au Musée de Naples
(F. Antal, 1937-1938, fig. A et C). Sir
Joshua Reynolds, qui commente, dans
un de ses discours prononcés à la Royal
Academy, un dessin de sa collection, qui
semble être celui-ci, faisait remarquer :
«that the extremes of contrary passions
are with little variation expressed by
the same actions» (R.R. Ward, 1975,
pp. 221 - 222). Pour l'attitude de
cette figure —que l'on retrouve dans le
bas-relief du *Monument de Giovanni
delle Bande Nere* de Bandinelli à San
Lorenzo à Florence— l'artiste s'est peut-
être également inspiré de la *Descente de
Croix* de la Chaire de Donatello à San
Lorenzo.

Un grand nombre d'études préparatoires illustrant notamment le thème de
la Déploration et celui de l'Annonciation
sont réparties dans différents musées,
au Louvre (Inv. n° 90, 91, 94, 95 et

Bandinelli, *Le Christ pleuré par les Saintes femmes*, dessin, E.B.A.

102), aux Offices (Inv. n° 540 F et 14 998 F) et à l'Ecole des Beaux-Arts (Inv. E.B.A. n° 25). Ce dernier, provenant de l'ancienne collection His de la Salle, est proche dans sa mise en page du présent dessin qui fut considéré par W. Young Ottley (1823) comme une œuvre de la maturité de Donatello.

L'attitude contorsionnée et agitée des personnages disposés en frise comme dans les bas-reliefs antiques et l'écriture nerveuse et rapide à la plume sont caractéristiques de l'art maniériste de Bandinelli vers 1547-1550. En outre, il semble qu'il ait fréquemment traité le thème de la Déposition en sculpture, notamment dans deux bas-reliefs, l'un conservé au Louvre (Inv. n° 690) et l'autre au musée de la Republica di San Marino (Exp. Florence, 1980, n° 656).

STEFANO DELLA BELLA
Florence 1610 - Florence 1664

7

LE CHATEAU SAINT-ANGE

Plume, encre brune.
H. 0,110 ; L. 0,161.
Provenance : Armand Valton.
Inv. E.B.A., n° 117.

Exposition : Paris, E.B.A., 1935, n° 9.

Ce dessin est une étude préparatoire pour la composition gravée dans le même sens, le *Château et le pont de Saint-Ange à Rome* qui fait partie d'une suite de huit feuilles en largeur, au bas desquelles on peut lire : *Stef. della Bella florentinus fecit - Ciartres excud - cum Priu Regis* (A. de Vesme, 1971, n° 174). Le collectionneur D. Massar possède un autre dessin préparatoire qui reste éloigné, dans l'organisation des différents éléments du paysage, de la version définitive (A. de Vesme, 1971, n° 12, p. 75). La feuille de l'Ecole des Beaux-Arts diffère peu, en revanche, de la gravure où les nombreux petits personnages s'affairant autour des bateaux remplacent la figure couchée du premier plan.

Stefano della Bella, artiste florentin dont le style et l'esprit restent proches de ceux de Jacques Callot, séjourna à Paris de 1639 à 1650 où il réalisa cette composition datée de 1645 et éditée chez François Langlois. Les relations qu'il avait nouées avec François Langlois et Israël Henriet lui permirent en effet de trouver facilement des éditeurs à Paris où il se rendit pour faire fortune.

La rive gauche du Tibre bordant le Château Saint-Ange avait déjà inspiré l'artiste dans une autre gravure datée de 1634 (A. de Vesme, 1971, n° 818) pour laquelle il existe plusieurs études préparatoires, notamment au Louvre (F. Viatte, 1974, n° 33).

Stefano della Bella, *Le Château Saint-Ange*, gravure, E.B.A.

16

8

MARCHE D'UNE ARMEE DANS UNE PLAINE

Plume, encre brune.
H. 0,117 ; L. 0,169.
Provenance : Armand Valton.
Inv. E.B.A., n° 117.

Exposition : Paris, E.B.A., 1935, n° 9.

Ce dessin est une étude préparatoire pour la gravure intitulée *Marche d'une armée et de ses bagages dans une plaine* (A. de Vesme, 1971, p. 75 ; n° 175) qui appartient aussi à la série des huit feuilles en largeur, en bas desquelles est inscrit : *Stef. della Bella florentinus fecit - Ciardres excud - Cum Priu Regis.* Le musée de l'Ermitage conserve un autre dessin (A. de Vesme, 1971, p. 75, sous le n° 175) préparant cette compo-sition gravée. Stefano della Bella apporta de légers changements dans sa version définitive, en supprimant notamment le fanion dressé sur la gauche et en augmen-tant le nombre de convois roulant dans la plaine. Ce genre de sujet fut fréquem-ment repris par l'artiste dans ses gravures, comme en témoigne *Troupe qui défile pour entrer dans une ville* (A. de Vesme, 1971, n° 257) d'une mise en page fort semblable.

Stefano della Bella, *Marche d'une armée dans une plaine*, E.B.A.

GIOVANNI LORENZO BERNINI
Naples 1598 - Rome 1680

9

PORTRAIT D'HOMME

Pierre noire, sanguine et rehauts de craie sur papier beige.
H. 0,151 ; L. 0,109.
Inscription au verso à la plume, encre noire :
Augustinus Mascardus ques L. Berninus delineavit.
Provenance : Armand Valton.
Inv. E.B.A., n° 435.

Bibliographie : F. Haskell et S. Rinehart, 1960, pp. 318-326 ; F. Stampfle et J. Bean, 1967, t. II, Metropolitan Museum of Art, p. 53, sous le n° 69 ; W. Vitzthum, 1971, p. 85 ; C. Eisler, 1975, p. 30, pl. 10.

Comme l'indique l'annotation du verso, ce portrait d'homme est celui d'Agostino Mascardi de Sarzana, ancien jésuite et professeur de rhétorique à Gênes et à Rome, qui vécut de 1590 à 1640 et travailla au service de différents princes et prélats. En 1636, il publia l'un des plus importants traités historiques du XVIIe siècle, *Arte Istorica*.

Ce dessin, autrefois attribué à F. Zuccari, fut mentionné comme une œuvre du Bernin en 1967 par F. Stampfle et J. Bean et publié comme tel en 1971 par W. Vitzthum.

Si Le Bernin exécuta beaucoup de portraits de ses amis ou des membres de sa famille entre 1620 et 1630, c'est plutôt vers 1630-1635 qu'il faut situer cette feuille, très proche dans sa facture de deux autres portraits d'hommes, l'un conservé à l'Ashmolan Museum d'Oxford et l'autre, au Städelsches Kunstinstitut de Francfort (A. Harris, 1979, n° 32 et 33).

GIUSEPPE CADES
Rome 1750 - Rome 1799

10

LE MARIAGE D'ALEXANDRE ET DE ROXANE

Pierre noire, plume, encre brune et lavis brun
sur papier brun.
H. 0,285 ; L. 0,445.
Tache brune à droite.
Provenance : H. Destailleur (L. 740), vente,
Paris, 27-28 avril 1866, n° 60 7,50 f, (Ecole
française) ; Armand Valton.
Inv. E.B.A., n° 388.

Le présent dessin, longtemps attribué à
Pellegrino Tibaldi, est à rapprocher
d'une autre étude presque identique
conservée au Gabinetto Nazionale delle
Stampe de Rome et réalisée, suivant
l'avis de M.T. Arrizoli, par Giuseppe
Cadès, peintre néo-classique romain,
protégé de la famille Chigi, pour laquelle
il exécuta la décoration de leur palais
à Ariccia (1976, pp. 1-7, pl. 14). En
effet, cette composition qui était destinée, avec son pendant *La Mort
d'Alexandre le Grand*, à être peinte
pour la Russie, illustre particulièrement
bien l'art de Cadès qui est alors influencé
par Michel-Ange dans la représentation
des musculatures très marquées et les
torsions des corps. Il reprend en outre
avec de légères modifications une des
compositions qui ornent la chambre
d'Agostino Chigi à la Farnésine et qui
furent réalisées par Sodoma entre 1513
et 1515, le *Mariage d'Alexandre et de
Roxane*.

Ce dessin ne diffère de celui de Rome,
daté de 1793, que dans la corbeille de
fruits située à droite du lit, qui a disparu
et dans le personnage de droite, dépourvu
de son casque et de ses armes.

GIULIO CAMPAGNOLA
Padoue 1482 ? - Padoue 1515 ou 1518

11

JEUNE HOMME TENANT UNE VIOLE

Plume, encre brune.
H. 0,192 ; L. 0,113.
Provenance : R. Cosway (L. 628) ; Sir Thomas
Lawrence, marque en bas à droite (L. 2445) ;
W. Esdaile, marque en bas à droite (L. 2617),
vente, Londres, Christie's, 30 juin 1840,
n° 418, (Giorgione) ; W. Mayor (L. 2799) ;
Armand Valton.
Inv. E.B.A., n° 61.

Bibliographie : P. Kristeller, 1907, t. V,
supplément ; G. Fiocco, 1915, XVIII, pp.
138-156 ; P. Lavallée, 1917, pp. 265-279
(p. 274) ; D. von Hadeln, 1925, pp. 31-32,
fig. IV ; L. Justi, 1926, Berlin, t. II, pp.
305-307 ; W. Suida, 1935, t. XIV, pp. 75-94 ;
G.M. Richter, 1937, n° 63, p. 234 ; G.M.
Richter, 1942, p. 16 ; A. Morassi, 1942,
p. 176, fig. 137 ; H. Tietze, 1944, n° 582 ;
U. Middeldorf, 1958, pp. 141-152, note 20 a ;
T. Pignatti, 1969, p. 148, n° V 26 ; J. Levenson,
K. Oberhuber, J. Sheeham, 1973, p. 400,
note 25.

Expositions : Paris, E.B.A., 1935, n° 42 ;
Venise, San Giorgio Maggiore, 1976, n° 5.

Les problèmes relatifs à l'attribution de
ce dessin divisent les avis de nombreux
historiens d'art : en effet, traditionnellement donné à Giorgione, il fut reconnu
pour la première fois comme une étude
de Giulio Campagnola par P. Kristeller
(1907), suivi par G. Fiocco (1935),
H. Tietze (1944), T. Pignatti (1969)
et K. Oberhuber (1976). Néanmoins,
von Hadeln (1925), W. Suida (1935),
A. Morassi (1942) et U. Middeldorf
(1958) maintiennent l'ancienne attribution à Giorgione ou à son école, avis
que G.M. Richter (1942) ne partage pas
puisqu'il considère que ce dessin est une
copie de Campagnola exécutée d'après
une œuvre perdue de Giorgione. En
raison du nombre très restreint de
dessins aujourd'hui connus de Giulio
Campagnola, dont la feuille la plus
célèbre demeure *Les deux hommes
sous un bois* du Louvre (Inv. n° 4648),
il est difficile d'avancer une hypothèse
convaincante. Toutefois, l'aspect minutieux du traitement à la plume, proche
de la technique employée par Dürer
dont s'inspira Campagnola, et le caractère très décoratif du motif restent
spécifiques du style de l'artiste. Le
rocher sur lequel est assis le joueur de
viole devient le prétexte d'une recherche
graphique qui semble capter tout l'intérêt de Campagnola.

Le sujet et la disposition du personnage rappellent sans conteste le *Jeune
pasteur* de Campagnola, gravure conservée au Cincinnati Art Museum que J.
Sheelam (1973, p. 400) date de 1509.

Néanmoins, K. Oberhuber (Exp. Venise,
1976, n° 5) rapproche ce dessin, en
raison de sa mise en page et du rendu
de l'espace d'une des fresques de
Giorgione —aujourd'hui disparues—
du Fondaco de Tedeschi à Venise
(T. Pignatti, 1969, pp. 106-107, n° 21).

Giulio Campagnola, *Le jeune pasteur*,
gravure, Cincinatti Art Museum.

DOMENICO CAMPAGNOLA
Padoue 1500 - Venise après 1552

12

LA VIERGE ET L'ENFANT ENTOURÉS DE SAINTS

Plume, encre brune sur papier brun.
H. 0,380 ; L. 0,260.
Angles supérieurs arrondis.
Provenance : Viti-Antaldi, marque au verso
(L. 2245) ; E. Desperet, marque en bas au
centre (L. 721), vente, Paris, 6-7 juin 1865,
n° 106 ; Armand Valton.
Inv. E.B.A. , n° 312.

Bibliographie : H. Tietze, 1939, XXVI,
pp. 311-333 ; H. Tietze, 1944, p. 327 ;
J. Levenson, K. Oberhuber, J. Sheeham,
1973, p. 424.

Exposition : Paris, E.B.A., 1935, n° 124.
(Ecole de Raphaël).

Cette composition est à rapprocher de
la *Sainte Conversation* gravée par
Domenico Campagnola en 1517
(J. Levenson, K. Oberhuber, J. Sheeham,
1973, p. 424), bien que les saints rassemblés autour de la Vierge ne soient
pas les mêmes. Campagnola cherche
surtout ici à mettre en place les différentes figures autour de la Vierge
rompant avec la représentation traditionnelle de la *Sainte Conversation*.
En effet, comme cela se pratique dans
la seconde moitié du XVe siècle, l'artiste
remplace la disposition habituelle du
polyptique, où chaque saint occupe un
panneau, par une scène unique insérée,
comme c'est le cas ici, dans un paysage.
Dans le présent dessin, que l'on peut
dater en 1515 et 1520, Campagnola
essaie donc de trouver des solutions
nouvelles, situant ces personnages à des
hauteurs différentes et créant une composition riche en mouvement.

On peut rapprocher cette feuille
d'une autre étude, *Paysage avec la
Vierge et l'enfant, Saint Michel et Saint
Jérôme* (Exp. Venise, 1976, n° 57), où
l'on remarque les mêmes tâtonnements
de l'artiste dans ses recherches.

Domenico Campagnola, *La Sainte Conversation*,
gravure, National Gallery of Art de Washington.

13

DAVID ET BETHSABEE

Plume, encre brune.
H. 0,227 ; L. 0,198.
Verso : trois études d'une femme agenouillée et une étude de jambes d'homme à la plume, encre brune.
Légères taches brunes sur l'ensemble de la feuille.
Provenance : Sir Thomas Lawrence, marque en bas à gauche (L. 2445) ; W. Esdaile, marque en bas à gauche (L. 2617) ; R.H. Wellesley (L. 1384), vente, Londres, 25 juin 1866, n° 2372 ; Armand Valton.
Inv. E.B.A., n° 59.

Bibliographie : P. Lavallée, 1917, pp. 266-279 (repr. p. 273) ; L. Hourticq, 1919, p. 9 ; L. Fröhlich-Bum, 1928, pp. 165-166, N.F. II ; L. Fröhlich-Bum, 1929, pp. 71-78 ; W. Suida, 1935-1936, pp. 285-289 ; H. Tietze et E. Tietze-Conrat, 1936, pp. 158-159 ; H. Tietze et E. Tietze-Conrat, 1937, pp. 77-88 ; L. Fröhlich-Bum, 1938, pp. 444-446 ; H. Tietze et E. Tietze-Conrat, 1939, pp. 311-333 ; R. Walker, 1941, pp. 151-156, appendice, p. 9, n° 58 ; H. Tietze, 1944, n° 548 ; A.M. Hind, 1938-1948, p. 210, n° 2 ; J. Levenson, K. Oberhuber, J. Sheeham, 1973, p. 432 ; B.W. Meijer, 1975, pp. 77-92 (p. 77).

Expositions : Paris, E.B.A., 1935, n° 41 Venise, San Giorgio Maggiore, 1976, n° 64

Si ce dessin fut considéré par P. Lavallée (1917), L. Hourticq (1919), L. Fröhlich-Bum (1928) et W. Suida (1936) comme une œuvre du Titien, Huteau rapprocha dès l'exposition de 1935 (n° 41) l'étude de femme agenouillée du verso de la *Décapitation de Sainte Catherine*, gravure que Domenico Campagnola réalisa en 1517 (A.M. Hind, 1938-1948, t. V,

Verso du n° 13.

Domenico Campagnola, *La Décapitation de Sainte Catherine*, gravure, National Gallery of Art de Washington.

n° 210). D'ailleurs, les jambes d'homme situées en haut de la page rappellent celles d'un des apôtres de l'*Assomption*, gravure également datée de 1517 (J. Levenson, K. Oberhuber, J. Sheeham, 1973, n° 152). Les trois études de femme agenouillée permettent de découvrir la méthode de travail de Domenico Campagnola qui précise l'attitude des bras de la Sainte et fixe avec soin sa silhouette générale peu modifiée dans la gravure.

L'aspect décoratif du paysage et le traitement minutieux à la plume restent proches du style de Giulio Campagnola, que l'on retrouve dans le *Joueur de Viole* (Inv. E.B.A., n° 61); néanmoins le modelé des corps et le rendu nerveux des frondaisons de l'arbre à gauche appartiennent bien à l'art de Domenico, comme en témoigne le *Jugement de Paris* du Louvre daté de 1517 (Exp. Paris, 1977-1978, n° 47).

H. Tietze identifia en 1944 (n° 548) le sujet comme une Suzanne au bain surprise par les vieillards, mais K. Oberhuber (Exp. Venise, 1976, n° 64) conserve le titre traditionnel, David, sur la gauche, se penchant à sa fenêtre pour contempler Bethsabée.

DOMENICO CAMPAGNOLA

14

LES NOCES DE CANA

Plume, encre brune.
H. 0,153 ; L. 0,280.
Provenance : E. Desperet, marque en bas à gauche (L. 721), vente, Paris, 6-7 juin 1865, n° 148 ; Armand Valton.
Inv. E.B.A., n° 403.

Bibliographie : H. Tietze, 1944, n° 549 (Campagnola).

Ce dessin attribué au Titien, semble plutôt revenir, suivant l'avis de Ballarin (communication écrite) et de H. Tietze (1944, n° 549), à Domenico Campagnola ou à son atelier. En effet, la forme des visages, l'attitude des personnages et surtout la facture aux traits de plume très réguliers et parallèles sont caractéristiques du style de Campagnola vers la fin de sa vie, comme en témoigne la *Sainte Conversation* de l'Albertina (H. Tietze, 1944, n° 561).

ANNIBALE CARRACCI
Bologne 1560 - Rome 1609

15

DEUX BERGERS A LA LISIERE D'UN BOIS

Plume, encre brune.
H. 0,220 ; L. 0,325.
Annotation en bas à droite à la pierre noire :
Annibal Carrache.
Provenance : E. Desperet, marque en bas à droite (L. 721), Paris, vente, 6-7 juin 1865, n° 52 ; Armand Valton.
Inv. E.B.A., n° 74.

Bibliographie : Société de reproduction de dessins de maîtres anciens, 1912 ; G. Rouchès, 1913, p. 134 ; P. Lavallée, 1917, pp. 265-279 (p. 276) ; G. Rouchès, 1921, pp. 7-22 (p. 16).

Expositions : Paris, E.B.A., 1937, n° 29 (repr.) ; Stockholm, Musée National, 1966, sous le n° 83.

Annibale Carracci réalisa peu avant son départ de Bologne et à son arrivée à Rome un grand nombre de paysages à la plume —conservés notamment au Louvre (Inv. n° 4895, 7436, 7210, 7447 et 7945)— qui sont proches par leur faire enlevé et spontané du présent dessin. La plume de l'artiste, soumise à son élan d'inspiration, court avec une telle rapidité qu'elle écrase le papier, laissant sur la droite quelques taches d'encre.

Le Musée Teyler de Haarlem possède une vue presque identique à celle-ci (Exp. Stockholm, 1966, n° 83), bien que Carracci ait encore simplifié l'ensemble de sa composition : il supprime en effet quelques détails, comme les deux chèvres broutant près des bergers qui occupent alors le premier plan, l'artiste ayant restreint le panorama de son paysage. On distingue en revanche nettement les lointains, à peine esquissés dans le dessin des Beaux-Arts.

Si ce dessin fut traditionnellement considéré comme une œuvre incontestée d'Annibale, certaines feuilles d'Agostino Carracci, notamment *Nymphes et Chèvres dans un paysage* du Louvre (Inv. n° 7121) exécutées vers 1600-1602, permettent plutôt de penser qu'il s'agirait d'un dessin d'Agostino (communication orale de R. Bacou).

Annibale Carracci, *Bergers au bord d'une rivière*, dessin, Musée Teyler de Haarlem.

FRANCESCO MONTELATICCI dit CECCO BRAVO
Florence 1601 - Innsbruck 1661

16

SAINTE FAMILLE

Sanguine.
H. 0,170 ; L. 0,248.
Verso : étude de main à la sanguine et annotation à la plume, encre brune : *Montelaticci Francesco dit Cecco Bravo.*
Provenance : Armand Valton.
Inv. E.B.A., n° 207.

Bibliographie : G. Ewald, 1964, p. 398, fig. 13.

Exposition : Paris, E.B.A., 1937, n° 111.

Cecco Bravo, peintre baroque florentin, est surtout connu pour ses grandes décorations à fresques du cloître de Santa Annunziata, du Palais Pitti et de la Casa Buonarroti.

Ce dessin, vraisemblablement destiné à une peinture, est à rapprocher, en raison de sa composition, de deux tableaux, *Roger et Angélique* conservé à la Samuel H. Kress Foundation (G. Ewald, 1962, pp. 33-39, n° 1) — que G. Ewald date vers 1660 — et *Esaü et Jacob* de la collection Viezzoli de Gênes : les personnages, qui sont présentés de profil, sont également disposés en surface sans aucune profondeur.

Si les œuvres de Cecco Bravo sont difficilement datables, C. Monbeig Goguel (communication orale) situe plutôt ce dessin vers la fin de la vie de l'artiste : différent des nombreuses études de figures nues où les traits de sanguine sont anguleux, il se caractérise par un effet de flou créé par une légère estompe, proche du style du Corrège. L'attitude un peu maladroite de Saint Jean-Baptiste se retrouve dans l'*Etude d'enfant* vendue chez Sotheby's en 1973 (Catalogue de vente, n° 26).

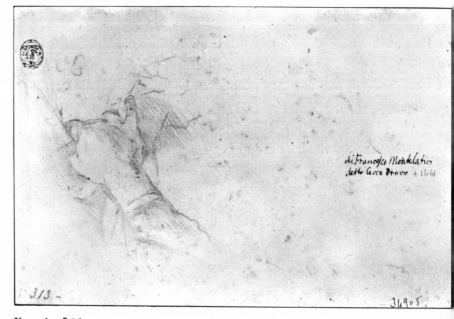

Verso du n° 16.

DOMENICO ZAMPIERI dit DOMENICHINO
Bologne 1581 - Naples 1641

17

UN POSSEDE

Pierre noire.
H. 0,262 ; L. 0,317.
Provenance : Hamilton, marque en bas à droite ; marquis de Lagoy, marque en bas à droite (L. 1710) ; E. Desperet, marque en bas à droite (L. 721), vente, Paris, 6-7 juin 1865, n° 162 ; Armand Valton.
Inv. E.B.A., n° 120.

Exposition : Paris, E.B.A., 1937, n° 55.

Considérée jusqu'ici comme une étude préparatoire pour l'un des personnages figurant dans les fresques de l'abbaye de Grottaferrata —consacrées à la vie de Saint Nil et réalisées pour le Cardinal Odoardo entre 1608 et 1610— cette tête de garçon, incontestablement de la main du Dominiquin, est plutôt à rapprocher, comme le pense R. Spear (communication écrite) de celle du jeune homme représenté dans la *Conversion de Saint Paul* exécutée plus tard et conservée à la cathédrale de Volterra : situé derrière Saint Paul, ce soldat renversé au sol lève son bras droit muni d'un bouclier au-dessus de sa tête ; si les lèvres du personnage paraissent légère-ment plus épaisses dans la composition finale, la position des yeux reste iden-tique à celle choisie ici par l'artiste. Cette composition de Volterra, que le Dominiquin réalisa à la fin de sa vie, fut précédée par un bozzetto conservé aujourd'hui dans la collection J. Pope Hennessy.

Domenichino, *La conversion de Saint Paul*, bozzetto, collection John Pope Hennesy.

FRANCESCO GUARDI
Venise 1712 - Venise 1793

18

LE GRAND CANAL A VENISE

Plume, encre brune et lavis d'encre de Chine.
H. 0,305 ; L. 0,455.
Provenance : E. Desperet, marque en bas à gauche (L. 721), vente, Paris, 6-7 juin 1865, n° 63 ; Armand Valton.
Inv. E.B.A., n° 149.

Bibliographie : Ph. de Chennevières, 1879, pp. 505-535, (repr. p. 533) ; L. Marcheix, 1909, pp. 257-264 ; P. Lavallée, 1917, pp. 266-279 (p. 276) ; M. Tinti, 1930, pl. 32 ; J. Byam-Shaw, 1933, pp. 47-63 ; A. Morassi, 1975, fig. 388, n° 387.

Expositions : Paris, E.B.A., 1879, n° 228 ; Paris, E.B.A., 1937, n° 71 ; Venise, Palazzo Grassi, 1965, n° 75.

Guardi, qui représenta de nombreuses vues du Grand Canal étudié sous différents angles (A. Morassi, 1975, n° 360 à 388), reprit la composition et la mise en page de ce dessin dans un tableau exposé, il y a quelques années, à la Galerie Agnew de Londres (A. Morassi, 1973, t. I, n° 586, fig. 563). Ce paysage vénitien, que l'on peut dater de la maturité de l'artiste, inspira Guardi dans deux autres études, conservées l'une dans la collection Bardac de Paris et l'autre chez feu le comte A. Seilern de Londres, où il ne modifie que très légèrement son point de vue (A. Morassi, 1975, n° 386 et 388) que l'on retrouve dans un tableau de la collection Thyssen de Lugano (A. Morassi, 1973, t. I, n° 585, fig. 555).

Cette feuille offre en outre un intérêt documentaire et historique, puisque la description fidèle de Guardi permet de découvrir le canal latéral qui a aujourd'hui disparu.

OTTAVIO LEONI
Rome vers 1578 - Rome 1630

19

PORTRAIT DE FEMME EN BUSTE

Trois crayons sur papier bleuté.
H. 0,215 ; L. 0,149.
Collé en plein ; annotation au verso.
Annotation en bas à gauche, à la plume, encre brune : *255 April* et à droite : *i 623*.
Provenance : His de la Salle, marque en bas à droite (L. 1332) ; Armand Valton.
Inv. E.B.A., n° 175.

Célèbre pour ses portraits dessinés, Leoni représenta une grande partie de la haute société romaine, ainsi que beaucoup d'artistes et d'amis, puisque, pour la seule année 1623, on conserve aujourd'hui plus de sept portraits, dont celui du cardinal Gozzadini à l'Ashmolean Museum d'Oxford (Inv. 885-249), celui du Cavalier Altieri à la Fondation Custodia (Exp. Paris, 1974, n° 42, pl. 32), celui de Marcello, peintre provençal à la Kunsthalle de Hambourg (Inv. 1695-12), celui de la Censia à la National Gallery of Washington (Inv. B29 166) et ceux des deux femmes non identifiées au Kupferstichkabinett de Berlin (S.M.P.K.) (Inv. Kdz, 1784, et Kdz, 1785).

Utilisant de préférence la pierre noire et la craie pour dessiner le visage de ses personnages, Leoni y «méloit parfois du crayon de sanguine et cela visoit à l'effet de pastel et rendoit les dessins plus vrais et plus approchants de la couleur de la chair» (Baglione, 1733, pp. 208-209). La plupart de ces dessins sont numérotés, datés, avec généralement l'identité du modèle.

20

PORTRAIT DE FEMME

Pierre noire sur papier bleuté.
H. 0,103 ; L. 0,071.
Collé en plein.
Provenance : E. Guichardot (L. 2490), vente, Paris, 7-10 juillet 1875, n° 203 ; Armand Valton.
Inv. E.B.A., n° 179.

Tout comme le dessin suivant, ce portrait est tout à fait caractéristique de l'œuvre d'Ottavio Leoni qui représente ses modèles au début de sa carrière dans une mise en page très libre et simple avec une grande économie de moyens, n'employant que la pierre noire rehaussée quelquefois de traits de craie sur papier bleu. Ce portrait est notamment à rapprocher de deux dessins de la collection Bonnat de Bayonne (J. Bean, 1960, n° 56 et 57).

21

PORTRAIT DE JEUNE FILLE

Pierre noire sur papier bleuté.
H. 0,103 ; L. 0,075.
Collé en plein.
Provenance : E. Guichardot (L. 2490), vente, Paris, 7-10 juillet 1875, n° 203 ; Armand Valton.
Inv. E.B.A., n° 179.

PIRRO LIGORIO
Naples 1500 ? - Ferrare 1583

22

JOSEPH ET LA FEMME DE PUTIPHAR

Plume, encre brune.
H. 0,348 ; L. 0,210.
Verso : annotations illisibles.
Collé en plein ; déchirure à droite.
Provenance : Flury-Hérard, marque en bas à droite (L. 1015), vente, Paris, 13-15 mai 1861, n° 151 ; H. Destailleur (L. 740), vente, Paris, 27 avril 1866 ; Armand Valton.
Inv. E.B.A., n° 183.

Exposition : Paris, E.B.A., 1935, n° 56.

Pirro Ligorio représente vraisemblablement ici Joseph et la femme de Putiphar (Genèse Chapitre XXXIX, 5, versets 11-13) bien que cette dernière tienne un glaive auquel le texte biblique ne fait aucune allusion.

Peintre et architecte, cet artiste, pénétré d'une profonde culture antique et historique, exerça auprès du cardinal Ippolite d'Este une activité d'«antiquaire». Il fut en effet chargé de constituer et de conserver sa collection d'antiques. Il conçut et décora également les jardins de la Villa d'Este à Tivoli et réalisa un grand nombre de façades en grisailles à la manière de Polidoro à Rome. Cette étude, par sa technique à la plume, est à rapprocher de plusieurs dessins, notamment *Le Meurtre de Phèdre* de l'Alte Pinakothek de Munich (inv. 2203) et les feuilles de la Bibliothèque Orsini de Rome et des Offices (Frises d'après l'antique, Inv. n° 386.5 à 388.5) qui reprennent des plans d'édifices, des bas-reliefs antiques ou même des scènes de la vie romaine, également commentés par les annotations portées sur un côté de la feuille.

F. H. Nº 151.

23

FABRIQUE ITALIENNE

Plume, encre brune, légers rehauts de lavis brun au dernier plan, sur papier bleu.
H. 0,100 ; L. 0,200.
Tache marron en haut à gauche.
Provenance : W. Young Ottley (L. 2662), vente, Londres, 1814, n° 30 ; W. Esdaile, marque en bas à droite (L. 2617), vente, Londres, 30 juin 1840 ; E. Desperet, marque en bas à droite (L. 721), vente, Paris, 6-7 juin 1865, n° 412, lot de deux dessins 72 f ; Armand Valton.
Inv. E.B.A., n° 946.

Bibliographie : M. Roethlisberger, 1965, pp. 369-380.

Exposition : Paris, E.B.A., 1961, n° 30.

Cette feuille, classée sous le nom de Claude Lorrain, doit plutôt revenir à un artiste actif à Rome vers 1650, surnommé par M. Roethlisberger le «Maître sur papier bleu». Ce dernier, qui appartient vraisemblablement au cercle de Grimaldi, exécuta une suite de paysages esquissés sur des feuilles bleues de format identique, ayant fait partie d'un même carnet de croquis et aujourd'hui disséminés dans diverses collections dont le Louvre, le British Museum et le Musée Boymans-van Beuningen de Rotterdam (M. Roethlisberger, 1965) : aucun n'est signé, mais leur provenance est souvent identique, puisque l'on retrouve fréquemment les marques de Sir Thomas Lawrence, de W. Esdaile et de H. Wellesley.

Cette étude, par sa facture à la plume, aux hachures extrêmement rapides et nerveuses, ainsi que son rendu très schématique des arbres et du sol, est un bon exemple de ces paysages toujours exécutés d'après nature dans les environs de Rome. Une autre étude de la même main, mais sur papier blanc, fut également achetée par Alfred Armand comme une œuvre de Claude Lorrain (Inv. E.B.A., n° 945).

Verso du n° 23.

24

FAUNES ET CHEVAUX MARINS

Plume, encre brune.
H. 0,175 ; L. 0,250.
Déchirure en bas au centre.
Provenance : W. Young Ottley, inscription au verso (L. 2662), vente, Londres, 10 mai 1838, (Mantegna) ; Sir Thomas Lawrence, marque en bas à gauche (L. 2445) ; Nils Barck, marque en bas à gauche (L. 1959), vente, Paris, février 1852 ; E. Galichon, vente, Paris, 8-9 mai 1875, n° 88 (Mantegna) ; His de la Salle, marque en bas à gauche (L. 1332) ; Armand Valton.
Inv. E.B.A., n° 190.

Bibliographie : W. Young Ottley, 1823, p. 15 (Mantegna) ; Weigel, 1865, n° 4578 ; E. Galichon, 1872, pp. 151-153 ; P. Kristeller, 1901, p. 461 (école de Mantegna) ; P. Lavallée, 1917, pp. 265-279 (repr. p. 272) (Mantegna) ; K.T. Parker, 1927, n° 16, pl. 16 (école de Mantegna) ; J. Byam Shaw, 1932, pl. 59 ; G. Fiocco, 1933, p. 185 (Mantegna) ; G. Fiocco, 1937, p. 83 (Mantegna) ; Th. Muchall-Viebrock, 1942, pp. 73-77 (Mantegna) ; H. Tietze et E. Tietze-Conrat, 1944, p. 48 (G. Bellini) ; G. Fiocco, 1950, pp. 40-54, fig. 54 (G. Bellini) ; E. Tietze-Conrat, 1955, p. 228 (G. Bellini).

Expositions : Paris, E.B.A., 1935, n° 63 ; Mantoue, 1961, n° 127, fig. 147 (G. Bellini) ; Northampton, Smith College Museum of Art, 1978, sous le n° 7 (G. Bellini).

Ce dessin est à rapprocher, par son sujet et par sa composition, de la *Bataille de chevaux marins* (Exp. Northampton, 1978, n° 7) gravée par Mantegna entre 1484 et 1488.

Longtemps attribuée au maître de Mantoue, cette feuille fut considérée en 1961 par G. Paccagnini (Exp. Mantoue, 1961, n° 127) comme une œuvre de G. Bellini qui, alors dans l'atelier de Mantegna, se serait inspiré d'une étude préparatoire du Maître. Ph. Pouncey et J. Gere (communications orales) rejettent aujourd'hui le nom de Bellini mais gardent l'idée de

copie d'élève faite en atelier d'après une étude de Mantegna. Ce dessin apporterait ainsi des renseignements précieux sur les sources antiques qu'utilisa l'artiste pour la réalisation de sa gravure. Il reprend en effet différentes sculptures dont le sarcophage romain de la Villa Médicis et les chevaux Tamers du Mont Cavallo (Exp. Northamton, 1978, n° 7) qui comblent la partie manquante du relief Médicis.

La composition et le sujet restent en outre proche d'un nielle exécuté par Peregino da Cesena s'inspirant d'un modèle classique, comme le souligne A. Blum (1950, n° 78, fig. XXVIII).

Mantegna, *Bataille de chevaux marins*, gravure,
Cabinetto nazionale della Stampe de Rome.

MICHELANGELO BUONARROTI dit MICHEL-ANGE
Caprese (Casentino) 1475 - Rome 1564

25

ETUDE D'HOMME NU

Sanguine.
H. 0,325 ; L. 0,200.
Verso : étude de jambe et trois croquis pour une *Lutte entre Jacob et l'Ange* à la sanguine et à la pierre noire.
Annotation en bas à droite à demi-effacée d'une écriture de la fin du XVIIIe siècle, à la sanguine : *Di Michel Ange buona Roti*, au-dessous : *Adam.*
Provenance : cardinal de Polignac ; Lambert-Sigisbert Adam ; Lechevallier-Chevignard ; J. Boilly, vente, Paris, 19-20 mars 1869, n° 276 ; Armand Valton.
Inv. E.B.A., n° 197.

Bibliographie : Ph. de Chennevières, 1879, pp. 505-535 ; B. Berenson, 1903, n° 1746 (p. 420) ; L. Marcheix, 1909, pp. 257-264 ; H. Thode, 1912, t. I, p. 213 ; P. Lavallée, 1917, pp. 265-279 (p. 267) ; B. Berenson, 1938, t. II, n° 1746 ; M. Delacre, 1938, fig. 146, p. 285 ; J. Wilde, 1954, p. 10 ; L. Düssler, 1959, n° 641 ; B. Berenson, 1961, n° 1746 ; F. Hartt, 1971, p. 392 ; Ch. de Tolnay, 1975, vol. I, p. 68, n° 62.

Expositions : Paris, E.B.A., 1879, n° 64 ; Paris, E.B.A., 1935, n° 66.

Si H. Thode (1912, t. I, p. 213) a voulu voir dans ce dessin une étude pour l'une des sculptures des jardins de Boboli, Ph. Chennevières, en 1879, et M. Delacre, en 1938, le mettent en rapport direct avec le tombeau de Jules II. En effet, d'après le projet de Michel-Ange aujourd'hui très abîmé, conservé au Kupferstichkabinett de Berlin Est (Ch. de Tolnay, 1975, n° 55) et la copie de ce projet par Rochetti (aux Offices), la présente figure devait prendre place à droite du monument projeté par l'artiste. Néanmoins, l'attribution de ce dessin fut souvent à tort remise en doute par J. Wilde et F. Hartt avant d'être confirmée par Ch. de Tolnay qui date cette œuvre des années 1512-1513.

Le Musée du Louvre conserve une autre étude fort semblable pour la même figure, que M. Delacre compare avec celle des Beaux-Arts jugée beaucoup plus élaborée : les jambes y sont en effet plus sveltes, la gauche étant plus relevée, et le torse est plus incliné vers l'avant (1938, n° 147). La jambe droite du verso qui est également une étude pour le même personnage fut réalisée, suivant l'avis de Ch. de Tolnay (communication orale), légèrement plus tard, ainsi que la *Lutte entre Jacob et l'Ange* dont le thème est repris dans un dessin conservé au Musée Teyler de Haarlem (F. von Marcuard, 1901, pl. III). Dans la triple représentation de ces deux personnages, Michel-Ange s'inspire vraisemblablement, comme le suggère Ch. de Tolnay, des deux anges répétés ainsi trois fois au

Michel-Ange, *Etude d'homme nu*, dessin, Musée du Louvre.

premier plan de la *Nativité* de Botticelli conservée à la National Gallery de Londres et peinte en 1501.

La provenance de ce dessin offre d'autre part un grand intérêt, puisqu'il fut acquis au XVIIIe siècle par Lambert Sigisbert Adam grâce au cardinal de Polignac. Celui-ci dédommagea ainsi le sculpteur avec des antiques rapportés de Rome. Mariette raconte qu'en outre, L.S. Adam eut toutes les peines du monde à se défaire des œuvres de cette collection, «quelques soins qu'il eut pris pour les annoncer. Il les fit graver et les planches ne furent pas reçues plus favorablement» (t. I, p. 7).

Botticelli, *La Nativité*, toile, National Gallery de Londres.

Verso du nº 25.

GIOVANNI FRANCESCO BEZZI dit NOSADELLA
Travaille à Bologne entre 1558 et 1571

26

CERES

Plume, encre grise, lavis gris et quelques traces de lavis brun.
H. 0,270 ; L. 0,248.
Collé en plein.
Provenance : G. Vasari, montage avec cartouche : *Gio. - Francesco Bezzi detto Bolognese* ; au verso : deux fois, la marque parfois identifiée à tort avec celle de Crozat ou de Caylus (L. 480) ; P.J. Mariette, marque en bas au centre (L. 1852), vente, Paris, 15 novembre 1775-30 janvier 1776, partie du n° 205 («cinq sujets divers, à la plume et au lavis, dont une sainte famille où l'enfant embrasse la mère, et de la collection du Vasari») ; marquis de Calvière, vente, Paris, 1779, n° 169 ; marquis de Lagoy, marque en bas au centre (L. 1710), ne figure pas dans l'inventaire manuscrit mais dans la vente, 1834, partie du n° 82 avec la désignation : *Cérès* (numéroté en effet en bas à droite sur le montage : 82. 2 p.) ; His de la Salle, marque en bas à droite (L. 1332) ; Armand Valton.
Inv. E.B.A., n° 49.

Bibliographie : L. Ragghianti Collobi, 1974, n° 521, p. 170.

Expositions : Paris, Louvre, 1967, n° 90 ; Paris, Grand Palais, 1978, sous le n° 17.

Ce dessin qui a notamment appartenu à Vasari et à Mariette, fut identifié par S. Béguin grâce au catalogue de la vente Lagoy comme «Cérès sur un char traîné par deux dragons» : «elle porte un flambeau dans chaque main, ses attributs ordinaires, et fait traîner son char par deux serpents monstrueux peut-être dans sa recherche de Proserpine disparue aux enfers» (S. Béguin, Exp. 1967, n° 90). Le montage, réalisé sans aucun doute par Vasari, fut toutefois complété, comme le pense C. Monbeig Goguel (communication orale), par Mariette qui rajouta les touches de lavis gris-bleu pour l'encadrement.

L'activité de Nosadella comme dessinateur est encore aujourd'hui peu connue et sa peinture fut longtemps confondue avec celle de son maître Tibaldi. Toutefois, cette feuille —en raison de sa facture à la plume, qui cerne les contours des personnages et au lavis déposé par larges touches— est à rapprocher de plusieurs autres études attribuées avec certitude à Nosadella et conservées à l'Université de Göttingen (E. Valentiner, 1933, pp. 131-133) à Windsor Castle (A.E. Popham et A. Wilde, 1949, n° 526) et au musée d'Edimbourg (Exp. 1978, sous le n° 17).

Vasari possédait plusieurs dessins de cet artiste, notamment *La présentation de Marie au temple* et *La Vierge et l'enfant* du Louvre (Inv. n° 7049 et n° 7050), ainsi que l'*Emblème* de l'Albertina de Vienne (Inv. n° 2000), qui firent ensuite également partie de la collection Mariette.

Gio. Franc. Bezzi, detto il Nosadella,
Bolognese.

CRESCENZIO ONOFRI
Rome 1632 ? - Florence 1712

27

NARCISSE ET ECHO

Plume, encre brune et lavis d'encre de Chine.
H. 0,138 ; L. 0,250.

Provenance : E. Desperet, marque en bas à droite (L. 721), vente, Paris, 6-7 juin 1865, n° 72, 23 f (G. Dughet) ; Armand Valton. Inv. E.B.A., n° 873.

Bibliographie : J. Vallery-Radot, 1952, p. 199, pl. 114 (G. Dughet) ; M. Chiarini, 1972, n° 57, p. 104 (C. Onofri).

Expositions : Paris, Petit Palais, 1953, n° 413 (G. Dughet) ; Paris, E.B.A., 1933, n° 49 (G. Dughet) ; Londres, Royal Academy, 1949-1950, n° 409 a (G. Dughet) ; Hambourg, Kunsthalle, 1958, n° 43 (G. Dughet) ; Berne, Kunstmuseum, 1959, n° 126 (G. Dughet) ; Paris, E.B.A., 1961, n° 15 (G. Dughet) ; Rome, Galleria Nazionale d'Arte Antica, 1961, n° 279 (C. Onofri).

Ce dessin, considéré jusqu'à la dernière exposition de 1961 comme une étude de Gaspard Dughet, fut reconnu en 1972 par M. Chiarini (n° 104) comme une œuvre de Crescenzio Onofri. Ce dernier, qui fut peut-être le seul élève de G. Dughet, reprend néanmoins la composition de *Narcisse et Echo* peinte par son maître et conservée à la Galleria Nazionale d'Arte Antica de Rome (Exp. Rome, Galleria Nationale d'Arte Antica, 1956, n° 32). Onofri s'imprégna en effet dans sa jeunesse, notamment lors de son séjour à Rome, des œuvres de son maître avec lequel il travailla pour la décoration du salon du trône du Palais Doria Pamphili.

Le style de cette feuille, par son esprit antiquisant et son faire très minutieux, proche de certains dessinateurs flamands, rappelle d'autres paysages de l'artiste, comme celui de la Collection Santarelli aux Offices (Exp. Florence, 1968, n° 68, fig. 47).

28

NARCISSE ET ECHO

Sanguine, plume, encre brune et lavis d'encre de Chine.
H. 0,120; L. 0,171.
Provenance : W. Young Ottley (L. 2662), vente, Londres, 1812, n° 43; Sir Thomas Lawrence, marque en bas à gauche (L. 2445), vente, Londres, 19 juin 1930 (G. Dughet); H. Destailleur (L. 740), vente, Paris, 27-28 avril 1866, n° 78, 39 f (G. Dughet); Armand Valton.
Inv. E.B.A., n° 874.

Bibliographie : W. Young Ottley, 1923, p. 70.

Expositions : Paris, Petit Palais, 1925, n° 412 (G. Dughet); Paris, E.B.A., 1933, n° 50 (G. Dughet); Londres, Royal Academy, 1949-1950, n° 408 b (G. Dughet); Hambourg, Kunsthalle, 1958, n° 44 (G. Dughet); Berne, Kunstmuseum, 1959, n° 127 (G. Dughet); Paris, E.B.A., 1961, n° 16 (G. Dughet).

Ce dessin, qui fut gravé par G. Lewis dans le recueil de W. Young Ottley, est l'agrandissement et l'élaboration de l'étude précédente, d'après la composition de Gaspard Dughet *Narcisse et Echo*. Onofri étoffe les feuillages des arbres sur la gauche et rend plus abrupte la rive. Son écriture, d'un trait large à la plume, se caractérise surtout dans les années romaines de 1680 à 1689 par une stylisation dans la représentation des essences d'arbres et des frondaisons, comme en témoigne un autre dessin conservé à la National Gallery of Scotland d'Edimbourg (Inv. n° D 3226).

FRANCESCO MAZZOLA dit PARMIGIANINO
Parme 1503 - Casalmaggiore 1540

29

L'ENFANT JESUS DEBOUT DEVANT LES GENOUX DE SA MERE

Sanguine.
H. 0,238 ; L. 0,167.
Verso : études des mêmes figures et de deux enfants nus à la pierre noire et à la sanguine.
Provenance : N. Lanière, vieille inscription en haut de la feuille à droite ; B. West (L. 419) ; Th. Dimsdale, marque au verso (L. 2426) ; Sir Thomas Lawrence, marque en bas à droite (L. 2445) ; Nils Barck (L. 1959) ; Armand Valton.
Inv. E.B.A., n° 221.

Bibliographie : L. Fröhlich-Bum, 1921, pp. 18-19, pl. IV ; A.E. Popham, 1953, pl. 33 ; A.E. Popham, 1971, p. 166, n° 519, pl. 105.

Expositions : Londres, Lawrence Gallery, 1836, n° 45 ; Paris, E.B.A., 1935, n° 80 ; Paris, E.B.A., 1958, n° 25.

Ce dessin est une étude pour la *Vierge et l'Enfant avec Saint Jean-Baptiste et Saint Jérôme*, tableau peint à Rome, en 1526, à la demande de la famille Buffalini qui le plaça dans la chapelle des Augustins, à Citta di Castello ; il se trouve aujourd'hui à la National Gallery de Londres (W. Gibson, 1968, n° 33).

L'attitude de l'Enfant diffère légèrement de celle de la composition finale, notamment dans le bras droit, que Parmesan finit par fixer à l'horizontale, ainsi que la tête qui, dans la peinture, est tournée vers le sol. Parmesan exécuta de nombreuses études de la *Vierge et l'Enfant*, comme l'illustrent les feuilles de l'Ashmolean Museum, du Louvre, de l'Albertina et du Städelsches Kunstinstitut de Francfort (A.E. Popham, 1971, n° 181, 197 et 141). Néanmoins, les deux dessins du Musée Condé de Chantilly et du British Museum offrent, par leur mise en page et la disposition des personnages, des versions plus directement en rapport avec la composition définitive (A.E. Popham, 1953, p. 43, n° 30 et 31).

L'étude du verso reprend la même composition dans laquelle Parmesan

Verso du n° 29.

Parmigianino, *Vierge et l'Enfant avec Saint Jean-Baptiste et Saint Jérôme*, toile, National Gallery de Londres.

cherche à placer l'Enfant Jésus qui reçoit alors les fruits et les fleurs de Saint Jean sur les genoux de la Vierge. Il existe une gravure de cette figure exécutée par C.M. Metz (R. Weigel, 1865, n° 1559).

Le rendu subtil du modelé et des formes témoigne de l'influence exercée par Corrège sur le jeune Parmesan qui, dans les études préparatoires pour la décoration de la Rocca di Fontanellato comme les *Enfants jouant avec des feuillages* (R. Bacou, 1968, n° 50), proche du dessin, suit les leçons du maître, tout en développant un style monumental nouveau. Parmesan rencontra en effet Corrège en 1522, lorsque celui-ci terminait alors la fresque de San Giovanni Evangelista.

FRANCESCO MAZZOLA dit PARMIGIANINO

30

SAINTE FAMILLE

Plume, encre brune et lavis brun.
H. 0,114 ; L. 0,080.
Provenance : François Monval, inscription au verso à la plume, encre brune du XVIII° siècle : *Vente François Monval* ; Armand Valton. Inv. E.B.A., n° 224.

Bibliographie : A.E. Popham, 1971, p. 166, n° 522, pl. 146.

Exposition : Parme, Palazzo della Pilotta, 1935, sous le n° 86.

Cette *Sainte Famille* fait partie de toute une série importante de dessins sur les thèmes de la Nativité et de l'Adoration des Mages, qui ne semblent pas avoir donné lieu à une peinture. L'architecture de l'arrière-plan, constituée de deux colonnes encadrant une fenêtre et d'un escalier sur la droite, se retrouve dans la feuille du Metropolitan Museum de New York (A.E. Popham, 1971, n° 197, pl. 148) alors que les figures de la Vierge et des enfants demeurent plus proches de celles du British Museum (1971, n° 189). Toutefois, il semble que les deux études conservées à l'Ecole des Beaux-Arts et au Louvre (1971, n° 366, pl. 146) préparent, comme en témoigne la mise en place progressive des personnages et du cadre, la composition du Metropolitan Museum de New York, beaucoup plus élaborée (1971, n° 297, pl. 189). Il existe également aux Offices une étude sur le même sujet, que A.E. Popham date, comme l'ensemble de ces dessins, de l'année 1526 (n° 72, pl. 145).

31

ETUDE POUR VENUS DESARMANT L'AMOUR

Plume, encre brune et lavis brun.
H. 0,169; L. 0,133.
Verso : étude d'un homme marchant vers la droite, les épaules couvertes d'un manteau, à la pierre noire, plume, encre brune et lavis brun.
Provenance : Earl of Arundel ; A.M. Zanetti ; baron Vivant-Denon, marque en bas à gauche (L. 779), vente, Paris, 1er mai 1826, n° 388 ; Sir Thomas Lawrence, marque en bas à droite (L. 2445) ; Nils Barck, marque en bas à droite (L. 1959) ; Armand Valton.
Inv. E.B.A., n° 222.

Bibliographie : A.E. Popham, 1953, pl. 41 ; A.E. Popham, 1971, p. 166, n° 520, fig. 278.

Expositions : Paris, E.B.A., 1935, n° 84 ; Paris, E.B.A., 1958, n° 26 ; Paris, Petit Palais, 1965-1966, n° 214.

Le thème de Vénus désarmant l'Amour inspira à Parmesan de nombreux dessins répartis aujourd'hui dans plusieurs musées et collections : la Galerie de Parme en conserve deux d'une mise en page fort différente (A.O. Quintavalle, 1948, pl. 51-52), celle de Budapest également deux dont une esquisse à la plume et une autre feuille d'une facture plus enlevée (L. Fröhlich-Bum, 1921, fig. 9 et A.E. Popham, 1961, pp. 47-48, fig. 33). La collection du feu comte Seilern à Londres possède une autre étude sur le même sujet. Au dire de Mariette (t. III, p. 319) le collectionneur Zanetti avait eu en sa possession une « Vénus assise, ayant auprès d'elle l'Amour, de qui elle a enlevé l'arc. Elle est assise sous un pavillon dont un bout est relevé. Sur un terme auprès d'elle est un vase ; elle tient l'arc de la main gauche qu'elle élève au-dessus de sa teste. En général, c'est la même composition et la même idée qui a été gravée en clair obscur par Le Sueur » (fac-similé de 1731).

Il semble en outre, comme l'indique A.E. Popham (1971, p. 166), que Parmesan ait réalisé une peinture aujourd'hui perdue mais connue grâce à une gravure du XVIIIe siècle, où l'attitude de Vénus et d'Amour s'apparente beaucoup à celle adoptée dans le dessin des Beaux-Arts. Andrea Schiavone et Lucas Vorsterman gravèrent plusieurs compositions sur ce thème, s'inspirant vraisemblablement du Parmesan, comme le pense R. Bacou (Exp. Paris, 1965-1966, n° 214). Ce dessin fut également gravé par F. Rosaspina pour la collection Vivant-Denon (Weigel, n° 5614).

La mise en page des figures étudiées à diverses reprises sur la même feuille et

Verso du n° 31.

Dürer, *La fuite en Egypte*, gravure E.B.A.

l'écriture enlevée à la plume rappellent certains dessins de Windsor Castle, à l'exemple de la *Feuille d'études* (A.E. Popham, 1953, n° XLIX). R. Bacou propose de situer ce dessin entre 1524 et 1530, années durant lesquelles Parmesan effectue des séjours prolongés à Rome et à Bologne ; la recherche de monumentalité et de mouvement se retrouve en effet dans les études préparatoires pour la *Vision de Saint Jérôme* datée de 1526-1527 et conservée à la National Gallery de Londres (J.S. Freedberg, 1950, fig. 57).

Le personnage du verso est une copie du Saint Joseph de la *Fuite en Egypte* gravée par Dürer. Parmesan n'a pas représenté la draperie qui couvre la tête de Saint Joseph ni le bâton qu'il tient de la main gauche. —

FRANCESCO MAZZOLA dit PARMIGIANINO

32

DEUX ENFANTS :
JESUS ET SAINT JEAN-BAPTISTE AVEC UN AGNEAU

Plume, encre brune et lavis d'encre de chine sur papier brun.
H. 0,095 ; L. 0,075.
Partie supérieure rapportée.
Provenance : A.M. Zanetti ; Vivant-Denon, marque en bas à droite (L. 779), vente, Paris, 1er mai 1826, n° 390 ; E. Desperet, marque en bas à gauche (L. 721), vente, Paris, 6-7 juin 1865, n° 87 ; Armand Valton.
Inv. E.B.A., n° 233.

Bibliographie : A.E. Popham, 1971, n° 526, pl. 257, p. 167.

Ce dessin est à mettre en rapport comme le pense R. Bacou (communication orale), avec la *Madone au long cou*, tableau du Parmesan réalisé en 1534 et conservé à Florence. Pour cette composition qui fit l'objet d'un grand nombre d'études préparatoires, Parmesan avait d'abord eu l'idée, comme le montre un dessin du Louvre (Inv. n° 6378), de placer Saint Jean-Baptiste à gauche de la Vierge : on le retrouve donc ici en compagnie de Jésus tenant un agneau ou plus vraisemblablement un vase, dans la même attitude, un genou à terre. A droite de l'enfant Jésus, Parmesan a également esquissé la jambe de la Vierge.

Il existe pour ces deux figures une gravure de A.M. Zanetti (Weigel, n° 543a), un fac-similé de Rosaspina (Weigel, n° 5433) et une lithographie destinée aux *Monuments* de Vivant-Denon.

Parmesan, *Vierge assise avec l'enfant*, dessin, Musée du Louvre.

FRANCESCO MAZZOLA dit PARMIGIANINO

33

VESTALE

Plume, encre brune, lavis brun et rehauts de blanc sur papier brun.
H. 0,118 ; L. 0,062.
Verso : étude d'un saint dans une niche à la plume, encre brune et lavis brun.
Provenance : E. Desperet, marque en bas à gauche (L. 721), vente, Paris, 6-7 juin 1865, n° 87 ; Armand Valton.
Inv. E.B.A., n° 232.

Bibliographie : A.E. Popham, 1971, n° 524, p. 167, fig. 331.

Cette figure ainsi que celle du verso sont deux études préparatoires pour la décoration de l'église Santa Maria della Steccata à Parme entreprise par Le Parmesan vers 1530-1531.

L'attitude de la femme au recto est proche de celle de la Vierge située au centre de la voûte de la Steccata, bien que le mouvement du bras gauche soit différent et qu'elle tienne un bâton. Les angles et l'ovale légèrement esquissés sur la feuille correspondent aux rosoni projetés par Le Parmesan. En revanche, l'indication du pied en haut du dessin est vraisemblablement, comme le pense A.E. Popham (1971) une étude pour Eve.

Le verso représente le personnage d'Aaron qui apparaît dans une niche, tenant un bâton au bout duquel on aperçoit un serpent. Cette figure fit l'objet d'un grand nombre d'études dont la plus proche reste celle de Stockholm (A.E. Popham, 1971, n° 579), bien que la tête soit tournée vers la gauche. Le Metropolitan Museum de New York, le Louvre et la Galerie de Parme conservent également plusieurs dessins pour Aaron qui tient, comme dans la version définitive, les Tables de la Loi (A.E. Popham, 1971, n° 301, 357 et 530). Le Parmesan réalisa pour cette décoration d'innombrables dessins —répartis aujourd'hui dans le monde entier (A.E. Popham, 1971, n° 228)— qui sont généralement consacrés à l'étude d'un personnage plutôt qu'à l'ensemble du décor.

Verso du n° 33.

34

LUCRECE

Plume, encre brune, lavis brun et rehauts de blanc sur papier brun.
H. 0,118 ; L. 0,067.
Provenance : E. Desperet, marque en bas à gauche (L. 721), vente, Paris, 6-7 juin 1865, n° 87 ; Armand Valton.
Inv. E.B.A., n° 230.

Bibliographie : S.J. Freedberg, 1950, p. 238, note 272 ; A.E. Popham, 1971, p. 167, n° 525, pl. 403.

S.J. Freedberg rapprocha en 1950 cette étude d'un tableau illustrant le même thème, peint selon Vasari au cours du séjour du Parmesan à Casalmaggiore : «ce morceau divin est le dernier et l'un des meilleurs qu'il ait produits ; on ne sait où il est aujourd'hui» (G. Vasari, p. 308). Néanmoins, si S.J. Freedberg pensait que la feuille des Beaux-Arts n'était qu'une copie d'un dessin perdu, A.E. Popham (1971, n° 523) considère qu'il s'agit bien d'une œuvre du maître. Il le date d'ailleurs des dernières années du Parmesan qui affectionne alors particulièrement les figures fines et allongées.

Ce personnage fut gravé par Vorsterman et par Van der Borcht (British Museum, Inv. n° 1955-3-25-60).

35

LUCRECE

Plume, encre brune, lavis brun et rehauts de blanc sur papier brun.
H. 0,118 ; L. 0,074.
Provenance : Earl of Arundel, marque en bas à droite ; E. Desperet, marque en bas à gauche (L. 721), vente, Paris, 6-7 juin 1865, n° 87 ; Armand Valton.
Inv. E.B.A., n° 231.

Bibliographie : S.J. Freedberg, 1950, p. 238, note 272 ; A.E. Popham, 1971, p. 167, n° 523, pl. 403.

Ce dessin d'un style similaire au précédent date de la même époque et ne diffère que dans l'attitude de Lucrèce, tournée ici vers la gauche. Bedoli, imitateur du Parmesan, réalisa deux copies de cette figure représentée dans une pose identique, l'une conservée à la Malmaison (A.E. Popham, n° 525) et l'autre, aujourd'hui disparue, exposée en 1836 à la Lawrence Gallery (n° 24).

36

BACCHUS

Plume, encre brune, lavis brun et rehauts de blanc sur papier brun.
H. 0,222 ; L. 0,128.
Provenance : His de la Salle, marque en bas à gauche (L. 1332) ; Armand Valton.
Inv. E.B.A., n° 296.

Bibliographie : Ph. de Chennevières, 1879, t. XIX, 2e période, pp. 505-535 ; L. Dimier, 1900, p. 470, n° 234 ; F. Herbet, 1913, p. 63 ; P. Lavallée, 1917, pp. 265-279 (p. 278) ; L. Dimier, 1938, p. 26, pl. XXVII ; L. Dimier, 1942, pl. 45 ; P. Lavallée, 1943, pl. 15 ; G. Briganti, 1945, fig. 52 ; P. Lavallée, 1948, p. 22 ; P. Barocchi, 1951, p. 216, fig. 267 ; B. Wagner, 1979, pp. 165-166, fig. 14 ; S. Béguin, A. Chastel, J. Guillaume et A. Roy, 1981 (sous presse).

Expositions : Paris, E.B.A., 1879, n° 234 ; Paris, E.B.A., 1935, n° 109 ; Paris, E.B.A., 1958, n° 37 ; Paris, Petit Palais, 1965-1966, n° 228 ; Paris, Petit Palais, 1968, n° 239 ; Rennes, Musée des Beaux-Arts, 1978, n° 91, pl. XCL.

Cette figure de Bacchus personnifiant l'Automne prenait place en compagnie de Flore, Cérès et Saturne au compartiment XI de la voûte de la galerie d'Ulysse au Château de Fontainebleau. Ces quatre dieux répondaient en symétrie à des allégories des quatre saisons représentées au compartiment V. A partir de ces figures, L. Ferdinand et Ducerceau (Les grandes Arabesques, pl. II) exécutèrent une série de gravures à l'eau forte où, au dire de Mariette, «la manière du Primatice est assez bien imitée» (P.J. Mariette, p. 213). Pour les études préparatoires des trois autres divinités, le British Museum conserve la Flore, le Louvre le Saturne et le Musée Magnin de Dijon une Cérès que S. Béguin ne considère pas comme un original (communication orale et Exp. Dijon, 1980, n° D37). D'autre part, il existe dans la collection Janos Scholz de New York une copie de ce Bacchus.

S. Béguin (Exp. Paris, 1965, n° 228) a remarqué «l'élégance d'une grâce achevée» de ce dessin — que L. Dimier date entre 1547 et 1559 (1900, p. 470) — où Primatice mêle alors les influences du Parmesan et celles du Rosso.

Le personnage du Bacchus réapparaît en compagnie de Thétis dans la quatrième composition dans l'embrasure de la première croisée de la Salle de Bal à Fontainebleau, composition que le Primatice étudia dans un dessin conservé au British Museum (Inv. n° 1946 - 7 - 13 - 47).

FRANCESCO PRIMATICCIO

37

DEUX VIEILLARDS A DEMI-ETENDUS

Sanguine et rehauts de blanc.
H. 0,137 ; L. 0,239.
Traces d'usure.
Provenance : Sir Thomas Lawrence, marque
en bas à gauche (L. 2445) ; Armand Valton.
Inv. E.B.A., n° 299.

Expositions : Fontainebleau, Château de
Fontainebleau, 1921, n° 109 ; Paris, E.B.A.,
1935, n° 109.

Cette étude, très oxydée, fut réalisée
par le Primatice en vue d'une des
compositions peintes aux croisées de la
Salle de Bal du Château de Fontainebleau
entre 1552 et 1556. Le Musée du Louvre
possède une suite de dessins représentant des vieillards allongés, qui prenaient
aussi place dans la décoration de la
Salle de Bal (L. Dimier, 1900, n° 32-33-
34-35-88-89-90-92) et qui furent pour
la plupart gravés par Alexandre Betou.

38

L'INCENDIE DE CATANE

Plume, encre brune, lavis brun, rehauts de blanc sur papier brun.
H. 0,368 ; L. 0,276.
Inscription en bas à droite à la gouache : *Bologne*.
Provenance : P.J. Mariette, marque en bas à gauche (L. 1850) ; vente, Paris, 15 novembre 1775 - 30 janvier 1776, peut-être sous le n° 630 ou 631 ; H. Destailleur (L. 270), vente, Paris, 27-28 avril 1866, n° 168, 210 f ; Armand Valton.
Inv. E.B.A., n° 300.

Exposition : Fontainebleau, Château de Fontainebleau, 1921, n° 126 (Rosso).

Si lors de l'exposition de 1921 on attribua ce dessin au Rosso, S. Béguin (communication orale) garde le nom du Primatice proposé par Mariette sur le montage. Les deux personnages du premier plan sont très proches toutefois dans leurs attitudes de ceux de l'*Incendie de Catane* réalisé par le Rosso pour la Galerie de François 1er à Fontainebleau. L'annotation à la gouache *Bologne* en bas à droite est intéressante puisqu'elle se retrouve sur un très grand nombre de feuilles du Primatice conservées au Louvre, notamment celle récemment acquise représentant le *Festin des dieux* (Inv. n° RF 3658) : elle fut peut-être apposée, comme le pense R. Bacou (1980, pp. 249-251), soit dans l'atelier de l'artiste avant sa mort, soit par un des premiers collectionneurs de ses dessins.

La composition est à rapprocher d'une gravure anonyme exécutée en sens inverse, dont un exemplaire est conservé dans la collection Le Soufaché à l'Ecole des Beaux-Arts (S.Béguin, 1972, n° 257, p. 157) : si le graveur reste fidèle au Primatice pour la scène du premier plan, il modifie sensiblement le paysage en introduisant un château moyenâgeux perché sur une montagne abrupte.

L'incendie de Catane, gravure anonyme, E.B.A.

SALVATOR ROSA
Arenella (près de Naples) 1615 - Rome 1673

39

SAINT GEORGES ET LE DRAGON

Plume, encre brune et lavis brun.
H. 0,223 ; L. 0,148.
Provenance : Earl Spencer, marque en bas à droite (L. 1530) ; Wyatt-Thibaudeau, marque en bas à droite (L. 2473) ; Nils Barck, marque en bas à gauche (L. 1959) ; Armand Valton. Inv. E.B.A., n° 335.

Bibliographie : P. Lavallée, 1917, p. 278 ; L.Ozzola, 1925, pp. 29 et 34, fig.6 ; L.Salerno, 1963, p. 149 ; M. Mahoney, 1965, n° 84-2 ; R. Wallace, 1965, pp. 471-480, note 1 ; W. Vitzthum, 1971, pl. XVI ; C. Eisler, 1975, p. 174, pl. 14.

Expositions : Paris, E.B.A., 1937, n° 138 ; Londres, Hayward Gallery, 1973, n° 79.

Au cours de ces dernières années, ce dessin fit l'objet de divers rapprochements : L. Ozzola (1925) puis W. Vitzthum (1971) le considèrent en effet comme une étude préparatoire pour *Saint Georges et le Dragon*, tableau conservé jusqu'en 1915 dans la collection Giovanelli de Venise ; L. Salerno (1963) le rapproche au contraire de *Jason et le dragon*, gravure datée de 1663-1664, et M. Mahoney (Exp. Londres, 1973, n° 79) pense qu'il s'agit plutôt de la première pensée d'une peinture sur le thème de Saint Georges, aujourd'hui perdue mais mentionnée dans une lettre de Salvator Rosa en 1668.

La facture enlevée et fougueuse à la plume et au lavis, ainsi que la recherche de mouvement dans le geste du Saint Georges sont caractéristiques du style de Salvator Rosa dans ses dernières années, vers 1660-1662. En effet, dans l'*Etude pour l'allégorie de la fortune* (Exp. Londres, 1973, n° 68, pl. 34), on retrouve ce goût pour une multiplication des lignes dans le rendu des formes et du volume délibérément privé de toute référence au réel. Peintre napolitain, Salvator Rosa mena une vie aventurière de bandit, d'acteur mais aussi d'écrivain, qui correspond souvent à ses œuvres.

GIOVANNI BATTISTA DI JACOPO dit ROSSO FIORENTINO
Florence 1495 - Fontainebleau 1540

40

PANDORE

Plume, encre brune et lavis brun.
H. 0,242 ; L. 0,393.
Annoté en bas à gauche : *maître Roux*.
Provenance : Armand Valton.
Inv. E.B.A., n° 340.

Bibliographie : K.Kusenberg, 1929, pp. 62-63 ;
K. Kusenberg, 1931, n° 63, pl. LXXVII ;
P. Lavallée, 1948, p. 22 ; P. Barrochi, 1950,
pp. 214-215, fig. 192 ; D. et E. Panofsky,
1956, pp. 34, 37, 48, 53, 79, fig. 16 ; A. et E.
Panofsky, 1958, pp. 162-189, fig. 5 ; E.A.
Carroll, 1961, p. 446, note 5, p. 453 ; D.
Rondorf, 1967, p. 348 ; H. Zerner, 1969,
A.F. 22 ; S. Béguin, 1969, p. 105, n° AF 22 ;
S. Béguin, 1970, n° 12 ; M. Fagiolo Dell'Arco,
1970, p. 497 ; S.Béguin, 1972, p.162, fig. 271 ;
E.A. Carroll, 1976, vol. II, p. 407, pl. 108,
n° D43.

Expositions : Fontainebleau, Château de
Fontainebleau, 1921, n° 124 ; Paris, E.B.A.,
1935, n° 133 ; Naples, Palazzo Reale, 1952,
p. 60 ; Paris, E.B.A., 1958, n° 46 ; Paris,
Petit Palais, 1965-1966, n° 249 ; Paris, Petit
Palais, 1968, n° 246 ; Paris, Grand Palais,
1972, n° 209 ; Rennes, Musée des Beaux-
Arts, 1979, n° 5 ; Florence, Orsan Michele,
1980, sans numéro de catalogue.

Pandore, la première femme façonnée
par Vulcain, reçut de Jupiter un vase
merveilleux qu'elle ne devait pas ouvrir
«car les biens qu'il contient, loin de toi
s'enfuiraient et tous les maux viendraient
t'accabler à leur place» (Hésiode, *Les
travaux et les jours*). Néanmoins, dans
sa curiosité, Pandore l'ouvrit, laissant
s'échapper tous les biens, sauf l'espérance,
remplacés alors par tous les vices. Rosso
illustre donc ce moment fatal, en choi-
sissant de personnifier les maux à la
même échelle que Pandore : «A l'extrême

gauche, appuyée sur un bâton, la
Paresse ; près d'elle, prostrée, sans doute
la Luxure ; derrière elle, l'Orgueil ou le
Désespoir, les bras tendus vers le ciel ; à
droite, au premier plan, la Cruauté ; la
Fureur s'arrachant les cheveux et
l'Envie crachant un serpent ; derrière,
l'Avarice tient une bourse et le Malheur
brandit deux marteaux» (S. Béguin,
Exp. Paris, 1972, n° 209).

Antonio Fantuzzi exécuta une gravure
de ce dessin conservée au British Museum
(S. Béguin, 1969, p. 107, fig. 11), où

Copie d'après la Pandore du Rosso, dessin, E.B.A.

les vices n'apparaissent plus seulement sous forme humaine mais aussi sous forme de serpents que l'on retrouve dans la *Pandore* de la Tapisserie du *Triomphe de la mort sur la chasteté* du Kunsthistorisches Museum de Vienne.

Pandore qui, comme Eve, a apporté le malheur sur la terre, devient une figure mythologique très à la mode au XVIe siècle ; Jean Cousin la représenta d'ailleurs dans *Eva Prima Pandora* (Louvre Inv., n° RF 2373) où elle figure avec le serpent fatal autour du bras. Le présent dessin, que Sylvie Béguin date de 1534-1535, est un projet pour une des compositions de la Galerie François Ier, ultérieurement modifiée en *Ignorance chassée*.

La collection Le Soufaché (Inv. n° 341) et l'Académie San Fernando de Madrid possèdent chacune une copie de cette œuvre du Rosso (Perez-Sanchez, 1969, n° 604, pl. 230) où le rendu du modelé reste très plat.

Il est intéressant de comparer notre feuille avec d'autres études destinées à la Galerie François Ier, comme la *Scène de magie* de la collection Masson (Inv. E.B.A., n° M. 1194 ; Exp. Paris, 1935, n° 132) où l'on remarque que «Le Rosso avait coutume de donner à ses figures un caractère effrayant qu'il adoucissait peu à peu» (G. Vasari, ed. 1841, p. 74).

FRANCESCO DEI ROSSI dit FRANCESCO SALVIATI
Florence 1510 - Rome 1563

41

FEMME NUE ENTRE UN VIEILLARD ET UN JEUNE HOMME

Plume, encre brune et lavis brun.
H. 0,170 ; L. 0,155.
Collé en plein.
Annotation en bas à gauche à la plume, encre brune : *Salviati.*
Provenance : J. Pz. Zoomer, marque en bas à gauche (L. 1511) ; P.J. Mariette, marque en bas à droite (L. 1852), vente, Paris, 15 novembre 1775 - 30 janvier 1776, n° 614 («un groupe de trois figures vues jusqu'aux genoux, supérieurement bien dessiné à la plume et lavé de bistre») ; marquis de Lagoy, marque en bas à gauche (L. 1710), vente, Paris, 17 avril 1834, n° 9 («trois demi-figures nues et groupées, dont une paraît être Jupiter ; lavé au bistre») ; Armand Valton.
Inv. E.B.A., n° 348.

Bibliographie : C. Monbeig-Goguel, 1979, p. 36, n° 21b.

Salviati, qui s'inspire pour le personnage barbu à gauche des vieillards de Giulio Romano, notamment ceux de la Salle Psyché au Palais du Té à Mantoue, traite ici un sujet original et scabreux qui révèle un aspect peu connu de la mentalité maniériste. En effet, comme le souligne C. Monbeig-Goguel (1979, n° 21b, p. 36), le thème est proche de celui de certaines gravures de Giulio Romano, notamment les *Douze poses* (F. Hartt, 1958, p. 280) ; Salviati représenta en outre un *Triomphe du phallus* dans un dessin et une gravure conservés aujourd'hui dans une collection particulière (R. de Vénérande, 1979, p. 110 n° 1, repr.).

La musculature très marquée des corps, la chevelure aux mèches épaisses et la lumière violente éclairant le buste de la figure centrale sont caractéristiques de l'art de Salviati dans les années 1545-1550, comme en témoignent le *Christ et Saint Thomas* et l'*Etude de Guerrier* du Louvre (Inv. 1644 et Inv. 1651).

Salviati.

ANDREA DEL SARTO
Florence 1486 - Florence 1531

42

PORTRAIT DE FEMME

Sanguine.
H. 0,274; L. 0,206.
Verso : croquis de la même figure à la sanguine et à la pierre noire. Annotations à la sanguine sur la feuille : *Bigio* (gris) *turch* (bleu d'azur) *naz-agu* (nez pointu), indications pour le corsage à droite.
Provenance : Armand Valton.
Inv. E.B.A., n° 289.

Bibliographie : G. Morelli, 1892, p. 489 (Sarto); B. Berenson, 1903, p. 9, n° 159 a (Sarto); O. Fischel, 1922, pp. 32-33 (Sarto); F. Knapp, 1928, p. 118; I. Fraenckel, 1935, n° 184 (Sarto); B. Berenson, 1938, n° 159 a, p. 9 (Sarto); B. Berenson, 1961, n° 159 a, p. 9 (Sarto); S.J. Freedberg, 1963, p. 184, pl. 215, n° 82 (Sarto); J. Shearman, 1965, p. 367, pl. 150 b (Sarto).

Expositions : Paris, E.B.A., 1935, n° 103 (Pontormo); Paris, E.B.A., 1958, n° 48 (Sarto).

Cette feuille est une étude préparatoire pour le tableau des Offices, *Jeune fille au Petrarchino* dont les traits s'apparentent, suivant l'avis de S.J. Freedberg, à ceux de la fille d'Andrea del Sarto,

Verso du n° 42.

Del Sarto, *Jeune fille au Petrarchino*, toile, les Offices.

84

Maria del Berretaio. Ce portrait peint, exécuté vers 1528, fait pendant à celui de Lucrezia, femme du peintre (Gemälde Galerie à Berlin [S.M.P.K.]; S.J. Freedberg, 1963, n° 240, fig. 209) qui fut également représentée, au dire de Mariette, dans une étude: «j'ai dans mes dessins la tête de la sainte, qui est le portrait de Lucrezia, femme d'André del Sarto. C'est un tableau de toute beauté par le choix; il faut gémir de le voir sortir de France» (P.J. Mariette, t. V, p. 187).

L'attribution de cette feuille a beaucoup varié au cours des différentes expositions: P. Lavallée en 1935 a cru identifier l'écriture de Pontormo dans les annotations portées au recto de l'étude, en comparant avec ses écrits conservés dans un Diario de la Bibliothèque de Florence. Mais la peinture de Florence ne pouvait être dans l'atelier d'Andrea del Sarto lorsque Pontormo y faisait son apprentissage en 1511-1513, dates auxquelles il aurait pu faire cette copie.

W. Bouleau-Rabaud en 1958 est donc revenue sur l'attribution donnée par P. Lavallée, en considérant que «la forme lisse et fermée» du visage était caractéristique du style de Sarto.

Le Musée du Louvre possède une autre étude pour ce tableau (S.J. Freedberg, 1963, p. 183, n° 1716 bis), où l'on observe des modifications de mise en page par rapport à la version finale. La présente figure diffère aussi légèrement dans l'attitude de sa tête et dans son costume.

La figure de Maria del Berretaio servit de modèle à Andrea del Sarto pour La Sainte Catherine située à droite dans la Pieta du Palais Pitti à Florence (S.J. Freedberg, 1963, n° 58, fig. 144).

FRANCESCO DI SIMONE
Fiesole 1437 - Florence 1494

43

FEUILLE D'ETUDES : TETE D'ENFANT, HOMME NU, FIGURE DRAPEE, CHAPITEAU, ORNEMENT, JAMBE ET DRAPERIE

Plume, encre brune sur papier rose.
H. 0,270; L. 0,188.
Verso : étude de cavalier à la plume, encre brune avec quelques inscriptions illisibles en haut au centre, datée de *1488*.
Provenance : Duroveray; His de la Salle, marque en bas à droite (L. 1332); Armand Valton.
Inv. E.B.A., n° 374.

Bibliographie : E. Müntz, 1889, p. 164; Ph. de Chennevières, 1879, pp. 505-535; W. Bode, 1882, p. 97; L. Morelli, 1893, p. 38; Gronau, 1897, p. 65; Ph. Pouncey et J. Gere, 1950, sous le n° 56, p. 39.

Exposition : Paris, E.B.A., 1935, n° 141.

Autrefois vraisemblablement rattaché à un carnet de croquis, le présent dessin fait partie de toute une série de feuilles de même format aujourd'hui réparties dans différents musées, notamment au Kupferstichkabinett de Berlin (S.M.P.K.), au Musée Condé de Chantilly, au Musée des Beaux-Arts de Dijon (Exp. Dijon, 1974, n° 23), à la Kunsthalle de Hambourg, au Louvre (Inv. n° 2241 à 2243 et RF 446 à 53) et au British Museum (A.E. Popham et Ph. Pouncey, 1950, n° 56 et 57, et pp. 39 et 40). Enfin, l'une de ces études est actuellement conservée à l'Ecole des Beaux-Arts

Verso du n° 43.

Francesco di Simone, *Feuille d'études*, dessin, E.B.A.

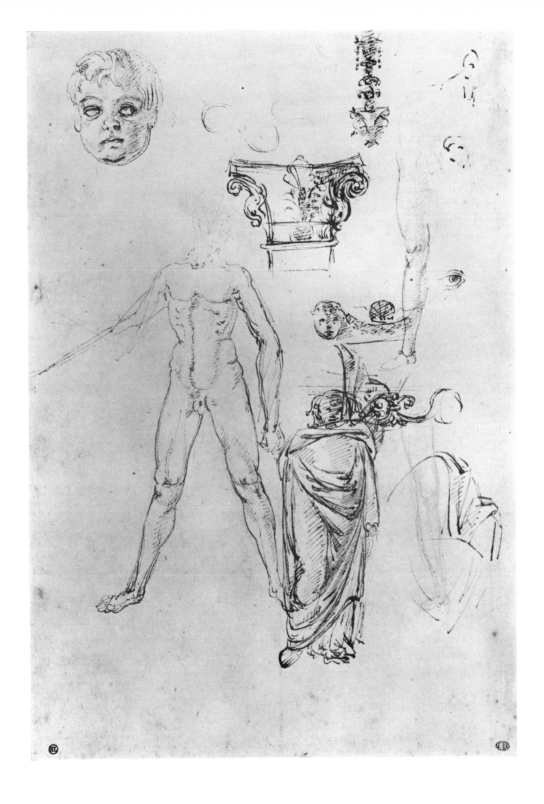

dans la donation His de la Salle (Inv. E.B.A., n° 373) ce qui ne manque pas d'intérêt puisque le collectionneur possédait initialement les dessins du Louvre et de Dijon ainsi que cette feuille.

Si Ph. de Chennevières (1879) garda l'attribution traditionnelle de Verrochio pour cet ensemble d'études, L. Morelli (1893) fut le premier, suivi de Gronau en 1897, à proposer le nom de Francesco di Simone. Les inscriptions portées sur les différents versos, notamment sur celui-ci, ne semblent pas, suivant l'avis de Ph. Pouncey (1950, n° 57), correspondre dans leur écriture, à celles de Francesco di Simone. Néanmoins, la facture à la plume et le type sculptural des figures qui rappellent l'art de Verrochio, s'apparentent tout à fait au style de Simone connu par un dessin de Stockholm (O. Siren, 1944, p. 157).

Cette étude et celle de Chantilly, annotée de l'année 1484, constituent les deux seuls repères de datation pour cet ensemble.

GIOVANNI BATTISTA TIEPOLO
Venise 1696 - Madrid 1770

44

FAUNE ET FAUNESSE

Pierre noire, plume, encre brune et lavis brun.
H. 0,146 ; L. 0,249.
Provenance : Armand Valton.
Inv. E.B.A., n° 389.

Bibliographie : P. Lavallée, 1917, p. 265 (repr.).

Expositions : Paris, E.B.A., 1937, n° 155 ; Paris, Orangerie, 1971, n° 253.

Ce dessin qui ne provient pas, comme mentionnent les catalogues d'exposition de 1937 à 1971, de la collection Drouet mais de la donation Armand Valton, fait partie d'une suite, représentant de couples de faunes, conservés pour la plupart à la fondation Horne de Florence (Exp. Florence, 1963, n° 149-158, p. 101-103).

Si cette feuille, vraisemblablement projetée par Tiepolo en vue d'une décoration, ne prépare pas, comme on l'a souvent prétendu, les fresques de la Villa Pisani à Stra, elle s'apparente en revanche aux études pour le plafond du Palazzo Clerici à Milan, datées de 1740 (Exp. New York, 1971, n° 88-90).

La représentation de faunes, disposés ainsi face à face et destinés à prendre place au bord d'une corniche peinte, est un motif décoratif très prisé par l'artiste il lui permet en effet, tout en restant dans le domaine mythologique, de conduire peu à peu les regards du spectateur, grâce aux effets de perspective vers la scène centrale du plafond.

GIOVANNI BATTISTA TIEPOLO

45

SAINTE FAMILLE

Plume, encre brune et lavis brun.
H. 0,250; L. 0,190.
Provenance : E. Desperet, marque en bas au centre (L. 721), vente, Paris, 6-7 juin 1865, n° 132 (figurant sous le même numéro, l'*Etude d'Ange* également attribuée à G.B. Tiepolo); Armand Valton.
Inv. E.B.A., n° 391.

Bibliographie : P. Lavallée, 1917, p. 277 (repr.); R. Pallucchini, 1937, p. 43, pl. 37, fig. 6.

Expositions : Paris, E.B.A., 1937, n° 154; Paris, Orangerie, 1971, n° 249.

Giovanni Battista Tiepolo a fréquemment traité le thème de la *Sainte Famille* dans ses dessins, en variant indéfiniment la disposition des personnages et la répartition de la lumière.

Il semble qu'il ait beaucoup travaillé à ce sujet dans les années 1750-1755, comme le révèlent les feuilles de son album —aujourd'hui dispersées— qu'il remit au couvent des Padri Somaschi de la Salute à son départ pour l'Espagne en 1762. Cet ensemble de dessins passa entre les mains d'amateurs italiens et anglais avant d'être vendu à la vente Cheney en 1885.

Plusieurs collections new yorkaises et parisiennes ainsi que la fondation Custodia et le Louvre en conservent aujourd'hui (Exp. New York, 1971, The Pierpont Morgan Library, n° 132-136; Exp. Paris, 1971, n° 247 et 248; Exp. Paris, 1980, n° 33 et Exp. Paris, 1971, n° 248). L'Ecole des Beaux-Arts possède également un autre dessin sur le même sujet provenant de la collection Drouet (Inv. E.B.A., n° 390).

L'artiste recherche surtout dans la présente feuille une simplification des plans, réduisant ses traits de plume aux indications essentielles de la scène. R. Pallucchini en 1937 (n° 154) avait aussi souligné «le relief synthétique du groupe pyramidal et son luminisme».

Tiepolo, *Sainte Famille*, dessin, E.B.A.

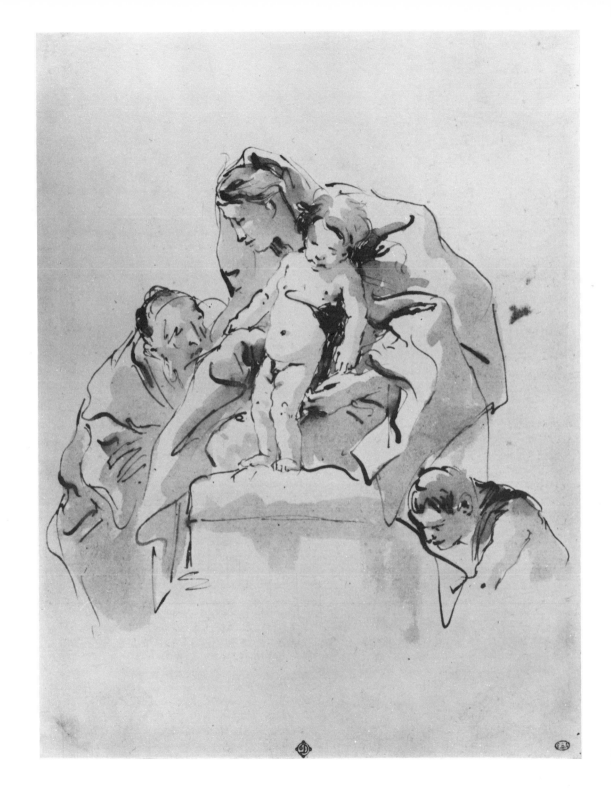

46

LES POLICHINELLES FAISANT LA CUISINE

Pierre noire, plume, encre brune et lavis brun.
H. 0,229 ; L. 0,383.
Provenance : Armand Valton.
Inv. E.B.A., n° 393.

Bibliographie : P. Lavallée et M. Delacre, 1927, p. 22, pl. 11.

Expositions : Paris, E.B.A., 1937, n° 156 ; Paris, Orangerie, 1971, n° 266.

Le personnage de Polichinelle qui permit à Tiepolo d'aborder la satire sociale par le biais des scènes de comédie, apparaît dans plusieurs dessins de l'artiste et dans une peinture *La cuisine de Polichinelle*, autrefois conservée dans la collection Cailleux et datée de 1760-1770 (A. Morassi, 1955, p. 40, fig. 420). Ces études, qui furent pour certaines gravées par G.F. Schmidt en 1751 et par l'abbé de Saint-Non en 1761, sont aujourd'hui réparties dans différents musées et collections (Musée Atger de Montpellier, Musée Picardie d'Amiens, collections particulières à Zürich, à Londres chez Mr. Reresby Sitwell, à la fondation Cini de Venise et dans différentes collections américaines notamment chez Mr. Winslow Ames, Mr. James Plant et Mr. Eugène Thaw). A. Morassi (Exp. Paris, 1971, n° 266) propose de dater certaines d'entre elles, notamment celles conservées au Musée Civico de Trieste, vers 1740 (Exp. Udine, 1965, n° 45 et 48).

Domenico Tiepolo représente lui aussi le Polichinelle, notamment en 1793 dans les fresques de la Camera degli Pagliacci de la Villa Tiepolo à Zianigo (M.P. Garberi, 1968, pp. 159-162). Vers la fin de sa vie, il reprit le sujet dans les *Divertimento per li Ragazzi* (J. Byam Shaw, 1962, n° 52-59), dessins racontant les différents épisodes de sa vie, de sa naissance à sa mort (dessins aujourd'hui dispersés dans différentes collections particulières en Europe et aux Etats-Unis).

TIZIANO VECELLI dit TITIEN
Pieve di Cadore vers 1488 - Venise 1576

47

LE SACRIFICE D'ABRAHAM

Pierre noire et rehauts de blanc sur papier gris avec une mise au carreau à la sanguine. H. 0,232 ; L. 0,258.
Annotation en bas à droite à la plume, encre brune : *Di titiano.*
Provenance : Peter Lely, marque en bas à droite (L. 2092) ; Sir Thomas Lawrence, marque en bas à droite (L. 2445) ; W. Esdaile, marque en bas à gauche (L. 2617), vente, Londres, 30 juin 1840, n° 126 ; H. Wellesley (L. 1384), vente, Londres, Sotheby's, 4 juillet 1866, n° 1948 ; Armand Valton.
Inv. E.B.A., n° 402.

Bibliographie : P. Lavallée, 1917, p. 279 ; L. Hourticq, 1919, p. 94 ; L. Fröhlich-Bum, 1928, p. 98, n° 36, fig. 267 ; H. Tietze, 1936, p. 191, n° 29 ; H. Tietze et E. Tietze-Conrat, 1944, n° 1962, pl. LXX ; H. Tietze, 1950, p. 405 ; J. Schulz, 1961, p. 511 ; M. Hahr, 1966, p. 204 ; C.Z. von Manteuffel, 1966, p. 77 ; J. Schulz, 1968, p. 79 ; R. Pallucchini, 1969, fig. 569 ; F. Valcanover et S. Béguin, 1970, p. 114 (repr.) ; H.E. Wethey, 1969-1975, p. 121 ; W.R. Rearick, 1976, p. 64 ; K. Oberhuber, 1976, p. 95, n° 40 ; T. Pignatti, 1976, p. 268 ; T. Pignatti, 1977, p. 169 ; *Nouvelles de France*, n° 59, 1979, p. 11 ; T. Pignatti, 1979, pl. XXXVIII.

Expositions : Paris, E.B.A., 1935, n° 148 ; Paris, E.B.A., 1958, n° 55, pl. 33 ; Paris, Petit Palais, 1965-1966, n° 288 (repr.) ; Nice, Musée National Message Biblique Marc Chagall, 1979, n° 43.

Ce dessin est une étude préparatoire pour un des tableaux destinés à la décoration de l'église Santo Spirito in Isola et aujourd'hui conservés à la sacristie de Santa Maria della Salute à Venise. Les deux autres peintures étaient également consacrées à des scènes tirées de l'Ancien Testament *Caïn et Abel* et *David et Goliath* (F. Valcanover, 1970, n° 240 B et 240 C). Selon Vasari, il semble que ce soit «Le Sansovino, qui dirigeait les

Titien, *Sacrifice d'Abraham*, toile, Santa Maria della Salute, Venise.

travaux de Santo Spirito, qui (lui confia) l'exécution de trois grands tableaux à l'huile, destinés à orner la voûte de cette église. Vasari en avait déjà achevé les dessins, lorsqu'il fut forcé de partir» (G. Vasari, t. IX, p. 213).

Titien a dû peut-être s'inspirer, comme le pense S. Béguin (Exp. Paris, 1965-1966, n° 288), des projets préliminaires que Vasari avait réalisés avant lui.

Dans ce dessin, peut-être daté de 1542, l'ensemble des tableaux étant achevé en 1544, l'artiste demeure encore très influencé par Michel-Ange, notamment dans le personnage d'Abraham qui rappelle le Dieu le Père de la Chapelle Sixtine et par le Corrège dans le traitement des formes et du modelé.

L'étude préparatoire est proche de la composition finale où Titien renforce néanmoins l'effet de raccourci et accentue l'intensité de l'action. La partie du manteau d'Abraham, qui flotte au vent n'apparaît plus à droite mais à gauche et l'artiste complète la scène par un âne et l'Ange qui enlève le couteau des mains d'Abraham.

ANDREA MICHIELI DEI VICENTINO
Venise 1539 - Venise 1614

48

LE CHRIST DEVANT PILATE

Pierre noire, plume, encre brune et lavis brun. H. 0,195 ; L. 0,274.
Annotation en bas à droite à la pierre noire : *Tintoret.*
Provenance : E. Desperet, marque en bas à droite (L. 721), vente, Paris, 6-7 juin 1865, n° 110 (Tintoret) ; Armand Valton.
Inv. E.B.A., n° 400.

Bibliographie : H. Tietze, 1944, n° 2236, pl. CXXXVIII.

Exposition : Paris, E.B.A., 1935, n° 146 (Tintoret).

Ce dessin, longtemps attribué au Tintoret, doit plutôt être rendu, comme le pense H. Tietze (1944, n° 2236), à Vicentino, artiste provincial, qui demeure très influencé dans sa jeunesse par G.B. Maganza. Actif à Venise dans le dernier quart du XVIe siècle, il se démarque de l'école de Tintoret par ses compositions où les éléments anecdotiques, devenus essentiels, rompent la tension dramatique, comme l'illustrent les gestes des deux soldats situés aux côtés du Christ. Cet aspect de trivialité choisi pour une scène de la vie du Christ et l'attitude maniériste des personnages se retrouvent dans un dessin du Louvre, *La Cène* (H. Tietze, 1944, n° 2231), où la lumière est rendue avec la même intensité, grâce aux contrastes entre le lavis brun et les réserves de papier.

LEONARDO DA VINCI
Vinci 1452 - Cloux 1519

49

FEUILLE D'ETUDES : PERSONNAGES NUS DANS DIFFERENTES ATTITUDES

Plume, encre brune.
H. 0,181 ; 0,262.
Verso : croquis à la pointe de métal pour une *Vierge au chat* et profil de femme à la plume, encre brune, d'une autre main.
Provenance : E. Galichon (L. 1058), vente, Paris, 8-9 mai 1875, n° 162 ; Armand Valton. Inv. E.B.A., n° 424.

Bibliographie : Ph. de Chennevières, 1879, pp. 505-535 ; P. Müller-Walde, 1889-1890, p. 137, pl. 76 ; E. Müntz, 1899, p. 523 ; L. Marcheix, 1909, pp. 257-264 (repr. p. 257) ; W. von Seidlitz, 1909, t. I, p. 62, pl. 13 ; G. Thiis, 1913, p. 190, fig. ; P. Lavallée, 1917, pp. 266-279 ; G. Poggi, 1919, p. 46, pl. 65 ;

A.E. Popp, 1928, pl. 35, n° 12, pl. 12 ; D. Siren, 1928, t. II, pl. 41 ; *Commissione Vinciana*, 1930, t. II, pp. 22-27, pl. LXI ; H. Bodmer, 1931, p. 384, pl. 137 ; B. Berenson, 1938, n° 1081, fig. 486, p. 172 ; A. Basler, 1938, pl. 34 ; O.H. Giglioli, 1944, p. 99, pl. 65 ; L. Goldscheicher, 1948, p. 36, n° 79 ; Ch. de Tolnay, 1949, pp. 95-114 ; A.E. Popham, 1952, p. 48 ; J. Bouchot-Saupique, 1953-1954, pp. 53-81, fig. 8 ; J. Bean, 1960, sous le n° 43 ; B. Berenson, 1961, n° 1081, fig. 463 ; T. Nilson, 1970,, p. 88 ; G. Nicodemi, 1975, t. I, p. 28 ; V. Budny, 1979-1980, p. 4.

Expositions : Paris, E.B.A., 1879, n° 34 ; Paris, E.B.A., 1935, n° 157 ; Florence, Biblioteca Medicea Laurenziana, 1952, n° 20 ; Paris, Louvre, 1952, n° 13 ; Paris, E.B.A., 1958, n° 60 ; Paris, Petit Palais, 1965-1966, n° 183.

C'est en 1481 que Vinci fut chargé de peindre pour le couvent de San Donato à Scopeto une *Adoration des Mages* (Musée des Offices) qui était destinée à orner le maître-autel mais qui demeura inachevée à son départ pour Milan en 1482. Exécuté sur carton, ce tableau qui resta au stade de l'esquisse, s'apparente fort à un grand dessin. Toute une série

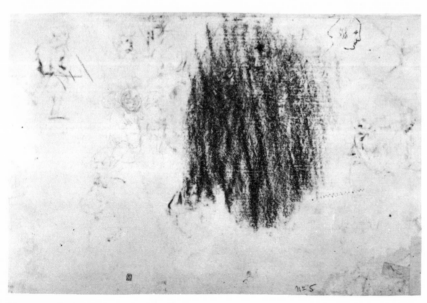

Verso du n° 49.

Vinci, *Etude pour l'adoration des Mages*, dessin, Musée Bonnat de Bayonne.

d'études, conservées au Louvre, aux Offices, au Wallraf Richartz Museum de Cologne, au British Museum et au Musée Bonnat de Bayonne (A.E. Popham, 1952, n° 39 à 53) furent consacrées à ce thème, certaines, comme celle de Bayonne, traitant quelquefois plutôt le sujet de l'Adoration des bergers. La composition d'ensemble est surtout mise en place dans la feuille du Louvre et dans celle des Offices (A.E. Popham, 1952, n° 42 et 53), où Vinci met l'accent sur la perspective, en introduisant l'étable délabrée et le vaste escalier. Mais, dans la plupart de ses dessins, comme celui des Beaux-Arts, l'artiste concentre ses recherches sur quelques personnages présentés le plus souvent nus ou à demi-drapés. La figure du philosophe, qui est représenté à l'extrême gauche dans le tableau, est reprise dans deux études du British Museum (A.E. Popham, 1952, n° 49). Le groupe de droite, un homme posant la main sur l'épaule d'un autre, se retrouve dans le croquis des Offices (A.E. Popham, 1952, n° 53), en haut du premier escalier sur la droite, et dans le dessin de la collection Bonnat (A.E. Popham, 1952, n° 39).

Dans cette série d'études, Vinci recherche surtout des attitudes expressives et mouvementées par un graphisme rapide et nerveux. Le contour léger, réduit à un simple trait des formes et «l'accent dépouillé et émouvant des figures remontent aux racines profondes d'un art monumental et équilibré» (J. Bouchot-Saupique, 1953-1954, n°55).

Les études à la mine de plomb au verso furent étudiées pour la première fois en 1962 par Ch. de Tolnay qui remarque des similitudes dans le croquis de gauche avec la composition de la *Vierge au chat*. On distingue en effet un enfant assis qui tire vers lui un animal, vraisemblablement un chat — que Vinci reprend dans ses dessins consacrés à la *Vierge au chat* et conservés au Musée Bonnat et au British Museum (Ch. de Tolnay, 1962, fig. 3 et 4).

50

ETUDES DE BALISTIQUE

Plume, encre brune.
H. 0,201 ; L. 0,280.
Doublé. Annotations de la main de Léonard, en relation avec les études de boucliers : *qui starebbe ben che la rotella fussi d'acciaro e nel p (i) egarsi faciessi l'afitio del balestro ; questo schudo vuola avere... de lungo ;* et en relation avec la bombe : *modo chome sta la palla dentro che gitta fuoco e chore voltando ; palla che chore per se medesima gittando fuocho lartano br 6.*
Provenance : P.J. Mariette, marque en bas à droite (L. 1852), montage supprimé, vente, Paris, 15 novembre 1775 - 30 janvier 1776, peut-être partie du n° 788 ; M. von Fries, marque en bas à gauche (L. 2903) ; Sir Thomas Lawrence, marque en bas à gauche (L. 2445) ; R. Tosoni ; Armand Valton.
Inv. E.B.A., n° 423.

Bibliographie : P.J. Mariette, 1851-1860, t III, p. 174 ; G. Vasari-G.Milanesi, 1878-1885, t. IV, p. 66 ; Ph. de Chennevières, 1879, pp. 505-535 ; P. Müller-Walde, 1889, p. 180, pl. 100 ; E. Müntz, 1899, repr. p. 229 ; B. Berenson, 1903, n° 1082 ; L. Marcheix, 1909, pp. 257-264, pl. 1 ; W. von Seidlitz, 1909, t. I, p. 115 ; G. Poggi, 1919, p. 76, pl. 200 ; G. Carotti, 1921, pl. XX ; F. Malaguzzi-Valeri, 1922, p. 369, fig. 428 ; A.E. Popp, 1928, p. 37, sous le n° 22 ; D. Siren, 1928, repr. pl. 60, p. 48 ; H. Bodmer, 1931, p. 394, pl. 194 ; H. Bodmer, 1934, t. III, pl. LXXVII, pp. 17 et 22 ; B. Berenson, 1938, n° 1082 ; A. Basler, 1938, pl. 33 ; O.H. Giglioli, 1944, p. 166, pl. 207 ; A.E. Popham, 1946, p. 94, n° 301 ; L.H. Heydenreich, 1949, p. 16 ; A.E. Popham, 1952, n° 308 ; M. Brion, 1959, t. II, pl. LIX ; B. Berenson, 1961, n° 1082 ; J. Guillaume, 1964, pp. 7-9, fig. p. 10 ; F. Bérence, 1965, p. 163 ; G. Nicodemi, 1975, t. I, p. 150.

Expositions : Paris, E.B.A., 1879, n° 35 ; Paris, E.B.A., 1935, n° 158 ; Florence, Biblioteca Medicea Laurenziana, 1952, n° 30 ; Paris, Louvre, 1952, n° 17 ; Paris, E.B.A., 1958, n° 61 ; Paris, Petit Palais, 1965-1966, n° 185 ; Paris, Louvre, 1967, n° 74.

C'est vers 1481 que Vinci écrivit de Florence une lettre à Ludovico Sforza à Milan pour lui proposer ses services : «Je puis en temps de guerre, employer des machines nouvelles telles que des ponts, canons, bombardes, pièces de menue artillerie, toutes de mon invention et faisant le plus grand ravage ; attaquer places fortes et les défendre par des moyens encore non pratiqués» (G. Vasari, t. IV, p. 25). Vinci réalisa à la suite de cette lettre une série de dessins et écrivit un certain nombre de notes sur l'art militaire —conservées dans le Codex Atlanticus de Milan— qui répondent aux désirs du Duc et, suivant Lomazzo, de son armurier Gentillo di Borri. L'ensemble de ces études, datées entre 1585 et 1588, est aujourd'hui réparti entre Windsor Castle, l'Ambrosiana de Milan, la Bibliothèque du Musée Correr et au British Museum (A.E. Popham, 1952, n° 298 à 311) : elles sont le plus souvent exécutées à la plume et au lavis brun et annotées de la main de Vinci. Les deux croquis représentant un soldat armé d'une épée et un arbalétrier derrière un bouclier se retrouvent dans un des feuillets de Windsor Castle (A.E. Popham, 1952, n° 309).

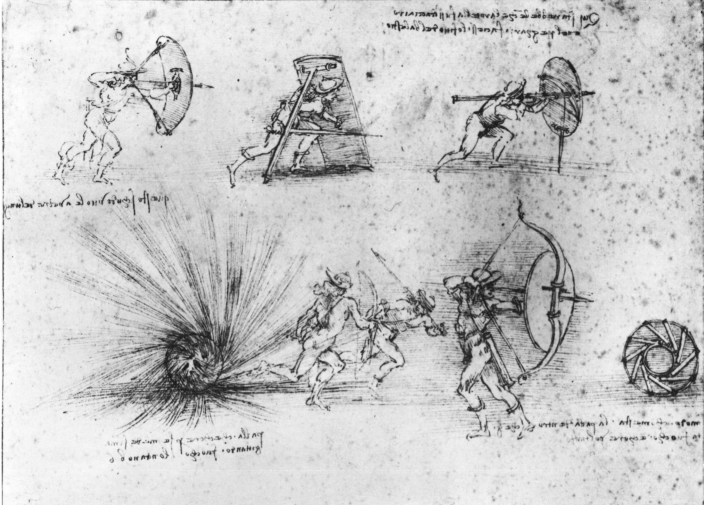

Vinci, qui s'intéresse moins à la stratégie et à la tactique qu'aux armements, n'a pas innové dans ce domaine, puisqu'il s'est inspiré de différents traités dont celui de Francesco di Giorgio Martini, le *De re militari* de Roberto Valturio et les *Stratagèmes* de Frontini. Certains, comme le *De re militari*, paru en 1472 et le *Traité de Végèce*, étaient illustrés de gravures sur bois assez grossières et naïves qui diffèrent beaucoup des dessins de Vinci. Il a également lu les anciens, Archimède, Pline et surtout Vitruve qui donne de nombreuses techniques de construction des balistes.

Si Vinci mit son génie et son talent graphique au service de la guerre, il ne la condamnait pas moins sur le plan moral, la qualifiant de «folie bestiale».

FEDERICO ZUCCARI
San't Angelo in Vado 1540/1541 - Ancona 1609

51

ALLEGORIE DE LA PAIX

Pierre noire, plume, encre brune, lavis brun et rehauts de blanc sur papier bleuté.
H. 0,310; L. 0,201.
Annotations au verso, à la plume, encre brune : *L'abondance ne peut exister sans la paix; la figure de l'abondance tenant la corne de la main droite et de la gauche un flambeau sur lequel elle consume des armes qui sont à terre, elle tient le globe asservi sous ses pieds.*
Provenance : P.J. Mariette, marque en bas au centre (L. 1850); E. Desperet, marque en bas

à gauche (L. 721), vente, Paris, 6-7 juin 1865, n° 39; Armand Valton.
Inv. E.B.A., n° 276.

Bibliographie : A.E. Popham et J. Wilde, 1949, p. 184, sous le n° 50.

Exposition : Paris, E.B.A., 1935, n° 100.

De grandes similitudes apparaissent entre l'un des personnages figurant dans les fresques de la salle du Conseil de la Villa Farnèse à Caprarola, peintes par Taddeo puis Federico Zuccari, et l'*Allégorie de la paix* exposée ici, que Ph. Pouncey (communication écrite) date avant le départ de Federico pour Venise, vers 1563-1564. A.E. Popham (1949, p. 184, n° 50, fig. 18) signale en outre deux autres dessins, l'un conservé à Windsor Castle et l'autre conservé en 1949 chez un particulier à Glasgow, ce dernier étant à son avis l'original.

Ph. Pouncey et J. Gere (communications orales) pensent que la conception même de cette figure revient plutôt à Taddeo, son frère Federico l'ayant ensuite interprétée.

Federico traita en outre ce thème plusieurs fois, notamment dans deux autres feuilles conservées au Louvre (Inv. n° 472/22) et aux Offices (Inv. n° 11375).

Federico Zuccari, *Allégorie de la Paix*, dessin, Windsor Castle.

52

PORTRAIT DE FEMME ASSISE

Sanguine et pierre noire.
H. 0,230 ; L. 0,174.
Verso : portrait du prêtre Don Benedetto Borghini à la pierre noire et sanguine. Traces de nombreuses pliures.
Provenance : E. Desperet (L. 721), vente, Paris, 6-7 juin 1865, n° 169 (figurant sous le même numéro, le *Portrait dit du Duc d'Orléans* également attribué à F. Zuccari et acheté par A. Armand, Inv. E.B.A., n° 442); Armand Valton.
Inv. E.B.A., n° 443.

Bibliographie : D. Heikamp, 1967, n° 205, p. 51, note 31; M. Winner, 1973, Staatliche Museen Preussischer Kulturbesitz, Berlin, sous le n° 61.

Le portrait d'homme du verso, identifié en 1967 par D. Heikamp (p. 51), représente le prêtre Don Benedetto Borghini, proche parent de Vincenzo Borghini, qui conçut le programme d'ensemble de la décoration du dôme de Florence, entreprise par Vasari et terminée ensuite par Zuccari. Vasari fournit en effet plusieurs esquisses pour ce projet, mais c'est Zuccari qui commença la réalisation de la fresque à partir de 1576. Dans un écoinçon de la coupole, l'artiste se peint palette à la main, entouré de ses amis intimes dont Giorgio Vasari à gauche et Benedetto Borghini à droite. Ce dernier fut peut-être également représenté dans

Federico Zuccari, *Portrait de femme*, dessin, E.B.A.

un portrait peint attribué à Pontormo et conservé à Christ Church d'Oxford (J. Byam Shaw, 1967, n° 63, pl. 60) : les traits du visage s'apparentent beaucoup en effet à ceux de celui-ci (communication orale de C. Van Hasselt). D. Heikamp (1967, p. 51) signale en outre une réplique de ce dessin conservée au Kupferstichkabinett de Berlin (S.M.P.K.) et publiée en 1973 (M. Vinner, 1973, n° 61) : si elle est jugée inférieure au présent dessin, elle est néanmoins considérée comme une étude réalisée par Zuccari lui-même.

Le portrait de femme du recto non encore identifié fut repris d'une manière

Verso du n° 52.

Federico Zuccari, *Portrait de Benedetto Borghini*, Kupperstichkabinett de Berlin.

identique dans un dessin de la collection Masson (Inv. 143), que l'on peut également considérer comme une réplique. Ce dessin faisait sans doute partie, comme le pense F. Viatte (communication orale) d'un des albums de portraits mentionnés dans l'inventaire de Federico Zuccari qui réalisa toutes ces figures au cours de ses différents voyages en France, en Angleterre (1754), à Florence (1575-1579) et à Rome (1580-1581). Ces portraits se retrouvent d'ailleurs, comme ici, dans certaines compositions peintes par Zuccari à Florence ou à Rome. Ces dessins sont aujourd'hui répartis dans différents musées, notamment au Louvre (Exp. Chicago, 1979-1980, n° 66).

Ecoles allemande, flamande et hollandaise

CORNELIS PIETERSZ BEGA
Haarlem 1620 - Haarlem 1664

53

FEMME DEBOUT DESCENDANT UN ESCALIER

Sanguine.
H. 0,243 ; L. 0,154.
Annotation en haut à droite à la sanguine :
C.B. 1650.
Filigrane : Armes d'Amsterdam.
Provenance : E. Desperet, marque en bas à droite (L. 721), vente, Paris, 6-7 juin 1865, n° 181 ; Armand Valton.
Inv. E.B.A., n° 34603 (L. 13).

Bibliographie : L. Marcheix, 1909, pp. 257-264 ; F. Lugt, 1950, n° 13 ; F. Bergot, 1972, sous le n° 65.

Le présent dessin est un bon exemple de la série de personnages isolés représentés par Bega dans un grand nombre d'études exécutées le plus souvent à la sanguine, comme ici, mais quelquefois aussi à la pierre noire sur papier bleu. Ce modèle, d'une grande simplicité monumentale, fut plusieurs fois repris par l'artiste dans des attitudes légèrement différentes mais vêtu et coiffé de manière semblable. Ces dessins, où l'on retrouve la facture précise et ferme de Bega, sont aujourd'hui dispersés dans différents musées, notamment au Louvre (F. Lugt, 1929, n° 27) et à la Fondation Custodia (Exp. Paris, 1977-1978, n° 6).

NICOLAES BERCHEM
Haarlem 1620 - Amsterdam 1683

54

TROIS VACHES AU PATURAGE

Pierre noire
H. 0,104 ; L. 0,152.
Collé en plein.
Provenance : E. Desperet, marque en bas à droite (L. 721), vente, Paris, 6-7 juin 1865, n° 186 (lot de dessins avec l'*Etude d'âne* également acheté par Alfred Armand); Armand Valton.
Inv. E.B.A., n° 34 680 (L. 23).

Bibliographie : F. Lugt, 1950, n° 23.

Le présent dessin est une étude préparatoire pour une partie de l'eau-forte, *Les trois vaches au repos* (E. Dutuit, 1881, vol. IV, n° 3, repr.): situés en sens inverse, ces trois animaux sont insérés dans un vaste paysage où l'on distingue sur la droite deux personnages assis sur un talus. Dans cette composition gravée, l'accent n'est pas mis sur la nature mais plutôt sur le troupeau et les bergers; ce choix est tout à fait caractéristique du style de Berchem qui limite en outre généralement ses paysages, comme c'est le cas ici, par un bouquet d'arbres sur la droite.

Berchem, *Trois vaches au pâturage*, gravure, Rijksmuseum, Amsterdam.

55

PAYSAGE AVEC FIGURES SUR UNE ROUTE AU PREMIER PLAN

Pierre noire et lavis d'encre de Chine.
H. 0,143 ; L. 0,200.
Signé et daté en haut à droite à la pierre
noire : *Berghem f/1654.* Au verso en bas à
gauche, deux anciens numéros, à la plume
encre brune : *1574* et au crayon : *n° 1407.*
Provenance : Jonkheer Goll. Van Franck-
enstein ; H. Destailleur (L. 740), vente,
Paris, 27-28 avril 1866, n° 21 ; Armand
Valton.
Inv. E.B.A., n° 34 584 (L. 19).

Bibliographie : Ph. de Chennevières, 1879,
pp. 6-34 ; F. Lugt, 1950, n° 19.

Exposition : Paris, E.B.A., 1879, n° 385.

L'aspect rocheux et la végétation méditerranéenne du présent paysage correspondent tout à fait aux régions que
Berchem a pu traverser pour se rendre
en Italie entre 1650 et 1655. Berchem
exécuta d'ailleurs plusieurs dessins assez
proches de celui-ci, soit par leur site baigné d'une lumière dorée, comme en témoignent les dessins du British Museum
(A. Hind, 1915-1931, t. III, p. 30-31,
n° 20-21) et du Musée Boymans-Van
Beuningen de Rotterdam (Inv. n° H. 79),
soit par leur composition animée par de
petits personnages grimpant un chemin
montagneux, que l'on retrouve dans les
feuilles de la Pierpont Morgan Library
(Exp. Paris, Anvers, Londres, New York,
1979-1980, n° 100), du Cleveland Museum of Art (Exp. Ann Arbor, Michigan,
1964, n° 7 repr.) du Musée Pouchkine
de Moscou datée de 1656 (Exp. Paris,
1973, n° 7, pl. 7) ainsi que dans la peinture de la National Gallery de Londres datée de 1658. (N. Maclaren, 1958, p. 18).

On peut remarquer que l'artiste a signé *Berghem*, selon l'orthographe qu'il
avait choisie au début de sa carrière,
n'adoptant la signature Berchem qu'à
partir de 1655.

JOB BERCKHEYDE
Haarlem 1630 - Haarlem 1693

56

FEMME ASSISE

Pierre noire et rehauts de blanc sur papier bleu.
H. 0,290 ; L. 0,198.
Collé en plein.
Provenance : E. Desperet, marque en bas au
centre (L. 721), vente, Paris, 6-7 juin 1865,
n° 180 ; Armand Valton.
Inv. E.B.A., n° 34 602 (L. 32).

Bibliographie : F. Lugt, 1950, n° 32.

Cette étude de femme assise, classée autrefois parmi les œuvres de Bega, fut
attribuée par F. Lugt (1950, n° 32) à
Job Berckheyde.

Si cet artiste se fit une spécialité des
vues de villes dans ses peintures, il exécuta parallèlement un certain nombre
d'études de figures sans rapport direct
avec ses tableaux ; ces personnages cam-
pés avec une grande monumentalité sont
souvent saisis dans des attitudes bien particulières, comme *Le Personnage assis*
du Rijkspretentkabinet d'Amsterdam
que F. Lugt avait en tête lorsqu'il classa
cette feuille sous ce nom.

Si le papier bleu utilisé ici semble
inhabituel dans les dessins de Berckheyde, les traits parallèles et réguliers
à la pierre noire situés en bas du vêtement sont bien caractéristiques de son
style.

Berckheyde, *Personnage assis*, dessin, Rijkspretentkabinet d'Amsterdam.

FERDINAND BOL
Dordrecht 1616 - Amsterdam 1680

57

LE SONGE DE JACOB

Plume, encre brune et lavis brun.
H. 0,178 ; L. 0,196.
Annotation en bas à droite, à la plume, encre brune , *442 doopt.*
Provenance : F. Van den Zande, vente, Paris, 30 avril 1855, n° 3040 ; H. D. Dreux (L. 694), vente, Paris, 3-4 février 1870, n° 87 ; Armand Valton.
Inv. E.B.A., n° 34 525 (L. 478).

Bibliographie : Ph. de Chennevières 1879, pp. 6-34 ; L. Marcheix, 1909, pp. 257-264 ; P. Lavallée, 1917, pp. 280-283 (repr.) ; W. R. Valentiner, 1925, n° 73 (repr.) ; O. Benesch, 1935, p. 36 ; Weski, 1944, p. 101 ; F. Lugt, 1950, n° 478 ; O. Benesch, 1956, t. III, n° 555 ; E. Haverkamp Begemann, 1961, n° 1-3, p. 52 ; W. Sumowski, 1961, t. II, p. 11 ; H.M. Rotermund, 1963, p. 65 (repr.) ; Tümpel, 1968, p. 449, n° 543 ; H.M. Rotermund, 1969, n° 43 ; O. Benesch, 1970, p. 210 ; Tsurutani, 1974, app. II, n° 7 ; Brown, 1976, p. 45, n° 43 ; W. Sumowski, 1979, t. I, p. 520, n° 248[x].

Expositions : Paris, E.B.A., 1879, n° 352 ; Paris, Bibliothèque Nationale, 1908, n° 493 ; Paris, E.B.A., 1955, n° 56 ; Nice, Musée National Message Biblique Marc Chagall, 1975, n° 12.

C'est en 1927 que G. Falck remit en cause l'attribution du présent dessin, reconnu jusqu'alors comme une œuvre incontestée de Rembrandt. Néanmoins, O. Benesch (1956, n° 555) et H.M. Rotermund (1969, n° 43) gardèrent le nom de Rembrandt et datèrent cette feuille de 1644, en raison du chiffre *44* inscrit au bas de la feuille. W. Sumowski (1979, n° 248) considère aujourd'hui qu'il s'agit plutôt d'une inscription apposée par un collectionneur.

F. Lugt en 1950 continue d'attribuer à Rembrandt ce dessin qu'il datait de 1638-1642, tout en proposant parallèlement le nom de Ferdinand Bol, qui fut accepté par E. Haverkamp Begemann (1961, p. 52) et W. Sumowski (1961, p. 11). Ces derniers rapprochèrent en effet la présente étude de deux autres dessins de F. Bol, *Joseph en prison* conservé à la Kunsthalle de Hambourg et *Hannah et Eli* de la collection Valentiner (W. Sumowski, 1979, n° 101 et 247[x]), très proches dans le traitement spatial de la scène et dans la technique à la plume. W. Sumowski propose de dater cette composition vers 1640, période durant laquelle Ferdinand Bol demeure très influencé par Rembrandt, comme en témoignent non seulement les petits anges rapprochés par Valentiner (1925, n° 73) de ceux de la *Sainte-Famille* de Rembrandt, conservée à l'Ermitage de Léningrad, mais aussi le sujet que Rembrandt traita dans plusieurs dessins, conservés notamment au Kupferstichkabinett de Berlin (S.M.P.K.), à Copenhague et au

Louvre (H.M. Rotermund, 1969, n° 40, 41 et 42). F. Bol aborda également le songe de Jacob dans un autre dessin aujourd'hui non localisé (W. Sumowski, 1979, n° 162).

L'artiste illustre ici un passage de la vie de Jacob tirée de l'Ancien Testament en s'éloignant légèrement dans son interprétation du texte biblique : « Ayant pris une des pierres qui étaient là, il en fit son chevet et il se coucha dans ce lieu. Il eut un songe : et voici, une échelle était posée sur la terre et son sommet touchait au ciel et voici sur elle des anges de Dieu montaient et descendaient et en haut se tenait Yahweh » (chapitre XXVII, verset 43 de la Genèse).

Toutefois, si W. Sumowski attribue aujourd'hui sans réserve cette étude à F. Bol, il faut peut-être demeurer prudent quant à cet avis, devant la qualité d'un tel dessin (communication orale de C. Van Hasselt).

ABRAHAM VAN DIEPENBEECK
Bois-le-Duc 1596 - Anvers 1675

58

LES ŒUVRES DE MISERICORDE

Pierre noire, plume, encre brune et lavis d'encre de Chine sur papier beige.
H. 0,318 ; L. 0,254.
Collé en plein et partie droite en haut de la feuille ajoutée.
Provenance : F.D. Schneider, marque au verso, vente, Paris, 1876, n° 87 ; B. West, marque en bas à droite (L. 419) ; Van Puten, marque au crayon au verso (L. 2058) ; Armand Valton. Inv. E.B.A., n° 1738.

Bibliographie : Ph. de Chennevières, 1879, pp. 6-34 (p. 20) (Rubens) ; M. Rooses, 1892, p. 233, n° 1442 (Rubens) ; L. Marcheix, 1909, pp. 257-264 (Rubens) ; P. Lavallée, 1917, pp. 279-283 (p. 279) (Rubens) ; P. Lavallée et M. Delacre, 1927, pl. 17 (Rubens) ; J.S. Held, 1959, fig. 8 (Diepenbeeck).

Expositions : Paris, E.B.A., 1879, n° 299 (Rubens) ; Paris, E.B.A., 1947, n° 108 (Rubens).

Le présent dessin, attribué à Rubens, doit plutôt revenir, comme l'a si justement montré J.S. Held (1959), à A. an Diepenbeeck qui traita ce thème dans une autre esquisse aujourd'hui conservée dans la collection Johnson de Philadelphie (J.S. Held, 1959, p. 8, fig. 9) ; cette composition peinte, beaucoup plus achevée que notre étude, diffère légèrement dans la disposition plus ramassée des figures qui sont aussi plus nombreuses. Barbé grava en outre cette composition en 1642 sous le titre *Un incident de la vie de Pieter Gabriel Maria Minorita*.

Dans le choix des attitudes des personnages, l'artiste s'est inspiré de deux dessins, l'un de Rubens, conservé à l'Albertina (J.S. Held, 1959, vol. I, p. 136, n° 100, vol. II, pl. 109) pour l'homme aveugle situé à droite, l'autre d'un anonyme flamand, pour le groupe de paralytiques montant péniblement l'escalier (dessin conservé au Musée des Beaux-Arts de Rennes, XII, n° 6). Le dessin de Rubens est en outre une étude préparatoire pour l'aveugle situé à gauche du *Miracle de Saint François-Xavier* du Kunsthistorisches Museum de Vienne (K.d.K. 205).

Comme me l'a aimablement signalé C. Van Hasselt (communication orale), Diepenbeeck reprit le même sujet dans un autre dessin de composition tout à fait différente, daté de 1659, appartenant à la Fondation Custodia à Paris (Inv. n° 7773).

Diepenbeeck, *Les œuvres de miséricorde*, esquisse peinte, coll. Johnson, Philadelphie.

Diepenbeeck, *Les œuvres de miséricorde*, dessin, Fondation Custodia, Paris.

KAREL DUJARDIN
Amsterdam vers 1622 - Venise 1678

59

BERGERE GARDANT TROIS BREBIS ET UNE CHEVRE

Pierre noire et pinceau à l'encre de Chine.
H. 0,193 ; L. 0,152.
Annotation en bas à droite à la plume, encre
brune : *Ostade*. Signé en bas à gauche : *K D I fc*.
Repassé à la pointe.
Provenance : S. Feitama, vente, Amsterdam,
16 octobre 1758, n° C 38, fl 78 à Hogguer ;
J. Dulong, vente, Amsterdam, 18 avril 1768,
n° B 68, fl 80 à Fouquet ; J. Gildemeester,
vente, Amsterdam, 24 novembre 1800, fl 111
à C.S. Roos ; D. Versteegh, vente, Amsterdam,
3 novembre 1823, n° 3, B 3, fl 65, à Boymans ;
Armand Valton.
Inv. E.B.A., n° 34 759 (L. 154).

Bibliographie : F. Lugt, 1950, n° 154.

Exposition : Paris, Institut Néerlandais, 1960,
n° 72.

Repassée à la pointe, cette étude a servi
pour la gravure de J. Visscher *Fileuse vue
de dos* qui reproduit la scène en sens inverse (J.E. Wesseley, 1866, p. 74, suppl.
n° 12). Elève de Nicolaes Berchem, Karel
Dujardin, qui fit deux voyages en Italie
où il mourut, représenta à partir de 1650
des paysages, comme celui-ci, d'un style
très personnel : en effet, l'aspect construit, équilibré de la composition et l'atmosphère paisible et délicate de ce
paysage sont des éléments bien caractéristiques de son style, que l'on retrouve
notamment dans le *Jeune garçon trayant
une chèvre et brebis couché* du Louvre
(F. Lugt, 1929, n° 252) qui fut également
ment gravé par Visscher et daté, selon
l'inventaire manuscrit de la collection
Feitama (conservé en 1930 dans la
famille Six à Amsterdam), de 1669 ou
1670.

J. Visscher, *Bergère gardant trois brebis et une
chèvre*, gravure, Rijksmuseum, Amsterdam.

ALBRECHT DURER
Nuremberg 1471 - Nuremberg 1528

60

PORTRAIT DU PRINCE FREDERIC DE SAXE SURNOMME LE SAGE

Mine d'argent et pierre noire sur papier préparé et légèrement teinté de rose.
H. 0,177 ; L. 0,138.
Provenance : Sir Thomas Lawrence (L.2445) ; Armand Valton.
Inv. E.B.A. n° 1658.

Bibliographie : J. Heller, 1831-1837, vol. 1, p. 231 ; M. Thausing, 1884, p. 254 ; C. Ephrussi, 1882, pp. 332-333-353 ; F. Lippman, 1883-1929, t. VIII, n° 387 ; L. Marcheix, 1909, pp. 257-264 (p. 258) ; J. Springer, 1914, pl. 42 ; P. Lavallée, 1917, pp. 279-280 (p. 279) ; C. Koch, 1922, n° 78 ; E. Flechsig, 1928, t. 1, p. 345 ; F. Winkler, 1936-1939, t. IV, p. 76, n° 897 ; H. Tietze et E. Tietze-Conrat, 1937-1938, pp. 52-193, n° 926 ; E. Panofsky, 1948, vol. II, p. 106, n° 1021, fig. 302 ; H.T. Musper, 1952, p. 284 ; E. Panofsky, 1955, p. 215, n°239 ; W.L. Strauss, 1974, p. 2252, n° 1524/1.

Expositions : Paris, E.B.A., 1879, n° 268 ; Paris, E.B.A., 1958, n° 99, pl. 8 ; Paris, Petit Palais, 1965-1966, n° 136 ; Rotterdam, Musée Boymans-van Beuningen, 1969, n° 304 ; Paris, Bibliothèque Nationale, 1971, n° 249 ; Nuremberg, Germaniches National Museum, 1971, n° 546 ; Paris, Centre culturel du Marais, 1979, n° 144.

Frédéric de Saxe (1463-1525), dit le Sage, séjourna à Nuremberg du 28 novembre 1523 au 26 février 1524 pour participer à la Diète : c'est vraisemblablement à cette occasion que Dürer réalisa ce portrait pris d'après nature. L'artiste exécuta, pour cette figure, une gravure au burin en sens inverse, où le visage de Frédéric a perdu de sa sévérité et de son autorité (H. Tietze, 1937-1938, p. 52, repr. p. 193).

Frédéric de Saxe, premier prince protestant, fut également grand mécène en Allemagne tout comme Maximilien et Albert de Brandebourg, puisqu'il fonda en 1502 l'université de Wittenberg à laquelle furent appelés Luther et Mélanchton. Grand protecteur de Luther, il le fit enlever à la Diète de Worms pour le mettre en sûreté dans sa forteresse de la Wartburg. Amateur des Beaux-Arts, il confia à Dürer plusieurs commandes dont un portrait en 1496, l'*Adoration des Mages* en 1504 et le *Martyre des Dix mille* en 1508.

On conserve aujourd'hui d'autres portraits de Frédéric le Sage qui fut représenté dans plusieurs tableaux attribués à l'atelier de Lucas Cranach l'Ancien (M. Friedlaender et J. Rosenberg, 1978, pp. 82-83, 105, 195) — qui fut peintre à la cour de Saxe où il portraitura la plupart des membres de la famille de Frédéric de Saxe — et sur une médaille d'Hans Kraft réalisée vers 1542 (Exp. Rotterdam, 1969, n° 306 et 307).

Dürer, *Portrait du Prince Frédéric de Saxe surnommé Le Sage*, gravure, E.B.A.

ANTON VAN DYCK
Anvers 1599 - Londres 1641

61

ETUDE DE ROBE POUR LE PORTRAIT DE LA REINE HENRIETTE MARIE

Pierre noire, rehauts de blanc et de pastel sur papier bleu.
H. 0,419 ; L. 0,257
Provenance : E. Desperet, marque en bas à gauche (L. 721), vente, Paris, 6-7 juin 1865, n° 223 ; Armand Valton.
Inv. E.B.A., n° 1711.

Bibliographie : P. Lavallée, 1917, p. 280 ; W.R. Valentiner, 1930, n° 47 ; H. Vey, 1962, n° 206 ; C. Eisler, 1977, p. 116, fig. 27.

Exposition : Paris, E.B.A., 1947, n° 52.

Ce dessin ne semble pas être une étude pour le portrait de la Princesse de Phalsbourg, comme l'indique l'inscription du montage, mais plutôt pour celui d'Henriette-Marie, troisième fille d'Henri IV et de Marie de Médicis, sœur de Louis XIII. Née en 1609, elle épousa en 1625 Charles 1er à la condition que les catholiques anglais soient entièrement libres. Elle mourut en France en 1666.

Il existe pour ce portrait une version peinte par Van Dyck conservée à la National Gallery of Art de Washington et une réplique pour la plus grande partie de la main du maître aujourd'hui dans la collection du Earl of Fitzwilliam à Wentworth Wood House (C. Eisler, 1977, pp. 116-118, n° K. 1911).

Peu de modifications furent apportées dans les deux peintures : elle pose en effet sa main droite sur un petit singe, sans doute Pug, que le nain Sir Jeffrey Hudson porte sur le bras gauche. Dans le fond sur la droite, on distingue une colonne et sur la gauche une balustrade ornée d'un arbuste.

Sir Jeffrey Hudson fut un grand ami de la Reine qu'il suivit dans son exil en 1644. Après la restauration, il revint en Angleterre où il vécut jusqu'à sa mort en 1682, grâce à une pension de Charles II.

On peut dater cette étude vers 1633, puisque le tableau de Wentworth House fut terminé en 1633, Van Dyck ayant été payé en octobre par Charles 1er, qui offrit cette peinture à Lord Wentworth.

Van Dyck, *Portrait de la Reine Henriette Marie*, toile, National Gallery of Art de Washington.

62

SAINTES FEMMES AU PIED DE LA CROIX

Plume, encre brune.
H. 0,113 ; L. 0,198.
Verso : la vierge et Saint Joseph à la plume, encre brune.
Provenance : E. Desperet, marque en bas à droite (L. 721), vente, Paris, 6-7 juin 1865, n° 222 ; Armand Valton.
Inv. E.B.A., n° 1710.

Bibliographie : P. Lavallée, 1917, pp. 279-280 ; H. Vey, 1959, pp. 2-22 ; H. Vey, 1962, n° 123, pp. 191-192, pl. 159 ; M. Mauquoy Hendrickx, 1968, pp. 121-124 ; H. Oursel, 1977, Paris, Grand Palais, p. 81, sous le n° 42.

Expositions : Paris, E.B.A., 1947, n° 50 ; Anvers, Rubenshuis et Rotterdam, Musée Boy-mans-van Beuningen, 1960, n° 70 ; Princeton, the Art Museum Princeton University, 1979, n° 40.

Van Dyck a rassemblé au recto et au verso de cette étude les différents personnages qui figurent, légèrement modifiés, dans la *Crucifixion* du Musée des Beaux-Arts de Lille (Exp. Princeton, 1979, n° 40) : en effet, au recto, l'artiste étudie le groupe de la Vierge et Saint Jean, et Sainte Madeleine agenouillée au pied de la croix ; au verso il reprend deux fois l'attitude de la Vierge qui est alors soutenue par Saint Jean. Il existe d'autres études préparatoires pour le tableau : l'une est conservée au British Museum, l'autre au cabinet des estampes de la Bibliothèque Royale de Belgique, est sans doute de peu antérieure à la version finale datée de 1628, entre le retour d'Italie et le séjour en Angleterre du peintre (Inv. 1910.2.12.207 et Inv. S.V. 87444).

Ce dessin demeure un bon exemple de la méthode de travail de Van Dyck qui cherche à fixer avant tout l'attitude de ses personnages esquissés à grands traits ; il concentre son étude non sur leurs visages ou leurs vêtements mais sur leurs gestes et leurs positions par rapport à l'ensemble de la composition.

Verso du n° 62.

Van Dyck, *La Crucifixion*, toile, Musée des B.A. de Lille.

63

PORTRAIT DU PEINTRE GERARD SEGHERS

Pierre noire, lavis brun et lavis d'encre de Chine.
H. 0,227 ; L. 0,198.

Provenance : P.J. Mariette, marque en bas à droite (L. 1852), vente, Paris, 15 novembre 1775 - 30 janvier 1776, partie du n° 904 («celui de G. Segers, aussi de la même suite, et exécuté pareillement») : Randon de Boisset, vente, Paris, 1777, n° 304 ; Vassal de Saint-Hubert, vente, Paris, 1779 ; Armand Valton. Inv. E.B.A., n° 1712.

Bibliographie : C. Blanc, 1857, t. I, pp. 366 et 447 ; I. von Szwykowski, 1859, p. 107 ; P. de Chennevières, 1879, t. II, pp. 20-21 ; J. Guiffrey, 1882, p. 126 ; J. Guiffrey, 1882, p. 96, repr. p. 92 ; P. Lavallée, 1917, p. 280 ; M. Delacre, 1932, pp. 20 et 32 ; H. Vey, 1962, t. I, n° 266, t. II, fig. 322.

Expositions : Paris, E.B.A., 1879, n° 319 ; Paris, E.B.A., 1947, n° 53 ; Paris, Louvre, 1967, n° 171.

Gérard Seghers, qui passa une partie de son existence à voyager en Italie puis en Espagne où il travailla pour Philippe III, s'établit à partir de 1637 à Anvers, à la cour de Ferdinand, comme peintre d'histoire et de scènes de genre.

Cette étude était destinée à être gravée pour l'*Iconographie* de Van Dyck, qui rassemble un grand nombre de portraits d'amateurs, d'écrivains et d'hommes politiques contemporains. Dans sa gravure, Paulius Pontius présente le modèle en sens inverse légèrement de côté, l'arrière-plan étant hachuré de la même façon.

Pour ce recueil gravé, Van Dyck se contenta quelquefois d'études sommaires, limitées à la tête, laissant ainsi une grande initiative aux graveurs. Ces dessins vraisemblablement réalisés entre ses séjours en Italie et en Flandres, présentent une unité de style et de technique, puisqu'ils sont généralement exécutés à la pierre noire ou au lavis, ce qui ne facilitait pas le travail postérieur du graveur.

Ce dessin, qui fut réalisé pendant l'un des deux séjours de Van Dyck dans les Flandres entre l'automne 1627 et le début de 1635, fut considéré par Chennevières en 1879 comme l'un des plus beaux portraits dessinés de l'artiste «avec ce brillant et chaud mélange de pierre d'Italie, de bistre, et d'encre de Chine» (1879, p. 21).

64

LE MARTYRE DE SAINTE CATHERINE

Pierre noire, plume, encre brune, lavis brun et aquarelle.
H. 0,285 ; L. 0,210.
Collé en plein.
Annotation en bas à droite à la plume, encre brune : *A.V. Dijck ft.*
Provenance : Schneider, vente, Paris, Drouot, 1876 ; Armand Valton.
Inv. E.B.A., n° 1709.

Van Dyck (attribué à), *Martyre de Sainte Catherine*, dessin vendu sur le marché londonien en 1973.

Bibliographie : Ph. de Chennevières, 1879, pp. 6-34 ; J. Guiffrey, 1882, n° 29-32 ; L. Cust, 1900, p. 239, n° 37 a ; Société de reproduction de dessins de maîtres, 1912 ; P. Lavallée, 1917, pp. 279-280 (p. 280) ; T. Muchall-Viebrock, 1926, n° 37 ; M. Delacre, 1908, p. 86 ; M. Delacre, 1934, pp. 191-208 ; J.G. Van Gelder, 1942, n° 3 ; J.G. Van Gelder, 1948, n° 3 ; Hollstein, t. VI, p. 118, n° 392 ; H. Vey, 1958, p. 78 ; H. Vey, 1962, n° 61, pl. 81 ; I. Kouznetsov, 1970, pl. XX, p. 84 ; C. Eisler, 1975, pl. 15, p. 175 ; A. Mcnairn, 1980, pp. 22-27, fig. 6.

Expositions : Paris, E.B.A., 1879, n° 318 ; Paris, E.B.A., 1947, n° 49 ; Anvers, Rubenshuis, Rotterdam, Museum Boymans-van, 1960, n° 30 ; Ottawa, National Gallery of Canada, 1980, n° 57.

Ce dessin ne semble pas avoir fait l'objet d'une peinture, bien qu'il soit considéré jusqu'en 1947 comme une étude préparatoire pour *le Martyre de Sainte Catherine*, tableau autrefois conservé chez Sir Charles Bagot — gravé par F. Ragot (J. Smith, 1829-1842, t. III, p. 117, n° 423) : il fut vraisemblablement exécuté suivant l'avis de H. Vey, d'après un contemporain directement influencé par Van Dyck et Rubens.

Van Dyck traita toutefois ce sujet à plusieurs reprises notamment dans trois dessins, l'un ayant appartenu à Sir Thomas Lawrence (catalogue Woodburn, Sir Thomas Lawrence Gallery, Second Exhibition, Londres, 1835, n° 20), un autre conservé au Herzog Anton Ulrich - Museum de Brunswick (Exp. Ottawa, 1980, n° 56), et un troisième signalé par Cust (1900, n° 37 B) à l'Ermitage, mais classé aujourd'hui parmi les anonymes flamands. En outre, la collection Zürcher de Lucerne possédait une copie de cette étude, et un dessin quasiment identique fut vendu sur le marché londonien en 1973.

Pour cette composition, Van Dyck s'est inspiré, tout comme Rubens à la même époque, des maniéristes italiens, notamment de Giulio Romano qui représenta un martyre de Sainte Catherine (A. Bartsch, t. XV, p. 444, n° 27) que l'artiste a pu connaître grâce à la gravure de Diana Scultori, parfois nommée à tort Diana Ghisi. L'influence de Rubens, qui réalise aussi dans les années 1615-1617 ce même genre de sujets comme *La conversion de Saint Paul* de la collection du feu comte Seilen à Londres (Oldenbourg KdK 155) ou son pendant, *La défaite de Sennachérib* à Munich (Oldenbourg KdK 156) demeure prépondérante.

Van Dyck compose ici avec beaucoup de maîtrise sa scène, ce qui laisse penser qu'il ne s'agit pas d'une œuvre de jeunesse. Il choisit le moment où «La Sainte pria Dieu que, pour la gloire de son nom et pour la conversion des assistants, il anéantît cette affreuse machine. Et voici qu'un ange secoua si fortement la masse énorme des quatre roues, que quatre mille païens périrent écrasés». (J. de Voragine, 1923, p. 1660).

ECOLE ALLEMANDE
Deuxième moitié du XVe siècle

65

CHRIST MORT

Pointe d'argent sur papier préparé blanc grisâtre.
H. 0,125 ; L. 0,200.
Collé en plein.
Provenance : E. Desperet, marque en bas à gauche (L. 721), vente, Paris, 6-7 juin 1865, n° 324 (attribué à Van der Weyden) ; Armand Valton.
Inv. E.B.A., n° 324.

Bibliographie : Ch. Ephrussi et G. Dreyfus, 1879, p. 76, n° 283 ; G. Berger, 1879, pp. 106-107 (p. 104) ; Ph. de Chennevières, 1879, p. 19 ; CvF 1879, col. 560-561 ; Demonts, 1910, n° 19 ; Wurzbach, 1910, p. 63 ; F. Lees, 1913, p. 61 ; P. Lavallée, 1917, p. 279 ; E. Bock, 1929, p. 330 ; Leeber, 1953, p. 192 ; R. Van Schoute, 1963, p. 101, n° 9 ; M. Sonkes, 1969, p. 208, n° D20, pl. LIIa.

Expositions : Paris, E.B.A., 1879, n° 283 ; Paris, E.B.A., 1947, n° 145 ; Paris, E.B.A, 1953, n° 69.

Exposé en 1879 sous le nom de Roger Van der Weyden, ce dessin fut plutôt considéré, par Demonts (1910), P. Lavallée (1917), E. Bock (1929) et W. Bouleau-Rabaud (1947), comme une œuvre de l'Ecole de cet artiste. Comme l'indique Mme Sonkes, le dessinateur s'inspire en effet, pour certains détails anatomiques du Christ, d'une œuvre de Van der Weyden, notamment «le cou très court et fort musclé, l'attache du bras droit, l'étroitesse du bassin et la minceur de la taille où la cage thoracique forme deux plis, comme chez les Damnés du *Jugement dernier* de Beaune.» Néanmoins, la dureté du modelé et la représentation des articulations des membres très noueuses s'éloignent de l'art de Van der Weyden ; l'aspect très tendu du corps — les mains étant fermées comme des poings — situe plutôt cette étude dans un milieu allemand, proche peut-être du Maître de la Vie de la Vierge de Cologne.

En outre, il existe à la Bibliothèque de l'Université d'Erlangen un *Christ Mort* (Mme Sonkes, 1969, n° D 21, Inv. n° 1423) fort semblable à celui-ci, où la tête apparaît toutefois mieux construite. Tous deux sont à mettre en rapport, suivant l'avis de Mme Sonkes, avec une peinture exécutée à la fin du XVe siècle dans une région de l'Allemagne où l'influence flamande n'est pas aussi omniprésente qu'à Cologne.

Ecole allemande XVe siècle, *Christ mort*, dessin, Bibliothèque de l'Université d'Erlangen.

JAN VAN GOYEN
Leyde 1596 - La Haye 1656

66

VUE D'UN CANAL

Pierre noire et lavis d'encre de Chine.
H. 0,109 ; L. 0,193.
Signé et daté en bas à gauche : *VG 1653*.
Provenance : E. Desperet, marque en bas à gauche (L. 721), vente, Paris, 6-7 juin 1865, n° 232 ; Armand Valton.
Inv. E.B.A., n° 34 605 (L. 229).

Bibliographie : P. Lavallée, 1917, pp. 280-283 (p. 282) ; F. Lugt, 1950, n° 229 ; H.U. Beck, 1972, vol. I, n° 439.

Un grand nombre de dessins de Van Goyen furent réalisés entre 1650 et 1655, surtout en 1653, date du présent paysage, Van Goyen ayant alors beaucoup plus dessiné que peint. En effet, H.U. Beck a rassemblé dans son catalogue raisonné deux cent vingt-cinq feuilles datant de cette année-là (1972, n° 332 à 557e).

Cette vue de canal, comme la plupart des dessins de cette époque, ne semble pas avoir été exécutée d'après nature, mais plutôt composée grâce à des éléments notés dans des carnets d'esquisses antérieurs. De format réduit, le paysage embrasse néanmoins un vaste panorama, la ligne d'horizon apparaissant au lointain sur la droite. Avec la grande économie de moyens qui lui est habituelle, la pierre noire n'étant que très légèrement mélangée au lavis d'encre de Chine, Van Goyen cherche à recréer, avec ce ciel excessivement bas et ces pêcheurs qui s'activent dans leurs bâteaux, l'atmosphère bien particulière des canaux.

L'aspect fini de ce dessin laisse penser qu'il était destiné à la vente.

JAN HACKAERT
Amsterdam vers 1628 - Amsterdam après 1685

67

PAYSAGE MONTAGNEUX EN ITALIE

Plume, encre brune et lavis brun.
H. 0,201 ; L. 0,293.
Collé en plein.
Provenance : E. Desperet, marque en bas à gauche (L. 721), vente, Paris, 6-7 juin 1865, n° 184 (attribué à Berchem) ; Armand Valton. Inv. E.B.A., n° 37 119 (L. 266).

Bibliographie : F. Lugt, 1950, n° 266.

Hackaert exécuta vraisemblablement ce paysage montagneux en Italie entre 1653 et 1656, avant son voyage en Suisse où il dessina toute une série de vues topographiques pour un amateur d'Amsterdam, l'avocat Laurens Van der Hem. Dans ce dessin, l'artiste recherche plutôt l'effet pittoresque des feuillages qui se découpent sur le ciel au premier plan à gauche ; les arbres, d'une élégance gracile, sont représentés par des traits à la plume anguleux et rapides, tout à fait caractéristiques de son style, comme en témoigne le *Paysage* du Kupferstichkabinett de Berlin (S.M.P.K.) (Exp. Berlin, 1974, n° 85, fig. 115 ; Inv. KdZ 11818).

L'influence de Jan Both demeure présente dans le traitement des frondaisons légères et lumineuses et dans l'atmosphère de calme et de soleil qui baigne la composition.

WILLEM DE HEUSCH
Utrecht avant 1625 - Utrecht 1692

68

PAYSAGE D'ITALIE

Plume, encre brune et lavis d'encre de Chine.
H. 0,131 ; L. 0,183.
Signé en haut à droite à la plume, encre brune :
G.D. Heusch. Annotations au verso à la plume,
encre brune : *222* et *N 444*.
Provenance : marque P.H. à sec sur la monture
sous le dessin (P. Huart ? L. 2083) ; comte
Thibaudeau ? ; H.D. Dreux (L. 694), vente,
Paris, 3-4 février 1870, n° 61 ; Armand Valton.
Inv. E.B.A., n° 34 693 (L. 271).

Bibliographie : F. Lugt, 1950, n° 271.

Fort recherchés au XVIIIe siècle, les
paysages de Willem de Heusch, comme
ce dessin, se caractérisent par une technique très particulière pour le traitement
de l'arrière-plan : l'artiste utilise en effet
une plume excessivement fine et un lavis
plus clair qui diffère de celui employé
pour l'ensemble de la composition. Elève
de Jan Both, tout comme Hackaert,
Willem de Heusch demeura très influencé
par son maître, notamment dans sa manière de représenter les feuillages, à la
fois graciles et déchiquetés, et dans sa
recherche d'une lumière très contrastée.
Il s'inspire en outre, surtout pour le
second plan, des paysages d'Italie qu'il a
dû traverser au cours de son séjour entre
1640 et 1649.

La présente étude est à rapprocher
d'un autre dessin de Willem de Heusch
conservé au Kupferstichkabinett de Berlin (S.M.P.K.) (Inv. 2772), où l'on retrouve un site fort semblable animé par
le même grand arbre au centre ; et du
Paysage italien de la Kunsthalle de Hambourg (W. Bernt, 1958, n° 291).

PHILIPS KONINCK
Amsterdam 1619 - Amsterdam 1688

70

LE CHRIST AU MILIEU DE SES DISCIPLES

Plume, encre brune, lavis brun et lavis d'encre de Chine.
H. 0,198 ; L. 0,260.
Collé en plein.
Provenance : Sylvestre, vente, Paris, 4-6 décembre 1861, n° 156, 51 f. ; J. Boilly, vente, Paris, 19 mars 1869, n° 29, 120 f. ; Armand Valton.
Inv. E.B.A., n° 34 526 (L. 479).

Bibliographie : E. Dutuit, 1885, p. 94 (Rembrandt) ; Ph. de Chennevières, 1879, pp. 6-34 (Rembrandt) ; L. Marcheix, 1909, pp. 257-264 (Rembrandt) ; P. Lavallée, 1917, pp. 280-283 (Rembrandt) ; W.R. Valentiner, 1925, t. I, n° 362 (Rembrandt) ; H. Kauffmann, 1926, pp. 157-178 (Rembrandt vers 1635-1636) ; P. Lavallée et M. Delacre, 1927, pl. 23 (Rembrandt) ; G. Falck, 1927, pp. 168-190 (Copie d'après Rembrandt) ; F. Lugt, 1933, n° 1132 et 1263 (pas de Rembrandt) ; H. Gerson, 1936, n° 2150, pl. 54 (Koninck) ; F. Lugt, 1950, n° 479 (pas de Rembrandt) ; O. Benesch, 1957, n° 495, t. III, fig. 619 (Rembrandt) ; O. Benesch, 1973, t. III, n° 495, fig. 619 (Rembrandt).

Expositions : Paris, E.B.A., 1879, n° 359 (Rembrandt) ; Paris, Bibliothèque Nationale, 1908, n° 479 (Rembrandt) ; Paris, E.B.A., 1955, n° 55 (Rembrandt) ; Chicago, the Art Institute of Chicago, 1969, n° 184 (Koninck).

Cette apparition du Christ ressuscité aux disciples, dont le nombre est réduit à dix, pose de nombreux problèmes d'attribution : si F. Lugt (1950, n° 479) rejetait le nom de Rembrandt, tout en refusant l'hypothèse de G. Falk et H. Gerson (1927, pp. 168-190, et 1936, n° 2150) qui considéraient cette feuille comme une copie de Philips Koninck d'après Rembrandt, il groupait cette composition, en raison de ses rapports stylistiques, avec toute une série de dessins alors attribués à Rembrandt comme *La mort de Jacob* du Musée des Beaux-Arts de Montréal et *La mise au tombeau du Christ* du Kupferstichkabinett de Berlin (S.M.P.K.) (O. Benesch, 1957, n° 493 et 485).

Lors de l'exposition de 1969, on considéra que cette étude, à l'exception des touches de lavis d'encre de Chine apposées au premier plan, était caractéristique de l'œuvre dessinée de Koninck vers 1640, alors très influencé par Rembrandt.

O. Benesch, pour sa part, pense que cette étude fut réalisée par deux mains ; celle de Rembrandt pour l'ensemble de la composition, et celle de Koninck, notamment pour l'homme de gauche qui reste proche de certaines figures dessinées assez tôt dans la carrière de cet artiste, comme *Siméon* de la collection T. Christ (H. Gerson, 1937, n° 2142) ou celle d'Agar dans *Le Départ d'Agar* de la collection Friedrich August (H. Gerson, 1937, n° 2142 et 2117). Cette hypothèse semble, suivant l'avis de C. Van Hasselt (communication orale) la plus vraisemblable.

JAN LIEVENS
Leyde 1607 - Amsterdam 1674

71

PAYSAGE DE PLAINE

Plume, encre brune.
H. 0,162 ; L. 0,241.
Deux papiers contre-collés sur une doublure.
Provenance : E. Desperet, marque en bas à gauche (L. 721), vente, Paris, 6-7 juin 1865, n° 247 ; Armand Valton.
Inv. E.B.A., n° 34 690 (L. 342).

Bibliographie : P. Lavallée, 1917, pp. 280-283 (p. 281) ; M. Schneider, 1932, p.225, n° Z 242 ; F. Lugt, 1950, n° 342 ; M. Schneider et Ekkart, 1973, S. 225, 368, n° Z 242.

Expositions : Paris, E.B.A., 1955, n° 42, pl. IV ; Leyde, Stedelijk Museum De Lakenhal, 1956, n° 154, pl. 32 ; Paris, Louvre, 1970, n° 235 ; Braunschweig, Herzog Anton Ulrich Museum, 1979, n° 88.

Les paysages constituent une grande part de l'œuvre dessinée de Lievens, qui représenta aussi bien des vues de sous-bois, des études d'arbres, comme l'illustrent trois dessins conservés à la Fondation Custodia (Exp. Paris, 1977-1978, n° 66 et Exp. Paris, 1974, n° 64, pl. 44) et au Kupferstichkabinett de Berlin (Exp. Berlin, S.M.P.K., 1974, n° 112, pl. 72) que des vues de plaines. La feuille exposée ici et celle du Kupferstichkabinett de Berlin, *Dessinateur sous les arbres*, (Exp. Berlin, S.M.P.K., 1974, n° 113, pl. 69) en sont deux bons exemples.

L'artiste donne un rendu très sommaire du site, indiquant les parties ombrées par des hachures grossières et le feuillage par une série de griffonis, technique qui lui est bien particulière dans les années 1660-1665, comme l'illustre un autre paysage de cette époque, *Vue du Rhin d'Arnhem* (Exp. Paris, 1970, n° 95, pl. LXVI). En outre, contrairement à son contemporain Rembrandt, Lievens affectionne des formats relativement grands pour ses paysages.

NICOLAES MAES
Dordrecht 1634 - Amsterdam 1693

72

JEUNE FILLE ASSISE

Sanguine, pierre noire pour le fond et lavis brun.
H. 0,140 ; L. 0,144.
Provenance : E. Galichon, marque au verso (L. 1058), vente, Paris, 10-14 mai 1875, n° 126 (sous le nom de Rembrandt) ; L. Galichon, marque au verso (L. 1061), vente, Paris, 4-9 mars 1895, n° 130, 600 f (sous le nom de Rembrandt) ; Armand Valton.
Inv. E.B.A., n° 34611 (L. 359).

Bibliographie : W.R. Valentiner, 1924 (Maes) ; F. Lugt, 1950, n° 359, pl. XLII (Maes).

Expositions : Paris, E.B.A., 1955, n° 45 ; Leyde, Stedelijk Museum de Lakenhal, 1956, n° 166 (Maes) ; Paris, Louvre, 1970, n° 258 (Maes).

Précédemment attribué à Rembrandt, comme plusieurs autres dessins de Nicolaes Maes, à l'exemple de la *Femme endormie sur une chaise* de la Pierpont Morgan Library (Exp. Paris, New York, 1979-1980, n° 121), cette étude est tout à fait caractéristique, par son thème et sa technique, du style de l'artiste, qui séjourna entre 1646 et 1650 dans l'atelier de Rembrandt. En effet, la mise en page frontale du personnage qui est représenté les yeux baissés dans une attitude immobile et la facture aux hachures parallèles pour marquer les ombres se retrouvent dans la *Jeune fille tenant une corbeille de fruits* du Musée Condé de Chantilly (W. Bernt, 1958, p. 380) par exemple. Il semble qu'en outre Nicolaes Maes ait eu une prédilection pour ce type de portrait de jeune femme assise, occupée à un travail ménager de couture ou de cuisine, comme l'illustrent *La Dentellière* du Musée Boymans-van Beuningen de Rotterdam (H.R. Hoetink, 1969, t. I, n° 126) ou *Jeune femme occupée à gratter un panais* de la Fondation Custodia à Paris (W.R. Valentiner, 1924, fig. 43). Le mélange de sanguine et de lavis brun peu pratiqué par Rembrandt était en revanche très prisé par Maes jusqu'en 1660.

ISAAC DE MOUCHERON
Amsterdam 1667 - Amsterdam 1744

73

VUE DE PARC : PROJET POUR UNE TENTURE

Mine de plomb, plume, encre brune avec une mise au carreau à la mine de plomb.
H. 0,284 ; L. 0,233.
Filigrane peu visible : écu couronné surmontant la lettre W.
Provenance : H. Destailleur (L. 740), vente, Paris, 27-28 avril 1866, n° 134, 17 f ; Armand Valton.
Inv. E.B.A., n° 34 677 (L. 414).

Bibliographie : F. Lugt, 1950, n° 414.

Le Musée Teyler de Haarlem conserve un dessin de composition identique qui servit, suivant l'avis de F. Lugt (1950) pour l'une des quatre gravures reproduisant des tentures exécutées pour D.B. Mezquita (Guilmard, 1880, p. 511, n° 41). Par ailleurs, il n'existe pas, comme le mentionne Hollstein (Hollstein, Vol. XIV, p. 94), d'autres études préparatoires pour cet ensemble.

Ce type de paysage architectural est tout à fait représentatif de l'art graphique de Moucheron qui reçut, à son retour à Amsterdam en 1734, un grand nombre de commandes de ce type de décorations ; ces dessins sont donc souvent des études préparatoires pour des tentures peintes pour salons. Cette précision du trait et ce goût pour les jardins harmonieusement équilibrés par des éléments ornementaux reviennent souvent dans son œuvre.

Moucheron, *Vue du parc*, gravure, Rijksmuseum, Amsterdam.

ADRIAEN VAN OSTADE
Haarlem 1610 - Haarlem 1685

74

INTERIEUR DE FERME AVEC VIEILLE FEMME EPLUCHANT DES POMMES

Mine de plomb, plume, encre brune et lavis
d'encre de Chine.
H. 0,202 ; L. 0,192.
Filigrane peu visible : écu couronné.
Provenance : H.D. Dreux, marque au verso
(L. 694), vente, Paris, 3-4 février 1870,
n° 79, 120 f ; Armand Valton.
Inv. E.B.A., n° 34 157 (L. 430).

Bibliographie : L. Marcheix, 1909, pp. 257-
264, pl. 6 ; Société de reproduction de dessins
de maîtres anciens, 1912, pl. 19 ; P. Lavallée,
1917, p. 282 ; F. Lugt, 1950, n° 430 ; B.
Schnackenburg, 1981, n° 92 (sous presse).

Le thème de la famille réunie dans une
cuisine inspira à plusieurs reprises Van
Ostade qui réalisa au cours des douze
dernières années de sa vie, entre 1672
et 1684, beaucoup de scènes de la vie
paysanne, soigneusement dessinées et
aquarallées, qu'il destinait à la vente.
Les amateurs recherchèrent très tôt
ses feuilles qui furent fréquemment
imitées au XVIIIe siècle, notamment
par la famille Chalon.

Néanmoins, ce dessin se situe beaucoup plus tôt dans l'œuvre de l'artiste,
vers 1650, période durant laquelle il
réalise également sur ce sujet deux
eaux-fortes gravées, l'une en 1647 (La
Pierpont Morgan Library de New York
possède l'étude préparatoire de cette
gravure : Inv. n° 111, 195) et l'autre
en 1648 (L. Godefroy, 1930, n° 46 et
47), ainsi qu'un dessin conservé au
Rijksprentenkabinet d'Amsterdam (B.
Schnackenburg, 1981, n° 91).

150

REMBRANDT HARMENSZ VAN RIJN
Leyde 1606 - Amsterdam 1669

75

DEUX FEMMES DEBOUT PRES D'UN ESCALIER : SARAH ET AGAR

Plume, encre brune et lavis brun.
H. 0,182 ; L. 0,176.
Provenance : J. Richardson s^r, marque en bas à droite (L. 2184); J. Barnard, marque au verso (L. 1419); Th.Thane, marque au verso avec la date *1819* (L. 2420); W. Esdaile, marque sur l'ancienne monture (L. 2617), vente, Londres, 18 juin 1840, n° 1044, 14 sh. à Mayer; E. Desperet, marque en bas à gauche (L. 721), vente, Paris, 6-7 juin 1865, n° 272, 57 f ; Armand Valton.
Inv. E.B.A., n° 34 6081 (L. 482).

Bibliographie : Ph. de Chennevières, 1879, p. 634; E. Dutuit, 1884, p. 94; L. Marcheix, 1909, pp. 257-264; P. Lavallée, 1917, pp. 280-283 (p. 281); W.R. Valentiner, 1925, t. I, p. 433 ; F. Lugt, 1950, n° 482 ; O. Benesch, 1956, t. III, n° 550; C. Roger Marx, 1960, p. 213, fig. 72 c; O. Benesch, 1973, t. III, n° 550.

Expositions : Paris, E.B.A., 1955, n° 58; Paris, Louvre, 1970, n° 189.

Si la plupart des historiens d'art s'accordent à reconnaître dans les deux jeunes femmes Sarah et Agar, F. Lugt pense qu'il peut également s'agir de Noemi encourageant sa belle-fille Ruth à se rendre chez Booz. C. Roger Marx penche plutôt vers la première hypothèse, en évoquant «l'absolue simplicité» du dessin «montrant Sarah et Agar debout l'une à côté de l'autre, silencieuses et hostiles» (1960, p. 212). En effet, Agar, qui a quitté son costume de servante, est conduite par Sarah auprès d'Abraham afin que celui-ci la prenne pour femme. Le personnage d'Agar a beaucoup retenu l'intérêt de Rembrandt, puisqu'il lui a consacré une vingtaine de dessins dont les deux études d'*Agar et l'Ange*, l'une conservée à l'Ecole des Beaux-Arts (Inv. 34 6082), l'autre au Louvre (Exp. Paris, 1970, n° 190) et *Agar pleurant à la porte d'Abraham* également au Louvre (Exp. Paris, 1970, n° 191).

L'opposition entre l'indication sommaire du site, décrit par quelques traits de plume, et l'expression intense et complexe des visages des deux femmes est tout à fait caractéristique des dessins de Rembrandt entre 1640 et 1645, à l'exemple d'*Agar et l'Ange* du Louvre.

76

AGAR ET L'ANGE

Plume, encre brune.
H. 0,145 ; L. 0,169.
Collé en plein.
Verso : paraphe au crayon du collectionneur
H.F. avec la date de *1860*.
Provenance : H.F. ; E. Desperet (L. 721),
vente, Paris, 6-7 juin 1865, n° 274 ; Armand
Valton.
Inv. E.B.A., n° 34 608^2 (L. 481).

Bibliographie : Ph. de Chennevières, 1879,
pp. 6-34 ; L. Marcheix, 1909, pp. 257-264 ;
P. Lavallée, 1917, pp. 280-283 (p. 281) ;
W.R. Valentiner, 1925, t. I, n° 430 ; F. Lugt,
1950, n° 481 ; O. Benesch, 1956, t. III, n° 641 ;
H.M. Rotermund, 1969, pl. 11 ; O. Benesch,
1973, t. III, n° 641.

Exposition : Paris, E.B.A., 1955, n° 63.

C'est seulement en 1950 que les deux
personnages de la scène, traditionnellement considérés comme Tobie et
l'Ange, furent identifiés par F. Lugt
(1950, n° 481), qui reconnut Agar et
l'Ange de Yahweh : celui-ci «la trouva
près d'une source d'eau dans le désert,
près de la source qui est sur le chemin
de Sur. Il dit : «Agar, servante de Saraï,
d'où viens-tu et où vas-tu ?» Elle répon-
dit : «Je fuis loin de Saraï, ma maîtresse».
L'ange de Yahweh lui dit : «Retourne
vers ta maîtresse et humilie-toi sous
sa main» (Genèse, chap. XVI, versets
4-6). L'interprétation que Rembrandt
donne de ce passage de la Bible peut
surprendre par sa mise en page peu
fidèle au texte, puisque l'artiste omet
volontairement de situer les deux personnages près de la source d'eau dans
le désert ; en effet, pour donner plus
d'intensité à cette rencontre, il limite
la composition aux deux seules figures,
l'Ange qui apparaît beaucoup plus grand
qu'Agar, renouant ainsi avec la tradition
moyenâgeuse où chaque personnage
était représenté à une échelle donnée,
suivant sa valeur spirituelle. Ce rapport
d'autorité et de soumission est aussi
présent dans la position des mains des
deux figures, l'Ange montre la direction
que doit prendre Agar et cette dernière
lève les mains dans une attitude de
défense et de crainte.

Rembrandt avait traité ce même sujet
quelques années auparavant, vers 1640-
1645, dans un dessin conservé aujour-
d'hui au Louvre (H.M. Rotermund, 1969,
pl. 12) : Agar dont le visage exprime
cette crainte, est située près d'un puits,
Rembrandt restant ainsi plus fidèle au
texte biblique, et l'Ange ne se manifeste
plus que par des rayons de lumière qui
convergent vers Agar.

O. Benesch (1956, n° 641) et F. Lugt
s'accordent à dater ce dessin des années
1648-1650.

77

BORDS DE L'AMSTEL

Pierre noire.
H. 0,110 ; L. 0,130.
Annotation en bas à droite à la plume, encre brune : *Vroom*.
Provenance : Armand Valton.
Inv. E.B.A., n° 37 111 (L. 488).

Bibliographie : O. Benesch, 1935, n° 48 ; O. Benesch, 1947, p. 178 ; F. Lugt, 1950, n° 488 ; O. Benesch, 1958, n° 1258 ; O. Benesch, 1973, n° 1258.

Expositions : Paris, E.B.A., 1955, n° 60 ; Rotterdam, Musée Boymans-van Beuningen et Amsterdam, Rijksmuseum, 1957, n° 159 ; Milan, Pinacoteca di Brera, 1970, n° 16 ; Paris, Louvre, 1970, n° 180.

Ce dessin, attribué successivement à Cornelis Vroom, puis Reinier Nooms dit Zeeman, avant d'être reconnu par F. Lugt (1950, n° 488) comme une œuvre incontestable de Rembrandt, provient, suivant l'avis d'O. Benesch (1957, n° 1258), en raison de ses dimensions et de sa technique à la pierre noire, du même carnet de croquis que les deux études d'arbres du British Museum (O. Benesch, 1957, n° 1255 et 1256) et l'*Etude de Saint Anthoniessluis à Amsterdam* du Kupferstichkabinett de Berlin (S.M.P.K.) (1957, O. Benesch, n° 1257).

Si F. Lugt date ce paysage autour de 1645, O. Benesch le situe plus tardivement, vers 1651.

Les bords de l'Amstel étaient un des lieux préférés de promenade de Rembrandt, qui les étudia sous différents angles et à diverses époques, comme en témoignent le dessin de la National Gallery de Washington et celui du Louvre, datés de 1650 (Exp. Washington, 1969, n° 32 et Exp. Louvre, 1970, n° 181), alors que les études de Chatsworth, du Kupferstichkabinett de Berlin (S.M.P.K.) et du Rijksprentenkabinet d'Amsterdam furent réalisés, suivant O. Benesch (1957, n° 1346, 1347, 1352 et 1362), vers 1654.

HERMAN SAFTLEVEN
Rotterdam 1609 - Utrecht 1685

78

FUTAIE DANS LE BOIS DE DOORWERTH

Pierre noire et lavis brun.
H. 0,330 ; L. 0,390.
Annoté dans le bas par l'artiste à la pierre noire : *Doreweertse bos.*
Provenance : E. Desperet, marque en bas à droite (L. 721), vente, Paris, 6-7 juin 1865, n° 332 ; Armand Valton.
Inv. E.B.A., n° 34669 (L. 567).

Bibliographie : F. Lugt, 1950, n° 567 ; L. Duclaux, Paris, Louvre, 1970, sous le n° 79.

Comme l'indique l'annotation portée au bas de la feuille par l'artiste, cette étude d'arbres fut réalisée dans le bois de Doorwerth, situé dans la province de Gueldre, près d'Arnhem. Etabli à Utrecht à partir de 1632, Saftleven représenta toute une série de vues de sous-bois de la région dans lesquelles l'atmosphère et la technique restent très proches de cette feuille, comme les dessins du Louvre (Exp. Paris, 1970, n° 79), du British Museum (A.M. Hind, 1915-1931, t. IV, n° 20, pl. XXXII), de la collection F. Butôt (Exp. Amsterdam, 1973, n° 122-123) et de la Fondation Hannema (Exp. Heino, Fondation Hannema, 1972, n° 82) : tout comme Ruisdael et Waterloo, Saftleven est sensible à un autre aspect du paysage hollandais, qui n'est plus celui de la plaine et des canaux si souvent traité par ses contemporains, mais celui de la forêt où les arbres massifs et imposants ne laissent que difficilement pénétrer les rais de lumière.

79

PAYSAGE MONTAGNEUX AVEC FIGURES

Pierre noire, lavis brun et d'encre de Chine.
H. 0,220; L. 0,282.
Monogramme à la plume, encre brune *H.L.* et
daté de *1648* en bas vers la gauche.
Filigrane : Folie à cinq pointes.
Provenance : H. Destailleur, vente, Paris,
27-28 avril 1866, n° 220, 12 f; Armand
Valton.
Inv. E.B.A., n° 34 671 (L. 557).

Bibliographie : F. Lugt, 1950, n° 557.

Vraisemblablement destinée à la vente,
cette feuille d'une exécution très soignée
est à rapprocher de plusieurs dessins
également datés de l'année 1648, conservés au Musée de l'Ermitage (Exp. Paris,
1973, n° 94), au Louvre (F. Lugt,
1930, n° 690) et au Petit Palais (F. Lugt,
1927, n° 68) : on retrouve en effet dans
ces quatre paysages le même site rocheux
et encaissé, que Saftleven a dû traverser
au cours de ses voyages dans les vallées
de la Moselle et du Rhin entre 1632 et
1662, époque où il fut chargé par la
ville d'Utrecht de dresser des vues topographiques de cette région.

Néanmoins, cette étude très composée, animée seulement par quelques
voyageurs, ne fut pas réalisée d'après
nature, mais plutôt d'après de petits
croquis que l'artiste ramena de ses
voyages.

DIRCK STOOP
Utrecht vers 1618 - Utrecht 1686

80

HALTE DE CHASSE

Pinceau à l'encre de Chine.
H. 0,165 ; L. 0,280.
Collé en plein.
Signé et daté à la plume, encre brune : *D. Stoop f 1647.*
En partie repassé à la pointe pour la gravure.
Verso : une étude de personnage à la sanguine.
Provenance : E. Desperet, marque en bas à droite (L. 721) ; vente, 6-7 juin 1865, n° 298, 122 f ; Armand Valton.
Inv. E.B.A., n° 34 636 (L. 627).

Bibliographie : F. Lugt, 1950, n° 627 ; W. Bernt, 1958, n° 552.

Spécialisé dans la représentation de scènes de chasses et de combats de cavalerie, Dirck Stoop s'installa, après un séjour prolongé au Portugal et en Angleterre, à Utrecht ; il fut dans cette ville, après Wouwerman, le plus important peintre de scènes de cavalerie.

Cette feuille, repassée à la pointe, fut vraisemblablement destinée à être gravée par Stoop ou par un graveur contemporain. Cette composition datée de 1647 est toutefois bien antérieure à la série des douze eaux-fortes exécutées en 1661 et consacrées à des scènes de chasse qui se déroulent dans de vastes paysages.

HERMAN VAN SWANEVELT
Woerden vers 1600 - Paris 1655

81

RUINES DU PALATIN DES CESARS SUR LE MONT PALATIN A ROME

Plume, encre brune et aquarelle.
H. 0,240; L. 0,325.
Collé en plein.
Annotation en bas à gauche, à la plume, encre brune : *H. Swanevelt.*
Verso : annotation à la plume, encre noire : *Vestigei del monte Palatin/verso Il campo Boario/Herman van Swanevelt fecit.*
Provenance : E. Desperet, marque en bas à droite (L. 721), vente, Paris, 6-7 juin 1865, n° 301; Armand Valton.
Inv. E.B.A., n° 34 655 (L. 642).

Bibliographie : P. Lavallée, 1917, pp. 280-283 (p. 282); F. Lugt, 1950, n° 642.

Les ruines du Mont Palatin furent un des monuments antiques les plus prisés par Herman Swanevelt durant son séjour à Rome de 1629 à 1641, au cours duquel il exécuta une gravure destinée à la série des douze «diverses veües dedans et dehors de Rome» publiées à Paris en 1653 (les études préparatoires pour cet ensemble gravé sont conservées aux Offices (W. th. Kloek, 1975, n° 768 à 809) et un autre dessin, passé en vente à Londres en juin 1979 (Exp. Londres, 1979, Colnaghi, n° 74) où il donne une vue plus panoramique du site.

Dans cette étude, vraisemblablement exécutée d'après nature, Swanevelt se montre à la fois sensible aux charmes de ces ruines antiques abandonnées et envahies par une végétation prolifique et à l'atmosphère de la campagne romaine baignée d'une lumière intense. Le site du Mont Palatin fut également représenté par Bartolomeus Breenbergh, qui séjourna à Rome de 1620 à 1629, dans un dessin conservé à l'Ecole des Beaux-Arts (Inv. n° M. 2064 [L. 94]) et par Cornelis Poelenburg dans plusieurs études à la sanguine des Offices (W. th. Kloek, 1975, n° 710 à 754).

Swanevelt, *Ruines du Palatin des Césars à Rome,* dessin, vente, Londres, 1979.

A. Swanewelt.

ADRIAEN VAN DE VELDE
Amsterdam 1636 - Amsterdam 1672

82

JEUNE FEMME NUE COUCHEE

Sanguine.
H. 0,220 ; L. 0,181.
Filigrane : Folie à sept pointes.
Provenance : E. Desperet, marque en bas à droite (L. 721), vente, Paris, 6-7 juin 1865, n° 311 (figurant avec une *Etude d'homme couché*) ; Armand Valton.
Inv. E.B.A., n° 34 612 (L. 661).

Bibliographie : L. Marcheix, 1909, pp. 257-264, pl. 14 ; F. Lugt, 1929-1931, sous le n° 779 ; F. Lugt, 1950, n° 661.

Exposition : Paris, E.B.A., 1955, n° 92.

Cette étude est à rapprocher de la *Jeune paysanne assise à terre* du Louvre (F. Lugt, 1929-31, n° 779) qui figure auprès d'un berger jouant de la flûte dans le tableau autrefois dans la collection Alfred de Rothschild (*La collection d'Alfred de Rothschild*, Londres, 1884, vol. I, n° 37). Ce dessin fut donc exécuté, comme le pense F. Lugt (1950, n° 661), au cours de la même séance, le modèle étant étudié dans une attitude légèrement différente : à demie-nue, la jeune femme est représentée dans une position presque couchée, les pieds plus ramassés et la tête reposant sur ses bras. Pour cette composition, il existe une autre étude préparatoire, autrefois conservée dans la collection H. Reitlinger de Londres, où les deux personnages, situés au deuxième plan, sont insérés dans un vaste paysage.

A. Van de Velde, *Jeune paysanne assise à terre*, dessin, Musée du Louvre.

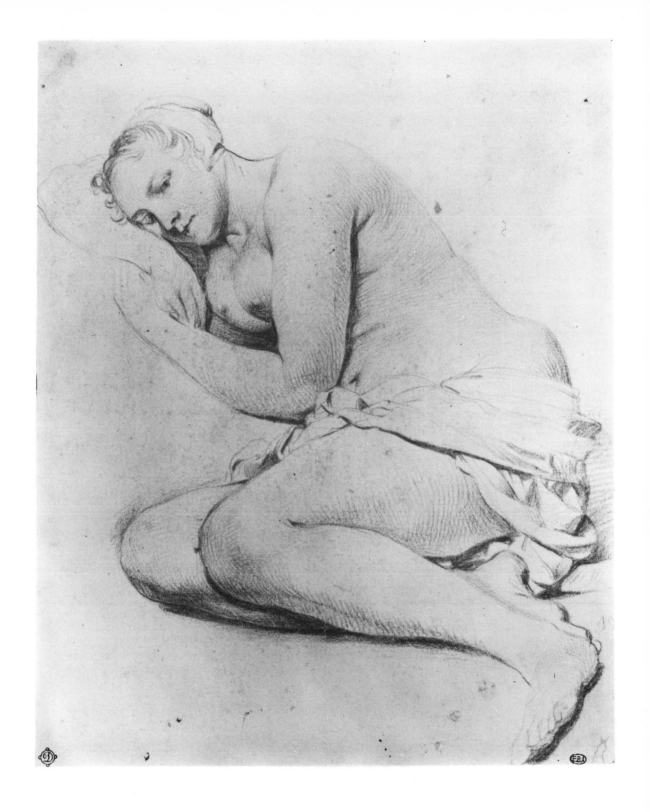

LAURENS VINCENTSZ VAN DER VINNE
Haarlem 1658 - Haarlem 1729

83

RUINES DU CHATEAU DE BREDERODE

Pierre noire et sanguine.
H. 0,306 ; L. 0,197.
Filigrane : Folie à sept pointes.
Daté par l'artiste au verso à la sanguine : *1676*
et annoté à la pierre noire : *Breeroo* (pour
Brederode) et d'une écriture plus récente à
la plume, encre brune : *n° 1132.*
Provenance : E. Desperet, marque en bas à
droite (L. 721), vente, Paris, 6-7 juin 1865,
n° 315 ; Armand Valton.
Inv. E.B.A., n° 37 147 (L. 710).

Bibliographie : F. Lugt, 1950, n° 710 ; F.
Stampfle, 1979-1980, Paris, Institut Néer-
landais, Anvers, Konintlijk Museum voor
Schone Kunsten, Londres, British Museum,
New York, Pierpont Morgan Library, sous
le n° 103.

Si on a longtemps voulu reconnaître
dans ces ruines de briques rouges le
château d'Egmont, F. Lugt (1950,
n° 710) les a identifiées comme les
vestiges du château de Brederode
construit au XIIIe siècle et détruit en
1573, situé au pied des dunes de Sant-
poort, au nord de Haarlem.

Ce site montagneux inspira beaucoup
d'artistes hollandais, comme en témoignent le dessin de Jan Lievens (Amsterdam, catalogue de vente Sotheby's,
26-28 octobre 1979, n° 56), celui de
Jacob Ruisdael (Brême, t. III, n° 26),
ou encore celui de Jan Van Kessel
(Kupferstichkabinett de Berlin, S.M.P.K.;
W. Bernt, 1957-1958, t. I, n° 330).
Berchem, à qui la présente feuille fut
précédemment attribuée, fit aussi quatre
études du château, comme l'atteste le
catalogue de la vente Tonneman à
Amsterdam (Vente du 21 octobre 1754,
n° 5-8). Néanmoins, cette feuille fait
partie de toute une série de vues du château exécutées par Van der Vinne et
réparties aujourd'hui dans différents
musées dont la Pierpont Morgan Library
de New York (Inv. n° I, 140), le Rijksprentenkabinet d'Amsterdam (Inv. n° A
1806 et A 127) et le Prentenkabinet du
Rijksuniversiteit de Leyde (W. Bernt,
1957-1958, t. II, n° 641, repr.). L'un
des dessins d'Amsterdam (Inv. n° A
1806) demeure très proche de celui des
Beaux-Arts, ne différant que dans son
premier plan plus détaillé. Comme l'a
fait remarquer F. Stampfle, on retrouve
la date de 1676 annotée au verso sur

une autre feuille conservée au Prentenkabinet de Leyde, mais attribuée au
père de Laurens, Vincent Laurentsz, ce
qui à son avis, illustre bien «la confusion
subsistant entre les œuvres des Van der
Vinne, père et fils».

CORNELIS VISSCHER
Haarlem 1629 - Amsterdam 1658

84

PORTRAIT DE JEUNE FILLE TENANT UN EVENTAIL

Pierre noire sur vélin.
H. 0,283 ; L. 0,211.
Signé et daté à gauche au crayon noir : au centre *C. de Visscher fecit* et plus bas *Ano 1659.*
Provenance : Armand Valton.
Inv. E.B.A., n° 34 599 (L. 714).

Bibliographie : L. Marcheix, 1909, pp. 257-264; P. Lavallée, 1917, pp. 266-283 (p. 282); F. Lugt, 1950, n° 714.

Exposition : Paris, E.B.A., 1955, n° 105.

Ce dessin, signé Cornelis et non pas Jan son frère, comme l'a si justement remarqué F. Lugt (1950, n° 714), fait partie de toute la série des portraits —exécutés sur commande ou en vue de la vente— datant des années 1652-1659. Visscher connut une grande célébrité grâce à ces portraits dessinés, qui séduisirent beaucoup la bourgeoisie de l'époque, en raison de leur prix accessible, mais aussi de leur aspect imposant. En effet, la jeune fille est représentée dans ses plus beaux atours à côté d'une colonne, suivant une mise en page que l'on retrouve dans d'autres dessins, comme le *Portrait de dame* du Louvre (Exp. Paris, 1970, n° 121). La recherche de monumentalité, la facture précise, notamment pour les nombreux rubans qui égayent le vêtement, et l'intérêt psychologique pour le personnage au regard rêveur, sont tout à fait caractéristiques de l'art de Visscher, comme en témoigne le *Portrait de petite fille* du Petit Palais (Exp. Paris, 1970, n° 118). En outre, l'artiste adopte une grande sobriété de moyens, n'utilisant que la pierre noire, qui lui permet de rendre toutes les modulations de la lumière sur la robe de la jeune fille.

Ecole espagnole

BARTOLOME ESTEBAN MURILLO
Séville 1618 - Séville 1682

85

LE MOINE JUNIPERO ET LE MENDIANT

Plume, encre brune, sanguine et quelques traces de pierre noire sur le bord gauche de la feuille.
H. 0,213 ; L. 0,228.
Signé en haut à gauche à la plume, encre brune : *Bartolomeo Murillo f.*
Verso : étude de figure drapée à la plume, encre brune.
Provenance : J. Boilly, vente, Paris, 19-20 mars 1869, n° 60 ; Armand Valton.
Inv. E.B.A., n° 1679.

Bibliographie : P. Lavallée et M. Delacre, 1927, p. 24, n° 12, pl. 12 ; D.I. Angulo, 1961, pp. 3-4, pl. 3, fig. 4 ; J. Baticle, 1964, pp. 93-96, fig. 2 ; D.I. Angulo, 1970, pp. 435-436, pl. 1 ; J. Brown, 1973, pp. 28-33, n° 2, fig. 3 ; D.I. Angulo, 1974, pp. 97-108.

Exposition : Princeton, the Art Museum, Princeton University, 1977, n° 1.

C'est en 1645-1646 que Murillo entreprit la série des onze peintures destinées au petit cloître du couvent des franciscains de Séville. Ce dessin est une étude préparatoire pour *Le Père Junipero et le mendiant* du Louvre (J. Baticle, 1964, fig. 1), qui fait partie de cet ensemble consacré à la légende franciscaine, ainsi que le *Saint Salvador de Horta et l'inquisiteur* (Exp. Princeton, 1977, fig. 41) conservé aujourd'hui dans une collection particulière, pour lequel la figure drapée du verso de ce dessin est une étude. La scène, tirée des Florecillas de Saint François, illustre un épisode de la vie du frère Junipero qui, rencontrant un mendiant en train de demander l'aumône, lui proposa son seul bien, sa tunique de franciscain.

Murillo, âgé de vingt-six ans, réalise alors son premier ensemble, affirmant son style où l'influence de Zurbaran et de Ribera reste néanmoins présente. L'artiste concentre son étude sur le groupe de deux personnages : l'attitude charitable du moine et l'humilité du mendiant sont chargées d'une émotion intense. En revanche, il n'indique que sommairement les éléments du paysage, qui joue un très grand rôle dans la peinture.

De légers changements furent apportés dans la version finale, notamment dans les gestes et la position des têtes des deux hommes.

L'indication du numéro trois au verso laisse penser, comme le suggère S. Brown (Exp. Princeton, 1977, n° 1), que Murillo réalisa une série complète d'études préparatoires qui étaient classées dans un ordre bien précis.

Verso du n° 85.

Murillo, *Le Père Junipero et le mendiant*, toile, Musée du Louvre.

bartolome murillo f

Ecole française

JEAN-ANTOINE ALAVOINE
Paris 1776 - Paris 1834

86

PROJET DE FONTAINE

Plume, encre noire et lavis d'encre de Chine.
H. 0,170 ; L. 0,245.
Annotation en bas à gauche à la plume, encre noire : *Alavoine.*
Provenance : Armand Valton.
Inv. E.B.A., n° 499.

Cette feuille est une étude préparatoire pour le projet de la fontaine à l'éléphant d'Alavoine, destinée à être érigée place de la Bastille. On connaît actuellement, pour ce monument, neuf dessins qui constituent un véritable album (J. Guiffrey et P. Marcel, 1907, t. I, n° 6 à 19) contenant également une gravure colorée, qui représente l'éléphant de profil avec une tour sur le dos et au bas de laquelle on lit : *Projet de fontaine pour la place de la Bastille, composé par Alavoine sous la direction de Denon.* En effet, l'Empereur, ayant renoncé à édifier un arc de triomphe place de la Bastille, choisit une fontaine en forme d'éléphant afin de rappeler «comment les anciens s'y prenaient et de quelle manière ils se servaient des éléphants».

Alavoine, aidé de Cellerier et conseillé par Denon proposa plusieurs variantes de cet animal, accompagné tantôt d'un Indien, tantôt d'un guerrier antique. Toutefois, la réalisation de ce monument se limita à un modèle en bois recouvert de plâtre badigeonné pour donner l'illusion du métal. Cette maquette, qui ne fut détruite qu'en 1848, était jugée par Victor Hugo comme une «ébauche prodigieuse, cadavre gran-

diose d'une idée de Napoléon que deux ou trois coups de vent successifs avaient emportée et jetée à chaque fois plus loin de nous... (l'édifice) était immonde, repoussant et superbe, laid aux yeux du bourgeois, mélancolique aux yeux du penseur, il avait quelque chose d'une ordure qu'on va balayer et quelque chose d'une majesté que l'on va décapiter» (*Les Misérables*, ed. de 1926, t. V, p. 180). Toutefois, lors de la Monarchie de Juillet, on ne supprima pas ce monument qui subsista, aux côtés de la Colonne de Juillet, «enveloppé d'une immense chemise en charpente... et d'un vaste enclos en planches, qui achevait d'isoler l'élé-

phant» (Victor Hugo, *Les Misérables*, ed de 1926, t. V, pp. 180-181).

L'éléphant utilisé comme élément décoratif d'une place n'était pas en fait une innovation, puisque Jean Goujon notamment en avait réalisé un pour l'entrée triomphale d'Henri II à Paris ainsi que Le Bernin, place de la Minerve à Rome.

Ce dessin, moins achevé dans sa composition que ceux du Louvre, est sans doute l'un des premiers réalisés par Alavoine. Le Cabinet des Estampes de la Bibliothèque Nationale possède également des études préparatoires datées de 1812, relatives aux bassins et au piédestal de la statue.

Alavoine, *Projet de Fontaine,* dessin, Musée du Louvre.

JEAN-JACQUES DE BOISSIEU
Lyon 1736 - Lyon 1810

87

PAYSAGE DES ENVIRONS DE LYON

Lavis d'encre de Chine.
H. 0,148 ; L. 0,250.
Légères taches brunes sur l'ensemble de la feuille.
Signé en bas à droite à la mine de plomb : *de Boissieu*.
Provenance : E. Desperet, marque en bas à gauche (L. 721), vente, Paris, 6-7 juin 1865, n° 351, lot de 6 dessins, 40 f ; Armand Valton. Inv. E.B.A., n° 564.

Bibliographie : P. Lavallée, 1928, p. 74, pl. 37.

Expositions : Paris, Petit Palais, 1925, n° 373 ; Paris, E.B.A., 1933, n° 7 ; Amsterdam, Rijksmuseum, 1951, n° 143.

C'est au cours de ses séjours dans la propriété familiale et de ses voyages qui l'obligeaient à sillonner la région lyonnaise, que Boissieu dessina ses innombrables études d'après nature. Cette méthode de travail, qui influença certains artistes comme Granet et Forbin, était bien différente de celle des contemporains qui n'hésitaient pas à transformer les sites étudiés.

Comme dans cette vue panoramique de la campagne lyonnaise, Boissieu cherche plus souvent à recréer l'impression ressentie devant le paysage qu'à en détailler les multiples recoins. Il traduit ce sentiment du fugitif par une technique au lavis qu'il affectionne tout particulièrement, soulignant ainsi l'éloignement des collines d'un allègement de lavis et suggérant l'atmosphère brumeuse d'un pinceau très délicat. Ce goût pour de vastes espaces se complète d'une observation très approfondie de la nature, que l'on retrouve dans des études de feuillages et d'arbres comme *Les troncs d'arbres* du Louvre (J. Guiffrey et P. Marcel, 1907, t. I, n° 344) et *L'étude d'arbres* du Hessisches Landesmuseum de Darmstadt (M.F. Perez, 1977, pp. 78-80, fig n° 2).

Néanmoins, tous ces dessins pris en pleine campagne ne semblent pas avoir servi à Boissieu pour son travail d'eauforte.

Il préférait, comme Valenciennes l'enseignait à ses élèves pour la peinture, copier la nature dans des dessins rapides, et composer des paysages pour ses gravures.

Il est intéressant de noter qu'il existait dans l'ancienne collection de Goncourt un autre paysage des environs de Lyon, très proche de celui-ci, daté de 1793, aujourd'hui conservé chez un collectionneur allemand (Ed. de Goncourt, 1881, p. 45).

FRANÇOIS BOUCHER
Paris 1703 - Paris 1770

88

DIANE ENDORMIE

Sanguine et rehauts de craie sur papier brunâtre.
H. 0,232 ; L. 0,380.
Signé en bas à droite à la pierre noire : *f. boucher.*
Taches brunes sur l'ensemble de la feuille.
Provenance : Earl Spencer, marque en bas à droite (L. 1530), vente, Londres, 10 juin 1811, n° 38 ; His de la Salle, marque en bas à gauche (L. 1332) ; Armand Valton.
Inv. E.B.A., n° 593.

Bibliographie : P. Lavallée, 1917, pp. 418-432 (repr.); A. Michel, 1924, t. VII, 2e partie, p. 491, fig. 305 ; P. Lavallée, 1928, p. 36, pl. 18 ; L. Réau, 1928, pl. VI ; P. Lavallée, 1948, pl. XXXVII, p. 75 ; E.Gradmann, 1949, p. 65, n° 31 ; A. Ananoff, 1966, n° 720, pl. 118.

Expositions : Paris, Palais des Arts, 1860, n° 300; Londres, Royal Academy, 1932, n° 639 ; Paris, Hôtel Charpentier, 1932, n° 21 ; Paris, E.B.A., 1933, n° 11 ; Paris, Galerie de la Gazette des Beaux-Arts, 1935, n° 18 ; Paris, Palais National des Arts, 1937, n° 509 ; Paris, Palais Galliera, 1948, n° 49 ; Bruxelles, Palais des Beaux-Arts, Rotterdam, Musée Boymans-van Beuningen, Paris, Orangerie, 1949-1950, n° 70 ; Londres, Royal Academy, 1954, n° 424 ; Chicago, Art Institute of Chicago, 1955-1956, n° 66 ; Paris, Louvre, 1962, n° 94 ; Paris, E.B.A., 1965, n° 3 ; Vienne, Belvedere, 1966, n° 64.

Ce dessin provenant de la collection Earl Spencer inspira aux élèves de Boucher de nombreuses répliques, dont les plus connues sont celles du Musée des Beaux-Arts de Dijon (A. Ananoff, 1966, n° 721), où un décor de feuillage se substitue à la draperie, et de l'ancienne collection Schmidt de Brême, ainsi que l'étude qui fut vendue à Paris en 1966 (vente du 10 juin 1966, Paris, Palais Galliera, n° 2).

La signature apposée au bas de la feuille apporte en outre un élément de datation, puisque la première lettre du nom de l'artiste est mise en minuscule, ce qui permet de la situer dans les années précédant 1735. En effet, on remarque que Boucher signe de cette manière aussi bien les dessins que les registres de l'Académie jusqu'en 1735, date à laquelle il opte pour un B majuscule. On conserve en réalité peu de dessins qui portent cette signature, à l'exception de *La scène de séduction* et *Une femme tenant un éventail*, du Musée National de Stockholm (A. Ananoff, 1966, n° 210 et 217), ce qui rend difficile la reconstitution de son œuvre à cette époque.

Néanmoins, cette feuille contient déjà dans le traitement délicat du corps féminin, tous les traits d'écriture de Boucher, qui lui assureront son immense succès. Le contour nerveux, presque tordu, des mains et des pieds apparaît fréquemment dans les dessins de la maturité de l'artiste, comme *Les naïades et les tritons*, conservé au Louvre (R. Bacou, 1970, n° 117); au même titre, la forme du visage au menton très rond, entouré de mèches désordonnées, caractérise le type féminin de Boucher, comme l'atteste *Diane sortant du bain*, de l'ancienne collection J.P. Heseltine, postérieure de quelques années (A. Ananoff, 1966, n° 711).

La technique à la sanguine, prisée par Boucher, lui permet d'opposer un trait gras pour obtenir un modelé vigoureux à l'estompe pour arrondir les bras et les jambes ; les rehauts de craie, en revanche, contribuent à accentuer les volumes et à établir un jeu de lumière sur les chairs.

Boucher (attribué à), *Diane endormie*, ancienne collection Schmidt de Brême.

89

LE SOMMEIL

Pierre noire, sanguine et craie sur papier brun.
H. 0,250 ; L. 0,430.
Quelques retouches dans les contours.
Provenance : His de la Salle, marque en bas
à gauche (L. 1332) ; Armand Valton.
Inv. E.B.A., n° 591.

Bibliographie : L. Marcheix, 1909, pp. 257-
264, pl. 2 ; P. Lavallée, 1928, p. 38, pl. 19 ;
J. Cailleux, 1966, pp. 221-225, fig. 1 ; H.
Robels, 1967, sous le n° 38.

Expositions : Paris, E.B.A., 1933, n° 12 ;
Paris, E.B.A., 1965, n° 4.

La présente feuille est à rapprocher d'un dessin conservé au Wallraf-Richartz-Museum de Cologne (H. Robels, 1967, p. 38, pl. 35) et d'une peinture aujourd'hui perdue, *Vénus et Cupidon* (J. Cailleux, 1966, fig. 3), tous deux attribués à Boucher.

L'étude des Beaux-Arts diffère toutefois de celle de Cologne où l'artiste a choisi, tout comme dans le tableau, d'accompagner Vénus d'un Cupidon et de modifier légèrement les proportions du modèle. Dans le tableau, le décor est complété par un rideau déjà présent dans ce dessin et par un paysage.

Toutefois, si la conception de la composition revient indiscutablement à Boucher, l'attribution de ce dessin reste incertaine, bien que J. Cailleux le date de la première période de l'artiste alors fortement influencé par Watteau. En effet, les contours du corps de la jeune femme, fort accentués, sont repris en plusieurs fois à la pierre noire, ce qui alourdit considérablement la ligne. En outre, la feuille a subi de légères retouches par endroits, notamment pour la draperie rouge du fond, qui s'agence mal avec le reste de la composition. Si l'on écarte définitivement le nom de Boucher pour cette étude, il faut la situer dans son entourage proche.

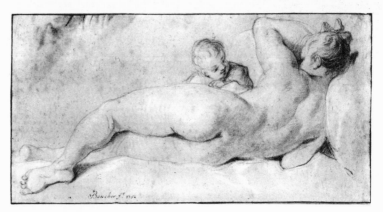

Boucher (attribué à), *Vénus et Cupidon*, dessin,
Wallraf-Richartz-Museum, Cologne.

SEBASTIEN BOURDON
Montpellier 1616 - Paris 1671

90

LE CHRIST ET LES ENFANTS

Pierre noire, plume, encre brune et lavis d'encre de Chine.
H. 0,358; L. 0,502.
Traces d'usure; taches brunes sur l'ensemble du dessin.
Annotation en bas à droite à la plume, encre brune : *S.B.*
Provenance : E. Desperet (L. 721), vente, Paris, 6-7 juin 1865, n° 369, 40 f; Armand Valton.
Inv. E.B.A., n° 612.

Bibliographie : L. Marcheix, 1909, pp. 257-264; G.E. Fowle, 1970, p. 111, sous le n° 36, fig. 72.

Expositions : Château de Maisons Laffitte, 1929, n° 48; Paris, E.B.A., 1933, n° 17.

Ce dessin, qui est une étude préparatoire pour le tableau du Louvre, *Le Christ et les enfants* (Inv. 2806), illustre un passage tiré de l'Evangile selon Saint Marc : «Jésus étant dans une maison particulière, on lui présenta des petits enfants afin qu'il les touchât et comme ses disciples repoussaient, avec des paroles rudes, ceux qui les lui présentaient, Jésus leur dit : «Laissez venir à moi les petits enfants, car le royaume des cieux est pour ceux qui leur ressemblent...» et les ayant embrassés, il les bénit en leur imposant les mains» (Saint Marc, Chapitre X, I, versets 13-16). «Bourdon ne s'est pas attaché à suivre littéralement le texte sacré pour embellir sa composition, il a placé ses personnages non à l'intérieur d'une maison, mais au milieu

d'un paysage orné de riches fabriques» (C.P. Landon, 1829, I, p. 26).

Dans la composition finale, la scène paraît plus harmonieusement intégrée au paysage serein et paisible, et les attitudes des personnages s'adoucissent, notamment celles de la femme du premier plan et de l'homme placé derrière elle. Le goût de l'antiquité, sensible ici dans la disposition en frise des personnages, de même que le souci de composer des scènes bibliques au milieu de grands paysages où l'on ressent fortement

l'influence du Dominiquin, résument parfaitement les ambitions de Sébastien Bourdon dans les années 1652-1658, comme en témoignent de nombreux dessins : parmi eux citons le *Moïse sauvé des eaux* de la collection Eisen (Exp. Toronto, 1972, n° 19, pl. 35), le *Repos de la Sainte Famille* du Louvre (J. Guiffrey et P. Marcel, 1908, t. II, n° 1621), le *Baptême du Christ* et le *Moïse frappant le rocher* du Musée Atger de Montpellier (Exp. Stockholm, 1976, n° 172).

Bourdon, *Le Christ et les enfants*, toile, Musée du Louvre.

LOUIS CARROGIS dit LOUIS DE CARMONTELLE
Paris 1717 - Paris 1806

91

PORTRAIT DE MONSIEUR DUMERIL

Pierre noire, sanguine, aquarelle et rehauts de blanc.
H. 0,248 ; L. 0,184.
Provenance : H. Destailleur (L. 740), vente, Paris, 27 et 28 avril 1866, n° 39 bis, 12,50 f ; Armand Valton.
Inv. E.B.A., n° 655.

Bibliographie : P. Lavallée, 1928, pl. 26 ; P. Lavallée, 1948, pl. 39.

Expositions : Paris, E.B.A., 1933, n° 21 ; Paris, Galerie André Weil, 1933, n° 47 ; Paris, Musée Carnavalet, 1934, n° 47 ; Paris, E.B.A., 1965, n° 5.

Le catalogue de la vente Destailleur mentionne ce portrait de Carmontelle sous le titre de «Monsieur Duméril en jardinier», sans donner de renseignements sur le personnage. P. Lavallée, dans son ouvrage sur les dessins du XVIIIe siècle (1928, pl. 26), proposait l'identité d'un acteur de théâtre du duc d'Orléans, déguisé en jardinier.

Le procédé habituel de mise en page de l'artiste, en dehors de la présentation de profil, qu'il tient de Charles Nicolas Cochin, est renouvelé ici par l'importance donnée au paysage et la simplicité de la tenue du personnage.

Cette originalité s'explique par le profond accord que Carmontelle cherche à établir entre le fond du dessin et le caractère de son modèle, à l'exemple du *Portrait de Rameau* (F.A. Gruyer, 1902, p. 304, n° 415). Cette œuvre, que l'on peut dater de 1760-1765, illustre le goût de l'artiste pour une observation fidèle de la nature humaine, empreinte parfois d'une certaine naïveté, tandis que son trait soigneux atteint une sécheresse délibérée.

Carmontelle, qui considérait la peinture comme un passe-temps, portraitura toute la cour du duc d'Orléans, des plus grands princes aux artistes les plus connus comme Mozart (F.A. Gruyer, 1902, p. 308, n° 418), rassemblant ainsi un témoignage précieux sur l'époque et un répertoire irremplaçable de documents.

NICOLAS CHAPERON
Chateaudun 1612 - Rome 1656

92

BACCHUS ET ARIANE DANS L'ILE DE NAXOS

Plume, encre brune, sanguine, lavis brun et rehauts de blanc avec mise au carreau à la pierre noire.
H. 0,158 ; L. 0,213.
Annotation en bas à droite à la plume, encre brune : *Poussin*.
Provenance : E. Galichon, marque en bas au centre (L. 1058), vente, Paris, 18 mai 1875, n° 118, 280 f ; Armand Valton.
Inv. E.B.A., n° 1429.

Bibliographie : E. Galichon, 1868, p. 278 (repr.) (Poussin) ; O. Grautoff, 1914, t. I, pl. VI (Poussin) ; P. Lavallée, 1917, pp. 417-432 (repr.) (Poussin) ; Ch. Martine, 1921, t. I, pl. 26 (Poussin) ; B. Dorival, 1948, pp. 27-42 (Chaperon) ; A. Blunt, 1960, p. 331 (Chaperon) ; A. Blunt, 1966, p. 174 (Chaperon) ; A. Blunt et W. Friedlaender, 1969, t. V/3, p. 22, n° B 23 (Chaperon) ; J. Thuillier, 1974, n° R 57a (Chaperon).

Exposition : Paris, Bibliothèque Nationale, 1927, n° 1220 (Poussin).

Inspiré par un passage de l'*Art d'aimer* d'Ovide, ce dessin fut longtemps attribué à Nicolas Poussin avant d'être rapproché en 1948, par B. Dorival, d'un tableau de Nicolas Chaperon, conservé dans une collection américaine et publié par O. Grautoff en 1932 comme une œuvre de Poussin (pp. 323-340, pl. 3).

Le personnage de Bacchus inspira à plusieurs reprises Chaperon —qui, tout comme son maître Poussin, traita souvent des sujets mythologiques— notamment dans deux tableaux, l'*Ivresse de Bacchus*, conservé au Musée de Perpignan et l'*Alliance de Vénus et Bacchus* du Musée de Dallas au Texas, pour laquelle le Musée des Beaux-Arts de Besançon possède une étude préparatoire (Ch. Sterling, 1960, pp. 265-276).

En outre, un autre dessin du Musée de Besançon, *Jupiter et la chèvre Amaltée* (P. Rosenberg, 1976, n° 14) et la *Bacchanale* du Louvre (J. Guiffrey et P. Marcel, t. III, 1908, n° 2207), eux aussi attribués à Poussin et maintenant reconnus comme Chaperon, ne s'éloignent guère de cette feuille : l'allongement et la grâce des corps, la facture soigneuse à la sanguine et à la plume pour les contours, sont autant de traits caractéristiques de l'art de l'artiste, vers 1638-1639. A cette date, si Chaperon se trouve encore à Paris, qu'il quitte pour Rome avant 1642, il connaît parfaitement les œuvres de Poussin, dont il se fit ultérieurement l'habile imitateur.

CHARLES-NICOLAS COCHIN
Paris 1715 - Paris 1790

93

LE RIEUR ET LES POISSONS

Mine de plomb avec esquisse à la sanguine.
H. 0,247 ; L. 0,198.
Collé en plein.
Provenance : H. Destailleur (L. 740), vente, Paris, 27-28 avril 1866, n° 42, 50 f ; Armand Valton.
Inv. E.B.A., n° 698.

Bibliographie : L. Marcheix, 1909, pp. 257-264, pl. 3 ; S. Rocheblave, 1927, pl. 45 ; P. Lavallée, 1928, p. 48, pl. 24.

Expositions : Paris, E.B.A., 1933, n° 24 ; Paris, E.B.A., 1965, n° 9.

Ce dessin est une étude préparatoire pour l'une des illustrations gravées par Tardieu de la nouvelle édition in folio des fables de La Fontaine, publiée dans les années 1755-1759 (*La Fontaine, fables choisies mises en vers*, Paris, ed. Desaint et Saillant).

C'est sur la demande d'Oudry, qui avait donné les premières esquisses des planches devant illustrer cet ouvrage —notamment *Le rieur et les poissons* qui appartiennent aujourd'hui à un collectionneur de New York (H.N. Opperman, 1977, n° D 385) que Cochin fut chargé d'adapter ces premières ébauches en vue de la gravure. Il les transmit dans un esprit beaucoup plus anecdotique, avec un souci de détail et de précision qui caractérise bien son art. En effet, le dessin reproduit avec exactitude le moment de la fable choisi par Oudry :

«Un rieur était à table
«D'un financier, et n'avait en son coin
«Que des petits poissons ; tous les gros
                    étaient loin.
«Il prend donc les menus, puis leur parle
                    à l'oreille.
«Et puis il feint à la pareille
«D'écouter leur réponse...».

Mais l'interprétation de Cochin, en raison de sa facture minutieuse, à la mine de plomb et à la sanguine, évoque plus volontiers un dîner mondain dans un hôtel parisien, où les personnages «semblent autant de portraits vivants»

(P. Lavallée, 1928, n° 24). Cet aspect spirituel et fin disparut à l'exécution de la gravure de Tardieu.

Charles-Nicolas Cochin, dans les années 1755-1760, produisit un grand nombre d'illustrations comme *Le diable de Papefiguières* et *Le cas de conscience* (S. Rocheblave, 1927, n° 31), destinées aux contes de La Fontaine, auxquelles on peut ajouter une feuille pour l'illustration des *Aventures de Télémaque* de Fénelon (S. Rocheblave, 1927, n° 44). Samuel Rocheblave évoque sans indulgence ces dessins : «Pour illustrer des ouvrages de littérature célèbres, Cochin s'est mis en frais, a déployé toutes ses grâces et l'on sait s'il en a à revendre. Il ne réussit que médiocrement —ne l'en blâmons pas— avec les *Contes de La Fontaine*, et les *Fables* (édition dite d'Oudry), dont il accepte trop vite de restaurer les planches, n'ajoutent rien à ses titres» (1927, p. 79).

LOUIS-CHARLES AUGUSTE COUDER
Paris 1790 - Paris 1873

94

HERCULE ETOUFFANT ANTEE

Crayon noir.
H. 0,247; L. 0,151.
Annotation au verso au crayon noir : *Première pensée pour le dernier tableau de Gros.*
Provenance : J. Gigoux (L.1164), vente, Paris, 20-30 mars 1882, n° 158; Armand Valton. Inv. E.B.A., n° 1056.

Bibliographie : L. Marcheix, 1909, pp. 257-264 (Gros).

Expositions : Paris, E.B.A., 1934, n° 125 (Gros); Paris, Petit Palais, 1936, n°412 (Gros); Zürich, Kunsthaus, 1937, n° 165 (Gros).

Ce dessin, attribué à Gros, fut longtemps rapproché d'*Hercule et Diomède*, dernier tableau exécuté par Gros avant sa mort et conservé au Musée des Augustins de Toulouse (D. Ternois, 1975, pp. 23-32, fig. 12).

Il s'agit, en réalité, comme nous l'a indiqué M. Walsh (communication orale), d'une étude préparatoire pour *Hercule et Antée*, composition peinte par Auguste Couder sur l'une des voussures de la rotonde de la galerie d'Apollon au Louvre (Inv. n° 3378).

Pour cette décoration exécutée en 1819, Couder projeta d'illustrer les trois éléments, la terre étant représentée par *Hercule et Antée*, l'eau par *Achille près d'être englouti par le Xanthe et le Simoïs* et le feu par *Vénus recevant de Vulcain les armes forgées pour Enée* (Inv. n° 3379 et 3380).

Cette feuille diffère peu de la version finale, où les deux personnages s'insèrent dans un vaste paysage et où Hercule porte un manteau plus volumineux. Alfred Armand possédait une gravure non signée, exécutée d'après le présent dessin.

Couder, *Hercule et Antée*, toile, Musée du Louvre.

Hercule et Antée, gravure anonyme, E.B.A.

JACQUES COURTOIS dit LE BOURGUIGNON
Saint-Hippolyte (Franche-Comté) 1621 - Rome 1676

95

MARCHE DE CAVALIERS

Plume, encre brune, lavis brun et lavis gris-bleu.
H. 0,200 ; L. 0,278.
En haut et au centre, une croix à la plume,
encre brune.
Sur papier contre collé.
Provenance : E. Desperet, marque en bas à
gauche (L. 721), vente, 6-7 juin 1865, n°
378 ; Armand Valton.
Inv. E.B.A., n° 713.

Bibliographie : P. Lavallée, 1948, pl. 25.

Expositions : Paris, E.B.A., 1933, n° 30 ;
Paris, Arts Décoratifs, 1935, n° 25 ; Paris,
E.B.A., 1961, n° 8.

Cette marche des cavaliers, faussement
attribuée à della Bella, doit revenir sans
conteste à Jacques Courtois qui, à partir
de 1657, date de son entrée dans l'ordre
des Jésuites, apposa en haut au centre
de ses dessins une croix à la plume qui
tient lieu de signature (E. Holt, 1969,
pp. 212-223) : on la retrouve d'ailleurs
également sur certains dessins de la
collection Baderou de Rouen (Anna
Maria Guiducci, 1980, fig. 2 et 3) et
sur plusieurs des soixante-douze feuilles
—toutes numérotées-- qui firent partie
d'un livret ayant appartenu à Bellori,
puis à Crozat et qui sont aujourd'hui
réparties entre le Louvre et le British
Museum (P. Rosenberg, 1976, pl.
XXII).

Courtois, qui vécut presque toute
sa vie à Rome, se fit une spécialité de
la peinture de batailles, alors très en
vogue en Italie ; il est intéressant de
noter que la date de 1657 marque aussi
une évolution dans le style de ses dessins,
dont la facture devient alors beaucoup
plus picturale et vigoureuse, comme
l'illustre la présente feuille, animée par
des effets de clair-obscur.

NOEL-NICOLAS COYPEL
Paris 1690 - Paris 1734

96

FEMME NUE DEBOUT, BRAS GAUCHE LEVE

Pierre noire, sanguine et rehauts de craie sur papier gris.
H. 0,375 ; L. 0,223.
Légère pliure en bas à gauche.
Annotation en bas à gauche, à la plume, encre brune : *Noël Coypel*.
Provenance : E. Desperet, marque en bas à droite (L. 721), vente, Paris, 6-7 juin 1865, n° 382, 20 f ; Armand Valton.
Inv. E.B.A., n° 715.

Bibliographie : L. Marcheix, 1909, pp. 257-264 ; P. Lavallée, 1917, p. 423 ; P. Lavallée, 1928, pl. 36 ; F. Boucher et Ph. Jaccottet, 1952, p. 174, pl. 36.

Expositions : Londres, Royal Academy, 1932, n° 673 ; Paris, E.B.A., 1933, n° 39 ; Copenhague, Musée d'Ordrupgaard, 1935, n° 347 ; Paris, Palais des Arts, 1937, n° 527 ; Paris, E.B.A., 1965, n° 16.

C'est à P. Lavallée (1928, p. 34) que l'on doit la restitution à Noël-Nicolas Coypel de ce dessin faussement attribué jusqu'alors à Noël Coypel. En effet, cette figure est une étude pour une des nymphes représentées dans l'*Alliance de Bacchus et de Vénus* signée et datée de 1726, conservée au Musée d'Art et d'Histoire de Genève et qui fut gravée par Le Bas (Exp. Londres, 1968, pl. 40) : cette jeune femme que l'on aperçoit dans le fond, cueillant des raisins à une

treille, ne diffère de celle de la composition finale que par sa coiffure et une draperie couvrant son avant-bras.

Le choix du dessin aux trois crayons, remis à l'honneur par A. Coypel et A. Watteau, se rencontre rarement dans l'œuvre de Noël-Nicolas Coypel qui recourt plus volontiers au pastel sur papier bleuté, à l'exemple de l'*Etude de femme* du Louvre (Inv. R.F. 3.140). Enfin, son style d'un faire habile et précis dans le modelé du nu, s'inspire de Rubens pour le rendu des volumes et traduit aussi par la grâce des gestes notamment le bras levé, le nouveau courant du XVIIIe siècle.

Coypel, *L'alliance de Bacchus et de Vénus*, toile, Musée d'Art et d'Histoire, Genève.

JACQUES LOUIS DAVID
Paris 1748 - Bruxelles 1825

97

ALEXANDRE LE GRAND AU LIT DE MORT DE LA FEMME DE DARIUS

Plume, encre brune, lavis d'encre de Chine avec esquisse à la mine de plomb. Mise au carreau à la mine de plomb.
H. 0,303 ; L. 0,422.
Quelques figures collées ont été rajoutées sur la feuille de papier.
Provenance : Armand Valton.
Inv. E.B.A., n° 730.

Bibliographie : P. Lavallée, 1928, p. 76, pl. 38 ; R. Cantinelli, 1930, pl. IV ; L. Hautecœur, 1954, p. 43 ; S. Howard, 1975, pp. 33-42, pl. 149.

Expositions : Paris, E.B.A., 1933, n° 43 ; Paris, E.B.A., 1934, n° 34 ; Copenhague, Musée d'Ordrupgaard, 1935, n° 257 ; Paris, Orangerie, 1948, M.O. 138 ; Toulouse, Musée des Augustins, 1955, n° 33 ; Charleroi, Palais des Beaux-Arts, 1957, n° 40, p. 44 ; Paris, E.B.A., 1965, n° 19.

Cette composition, qui ne semble pas avoir fait l'objet d'une peinture malgré la présence d'une mise au carreau, fut lithographiée en 1840 par Debret, qui apposa au bas de sa gravure la date de 1779. Cette précieuse indication permet de situer ce dessin pendant le voyage de David en Italie, au cours duquel il peint *Les funérailles de Patrocle* probablement exécuté en 1778 et conservé à la National Gallery de Dublin (R. Rosenblum, 1973, pp. 567-576, fig. 1).

En outre, le groupe à gauche de cette feuille, l'homme conduisant un enfant vers le lit où gît la mourante, figure également dans l'un des carnets de croquis réalisés par David en Italie (J. Guiffrey et P. Marcel, 1919, t. IV, n° 3015).

Dans cette étude, David reste attaché à la conception traditionnelle de la peinture d'histoire qu'il pouvait admirer dans sa jeunesse, dans les tableaux de Doyen, Brenet et Vincent. Les attitudes théâtrales des personnages qui expriment les différents aspects de la douleur, la virulence des gestes et la présence de cette large tente impériale témoignent également du regard approfondi que l'artiste a dû jeter sur les œuvres de Le Brun, notamment les grandes toiles illustrant la vie d'Alexandre (P. Rosenberg, N. Reynaud, I. Compin, 1974, n° 449 à 452). En outre, l'organisation tumultueuse de la scène, les effets de clair-obscur créant une atmosphère dramatique, révèlent l'influence des artistes baroques sur David qui exécuta dans le même esprit bouillonnant l'étude préparatoire des *Funérailles de Patrocle* du Musée Eugène Boudin de Honfleur (Exp. Paris, 1974, n° 13)

98

LE SERMENT DES HORACES

Mine de plomb et plume, encre brune.
H. 0,200 ; L. 0,268.
Provenance : Vente posthume de David, Eugène et Jules David, paraphe en bas à gauche (L. 839) ; Henriquel Dupont, annotation au verso à la mine de plomb : *dessin donné par Mr. Henriquel* ; Armand Valton. Inv. E.B.A., n° 733.

Bibliographie : L. Marcheix, 1909, pp. 257-264 ; P. Lavallée, 1917, p. 430 ; P. Lavallée, 1928, p. 75, pl. 37 ; R. Cantinelli, 1930, pl. XIV ; K. Holma, 1940, p. 45 ; K. Berger, 1943, pp. 30-32, fig. 11 ; L. Hautecœur, 1954, pp. 71 et 72 ; H. Hazlehurst, 1960, pp. 60-61, n° 1, fig. 5 ; A. Calvet, 1968, pp. 37-51, pl. 24 ; C. Coggins, 1968, p. 263 ; H. Honour, p. 128, fig. 6 ; S. Howard, 1975, pp. 33-42, pl. 127.

Expositions : Paris, Petit Palais, 1913, n° 264 ; Paris, E.B.A., 1933, n° 45 ; Paris, E.B.A., 1934, n° 38 ; Paris, Orangerie, 1948, n° M.O. 140 ; Vienne, Albertina, 1950, n° 136 ; Genève, Musée d'Art et d'Histoire, 1951, n° 136 ; Toulouse, Musée des Augustins, n° 40 ; Charleroi, Palais des Beaux-Arts, 1957, n° 28 ; Paris, E.B.A., 1965, n° 21 ; Paris, Petit Palais, 1968, n° 753 ; Paris, Louvre, 1973, p. 95, fig. 95.

Ce dessin est une étude préparatoire pour le tableau commandé par le comte d'Angiviller et exposé aux salons de 1785 et 1791, *Le Serment des Horaces*, conservé au Musée du Louvre (Inv. n° 3692). Le sujet de cette composition fit l'objet de recherches variées : en effet, David représenta d'abord *Horace victorieux retourne à Rome après le meurtre de Camille* dans un dessin daté de 1781 et conservé à l'Albertina (Inv. n° 12-6-76) ; il conçut ensuite une autre scène où le vieil Horace défend son fils, comme l'illustre l'étude du Louvre (Inv.

n° RF 1917) ; puis il modifie encore son choix en faveur du Serment des Horaces, dont la feuille des Beaux-Arts serait la première pensée, suivie du dessin du Louvre et de celui du Musée des Beaux-Arts de Lille (Exp. Paris, 1973, n° 96, Inv. n° 29-9-14 et Exp. Washington, 1976, n° 332). Comme le pense E. Wind, David s'est peut-être inspiré pour le thème du serment de l'*Histoire Romaine* de Rollin. Toutefois, c'est à Rome, où il retourne en 1784, que l'ensemble de la composition va se préciser par toute une série d'études préparatoires, où

David, *Le serment des Horaces*, toile, Musée du Louvre.

David étudie chacun des personnages pour lesquels il a souvent recours à des mannequins afin de fixer avec justesse les plis des draperies ; ces dessins sont aujourd'hui répartis dans différents musées, notamment au Musée d'Aix-en-Provence (Exp. Toulouse, 1955, n° 41), au Musée Bonnat de Bayonne (Inv. n° 199, 1888 et 1889), au Musée des Beaux-Arts d'Angers (Inv. n° M.B.A. 1846).

Dans cette feuille, la disposition en frise des personnages indique que David envisage dès le début une composition en bas-relief, où le vieil Horace se dresse au centre accompagné à sa droite de ses filles et à sa gauche de ses fils. Néanmoins, les figures diffèrent par leurs attitudes de la version définitive : le vieil Horace vêtu ici d'une longue robe se penche sur ses fils ; l'organisation du groupe de femmes, Camille en pleurs cachant son visage dans le giron de Sabine, est profondément modifiée dans le tableau. Le style encore flou et incertain de cette étude atteste les hésitations de David, qui ne semble pas satisfait de l'agencement d'ensemble de la scène. Le geste des trois frères reste hésitant, la cohésion des groupes est à peine indiquée. Toutefois, certains personnages ne sont pas sans rappeler ceux de Poussin, à l'exemple de Sabine, indéniablement influencée par Agrippine pleurant dans *La mort de Germanicus*. En effet, comme David le dit lui-même : « Si c'est à Corneille que je dois mon sujet, c'est à Poussin que je dois mon tableau » (A. Peron, 1839).

Il a pu en effet admirer cette peinture au cours de son séjour à Rome, mais également à son retour à la fin de 1784.

DANIEL DUMONSTIER
Paris 1574 - Paris 1646

99

PORTRAIT D'HOMME

Pierre noire et sanguine.
H. 0,310 ; L. 0,220.
Provenance : marque G.C. (Inconnue de F. Lugt) ; Armand Valton.
Inv. E.B.A., n° 880.

Bibliographie : L. Marcheix, 1909, pp. 257-264 ; P. Lavallée, 1917, p. 418.

Expositions : Londres, Royal Academy, 1932, n° 603 ; Paris, E.B.A., 1933, n° 49 ; Paris, E.B.A., 1936, n° 49 ; New York, French Institute of New York, 1939, n° 17 ; Paris, E.B.A., 1961, n° 18 ; Rome, Palazzo Venezia, 1962, n° 83, Pau, Musée des Beaux-Arts, 1963, n° 43 ; Montréal, Pavillon français, 1967, n° 28.

Ce dessin montre la transition que Daniel Dumonstier, dernier membre d'une « dynastie » de portraitistes, sut assurer entre le XVIe et le XVIIe siècle. En effet, tout en conservant le raffinement et l'esprit de la Renaissance, il introduit dans ce portrait d'homme une simplicité qui peut paraître un peu rustique, par rapport à la facture recherchée d'un Quesnel ou d'un maître I.D.C. Comme le souligne Mariette : « Il n'y faut chercher ni touche savante, ni art, ni couleur, mais de l'exactitude et de la vérité » (P.J. Mariette, t. II, pp. 130-131). La sobriété des moyens utilisés, l'absence de précision vestimentaire et l'accentuation des contours au crayon, sont autant d'éléments caractéristiques, mis au service d'une étude attentive de la personnalité du modèle. Surnommé « le plus habile crayonneur de tout l'Europe », Dumonstier s'attache à décrire les moindres irrégularités du visage, tantôt par des traits gras, tantôt par une technique à l'estompe très légère, que l'on retrouve dans le *Portrait de Françoise Hésèque* de la Bibliothèque Nationale (S. Béguin, 1976, pl. 38).

Pour la datation de ce portrait, il semble que les cheveux coupés très courts et rejetés en arrière ainsi que la moustache très fine, correspondent à la mode en vogue dans les années 1600-1620, que l'on retrouve dans le *Portrait présumé de Lavardin-Beaumanoir* de Pierre Dumonstier II et celui d'*Henri de Gondy* de Quesnel, conservés à la Bibliothèque Nationale (S. Béguin, 1976, pl. 27 et 35).

CHARLES ERRARD ou son atelier
Nantes 1606 - Rome 1689

100

ENFANT NU, DE FACE, DEBOUT SUR UNE CONQUE

Pierre noire sur papier beige avec mise au carreau à la pierre noire.
H. 0,380 ; L. 0,238.
Sur papier contre-collé.
Annotation en bas à droite à la plume, encre brune : *Le Sueur.*
Provenance : E. Desperet, marque en bas à gauche (L. 721), vente, Paris, 6-7 juin 1865, n° 498, 72 f ; Armand Valton.
Inv. E.B.A., n° 1186.

Bibliographie : A. de Montaiglon, 1852-1853, p. 108 (Le Sueur) ; J. Thuillier, 1978, pp. 151-172, fig. 24.

Expositions : Château de Maisons Laffitte, 1929, n° 77 (Le Sueur) ; Paris, E.B.A., 1933, n° 92 (Le Sueur) : Hambourg, Kunsthalle, Cologne, Wallraf-Richartz Museum, Stuttgart, Wurtembergischen Kunst Verein, 1958, n° 46 (Le Sueur) ; Paris, E.B.A., 1961, n° 61 (Le Sueur) ; Varsovie, Museum Narodowe Warszawie, 1962, n° 33 (Le Sueur).

Classées parmi les dessins de Le Sueur, cette étude et la suivante sont plutôt à rapprocher, comme le propose J. Thuillier (1978), de certaines œuvres de Charles Errard, notamment deux gravures intitulées *Divers ornements dédiez à la Sérénissime Reine de Suède*, datée de 1651 et *Jeu d'enfants* (J. Thuillier, 1978, fig. 24 et 25) ; on retrouve en effet les mêmes corps aux membres potelés, les mêmes visages joufflus aux regards mélancoliques et rêveurs et les mêmes attitudes élégantes, presque maniérées.

Il est probable que ces deux dessins mis aux carreaux étaient destinés à une décoration murale d'arabesques, comme le laissent penser les guirlandes tenues par l'enfant. En raison de leur style minutieux et fini, ils furent peut-être exécutés par des artistes de l'atelier de Charles Errard, qui cherchent ici à fixer par une mise au point précise la figure conçue par le maître.

Ils furent vraisemblablement réalisés vers 1645-1651, années durant lesquelles Charles Errard travaillait à Paris à la décoration de nombreux appartements, notamment au Louvre, à la galerie de Dangu, à l'Hôtel de Senneterre et au cabinet de M. le Charron.

101

ENFANT NU, DE PROFIL, DEBOUT SUR UNE CONQUE

Pierre noire sur papier beige avec une mise au carreau à la pierre noire.
H. 0,380 ; L. 0,238.
Sur papier contre-collé.
Provenance : E. Desperet, marque en bas à gauche (L. 721), vente, Paris, 6-7 juin 1865, n° 498, 58 f ; Armand Valton.
Inv. E.B.A., n° 1187.

Bibliographie : A. de Montaiglon, 1852-1853, p. 108 (Le Sueur).

Expositions : Château de Maisons Laffitte, 1929, n° 78 (Le Sueur) ; Paris, E.B.A., 1933, n° 93 (Le Sueur) ; Paris, E.B.A., 1961, n° 62 (Le Sueur).

Cette feuille, exécutée sans doute en vue de la même décoration que le dessin précédent, porte sur sa gauche la légère indication d'une figure de femme. L'enfant, pris non plus de face mais de profil, découvre une chevelure aux boucles multiples et épaisses qui s'apparente à celle des putti des «divers ornements dédiez à la Sérénissime Reine de Suède» de 1651 (J. Thuillier, 1978, fig. 24 et 25).

Errard, *Divers ornements*, gravure, Bibliothèque Nationale.

CLAUDE GELLÉE dit LE LORRAIN
Chamagne 1600 - Rome 1682

102

PYRAMIDE DE CESTIUS

Plume, encre brune et lavis brun.
H. 0,092 ; L. 0,132.
Annotations en bas à droite, à la plume, encre noire du chiffre *51* ou *57* (?).
Provenance : E. Desperet, marque en bas à droite (L. 721), vente, Paris, 6-7 juin 1865, n° 411, lot de 3 dessins 28 f ; Armand Valton. Inv. E.B.A., n° 947.

Bibliographie : M. Roethlisberger, 1968, p. 86, n° 33 ; L. Ragghianti Collobi, 1970, pp. 37-48, fig. 13.

La pyramide de Cestius est un des monuments antiques qui a été le plus étudié, aussi bien par les artistes du XVIIe que ceux du XVIIIe siècle. On conserve sur ce thème un autre dessin du Lorrain (Roethlisberger, 1968, n° 32) qui, comme celui-ci, interprète et modifie légèrement le site. En effet, il omet les deux colonnes du côté droit et le mur de droite, introduisant en revanche dans sa composition la porte San Paolo qui apparaît bien délabrée pour l'époque. Cette étude de petite dimension — ce qui permet de penser qu'il s'agit d'une feuille de croquis — est d'une exécution minutieuse, presque charmante, la succession des hachures et l'effet pictural du lavis pourraient évoquer un élève de Paul Bril. On peut néanmoins situer ce dessin au début du séjour romain du Lorrain qui est alors fortement influencé par Tassi.

103

PAYSAGE AVEC FIGURES

Sanguine, plume, encre brune, lavis brun avec une mise au carreau à la sanguine.
H. 0,202 ; L. 0,269.
Annotation en bas à gauche à la plume, encre brune : *cl.*
Verso : Etude pour la même composition à la sanguine et à la plume, encre brune.
Provenance : Sir Thomes Lawrence, marque en bas à gauche (L. 2445), vente, Londres, 1836, n° 371 ; W. Esdaile, marque en bas à gauche (L. 2617), vente, Londres, 1866, n° 531 ; H.D. Dreux, (L. 694), vente, Paris, 3-4 février 1870, n° 48, 460 f ; Armand Valton.
Inv. E.B.A., n° 939.

Bibliographie : Ph. de Chennevières, 1879, pp. 120-134 ; M. Pattison, 1884, p. 304, n° 9 ; P. Lavallée, 1917, pp. 418-432 (repr. p. 423) ; Ch. Martine, 1922, n° 28 ; M. Roethlisberger, 1968, p. 131, n° 181.

Expositions : Paris, E.B.A., 1879, n° 460 ; Paris, Petit Palais, 1925, n° 480 ; Paris, E.B.A., 1933, n° 58.

On peut penser, en raison des dimensions de ce dessin, qu'il s'agit d'une étude préparatoire, bien qu'aucune peinture aujourd'hui connue ne lui corresponde. La scène représentée ne se réfère pas à un sujet précis : il s'agit simplement de plusieurs personnages peu distincts — un couple accompagné d'un enfant et d'un chien — qui marchent dans la campagne romaine, au lever du soleil.

Le verso reprend la même composition, bien que les figures soient omises et que les pins du premier plan soient remplacés par des essences d'arbres plus difficilement identifiables.

Cette feuille, datée de 1635-1640 par M. Roethlisberger (1968, n° 181), rassemble un certain nombre d'éléments communs aux œuvres de l'artiste à cette époque. Le choix d'une composition fermée, où les plans sont étroitement liés les uns aux autres, est déjà adopté par Le Lorrain dans les années 1630 pour les pastorales du Liber Veritatis (M. Roethlisberger, 1968, n° 18 et 20). En outre, la tour à droite, les arbres qui contribuent à la symétrie du dessin, et la mer au second plan, qui permet de prolonger la perspective à l'infini, sont caractéristiques du Lorrain dans les années 1635-1640, comme l'attestent un dessin du Städelsches Kunstinstitut de Francfort et un autre du Liber Veritatis (M. Roethlisberger, 1968, n° 182 et n° 183).

Le choix de cette mise au carreau en diagonale, fréquent chez Le Lorrain, à l'exemple de *La fuite d'Agar* du Liber Veritatis (M. Roethlisberger, 1968, n° 976), révèle son souci de symétrie et de rigueur dans la composition.

Verso du n° 103.

104

ARBRES A L'OREE D'UN BOIS

Pierre noire, plume, encre brune et lavis brun.
H. 0,211 ; L. 0,252.
Taches brunes et bords de la feuille usés.
Provenance : E. Desperet, marque en bas à droite (L. 721), vente, Paris, 6-7 juin 1865, n° 408, lot de deux dessins 50 f ; Armand Valton.
Inv. E.B.A., n° 942.

Bibliographie : P. Lavallée, 1917, pp. 418-432 (repr. p. 421) ; Ch. Martine, 1922, n° 32 ; M. Roethlisberger, 1968, p. 114, n° 118.

Expositions : Paris, Petit Palais, 1925, n° 482 ; Paris, E.B.A., 1933, n° 55 ; Paris, Arts Décoratifs, 1948, n° 513 ; Paris, E.B.A., 1961, n° 26 ; Paris, Hôtel de Rohan, 1967, n° 173.

Ce dessin, datant comme le précédent des années 1635-1640, ne fut vraisemblablement pas exécuté d'après nature. M. Roethlisberger le rapproche, en raison de sa mise en page, d'un dessin conservé aux Offices, *Paysage avec une rivière* (Inv. n° 8-215), où l'on retrouve le même premier plan utilisé comme repoussoir, pour mettre en valeur le bouquet d'arbres touffus sur la gauche. Bien que ces deux études ne correspondent à aucun tableau précis, elles sont proches dans leur composition de peintures du Lorrain datant des mêmes années comme le *Paysage* du Metropolitan Museum of Art de New York et celui de la coll. F. Madan de Londres (M. Roethlisberger, 1961, n° 40 et 38 et Liber Veritatis n° 8).

CLAUDE GELLEE dit LE LORRAIN

105

ETUDE D'ARBRE

Plume, encre brune et lavis brun.
H. 0,182 ; L. 0,123.
Provenance : E. Desperet, marque en bas à gauche (L. 721), vente, Paris, 6-7 juin 1865, n° 412, lot de deux dessins 72 f ; Armand Valton.
Inv. E.B.A., n° 949.

Bibliographie : M. Roethlisberger, 1968, n° 334, p. 163.

Exposition : Nancy, Musée des Beaux-Arts, 1957, n° 27.

Cette étude d'arbre, prise d'après nature, fait partie d'un ensemble de cinq dessins sur le même motif, daté par M. Roethlisberger, de l'année 1640 (1968, n° 332 à 335). Trois d'entre eux sont de dimensions plus grandes, ce qui incite à penser qu'ils ne faisaient pas partie d'un même carnet de croquis. Surprenantes par l'audace de leur mise en page — un arbre perché sur une butte escarpée — ces études rendent essentiellement compte des contrastes violents de l'ombre et de la lumière sur les feuillages.

On saisit, à travers ce dessin, la maîtrise avec laquelle l'artiste manie sa plume qui court nerveusement sur le papier et dépose ses lavis plus ou moins sombres pour faire ressortir la luminosité du soleil.

CLAUDE GELLEE dit LE LORRAIN

106

ETUDE D'YEUSES

Plume, encre noire et léger lavis d'encre de Chine.
H. 0,108 ; L. 0,177.
Contre-collé.
Provenance : W. Richardson (L. 2170) ; Armand Valton.
Inv. E.B.A., n° 941.

Bibliographie : Ch. Martine, 1922, n° 26 ; M. Roethlisberger, 1968, n° 785.

Expositions : Paris, E.B.A., 1933, n° 56 ; Paris, E.B.A., 1961, n° 27.

La présente feuille, bien qu'elle n'ait pas la complexité d'une étude préparatoire, diffère d'un croquis pris d'après nature, en raison de sa composition rigoureuse où l'espace, réduit, est bien délimité par les collines de l'arrière-plan.

M. Roethlisberger date ce dessin ainsi que ceux de la collection Wildenstein, du British Museum et du Louvre (1968, n° 784, 785 et 788) des années 1650-1655 : à cette époque, Le Lorrain adopte une écriture rapide faite de hachures parallèles qui écrasent bien souvent l'épaisseur du papier.

Il s'inspire ainsi vraisemblablement des maîtres Bolonais comme Francesco Grimaldi et Annibal Carrache dont il a pu voir des œuvres à Rome.

107

DEBARQUEMENT D'ENEE ET DE SES COMPAGNONS

Plume, encre brune, lavis brun, rehauts de blanc et de rose sur papier brun.
H. 0,186 ; L. 0,258.
Provenance : Schneider (L. 971), vente, Londres, 1820 ; E. Guichardot, vente, Paris, 7-10 juillet 1875, n° 144, 50 f ; Armand Valton. Inv. E.B.A., n° 937.

Bibliographie : Ph. de Chennevières, 1879, pp. 120-134 ; M. Pattison, 1884, p. 303, n° 2 ; L. Marcheix, 1909, pp. 257-264, pl. 13 ; P. Lavallée, 1917, p. 422 ; Ch. Martine, 1922, pl. XXXI ; P. Lavallée, 1943, pl. 32 ; M. Roethlisberger, 1961, p. 301, n° 1 ; M. Roethlisberger, 1968, p. 266, n° 690 ; P. Rosenberg, 1976, p. 83, pl. XV.

Expositions : Paris, E.B.A., 1879, n° 453 ; Paris, Petit Palais, 1925, n° 479, Château de Maisons Laffitte, 1929, n° 37 ; Londres, Royal Academy, 1932, n° 591 ; Paris, E.B.A., 1933, n° 59 ; Paris, Arts Décoratifs, 1934, n° 475 ; Bogota, 1938, n° 138 ; Paris, Galerie Charpentier, 1947, n° 194 ; Washington, National Gallery of Art, Cleveland, Museum of Art, Saint-Louis, City Art Museum, Harvard University, Fogg Art Museum, New York, Metropolitan Museum, 1952-1953, n° 41 ; Londres, Wildenstein, 1955, p. 35 ; Paris E.B.A., 1961 n° 23 ; Paris, Louvre, 1962, n° 86 ; Bologne, Palazzo dell'Archiginnasio, 1962, n° 210 ; Vienne, Albertina, 1964, n° 96 ; Paris, Hôtel de Rohan, 1967, n° 172 ; Paris, Musée du Louvre, 1979, sans numéro de catalogue.

Ce dessin est une étude préparatoire pour le tableau daté de 1650 et gravé par Jules Germain et Cockburn, conservé actuellement dans la collection de Lord Radnor, *Le débarquement d'Enée et de ses compagnons* (M. Roethlisberger, 1961, p. 301, fig. 211).

Il existe au British Museum une autre feuille (M. Roethlisberger, 1968, n° 689) pour cette composition, légèrement antérieure si l'on en juge par la disposition des personnages. En effet, dans ce dessin, on note une progression vers la version définitive, notamment pour les figures situées sur le rivage, qui s'éloignent de plus en plus de leurs compagnons rentrés dans la barque ; en outre le groupe de droite, constitué du berger et des moutons, encore visible dans l'étude du British Museum, disparaît complètement.

Le temple en ruine et la tour ronde perchés sur un rocher, sont des constantes des dessins de cette époque, que l'on retrouve dans *L'enlèvement d'Europe* du Louvre, daté de 1650 (M. Roethlisberger, n° 640).

Le Lorrain choisit volontiers la lumière de fin de journée pour ses effets nuancés et colorés sur l'eau et les arbres.

Claude Gellée, *Le débarquement d'Enée*, toile, coll. Lord Radnor.

CLAUDE GELLEE dit LE LORRAIN

108

LA CHASSE D'ENEE

Plume, encre brune, lavis brun et rehauts de blanc.
H. 0,191 ; L. 0,282.
Verso : longue annotation à la plume de W. Esdaile indiquant le passage de l'Enéide.
Signé en bas au centre à la plume, encre brune : *Claudio fecit / ivf / Rome 1670* et à gauche : *Quadro facto per Ill.mo, sig. Falconier.*
Provenance : R. Houlditch (L. 2214), vente, Londres, 1736, n° 15 ; G. Hibbert (L. 2849), vente, Londres, 12 juin 1833, n° 87 ; W. Esdaile, marque en bas à droite (L. 2617), vente, Londres, 15 juin 1866, n° 43 ; Armand Valton. Inv. E.B.A., n° 938.

Bibliographie : M. Pattison, 1884, p. 284, n° 20 ; L. Marcheix, 1909, pp. 257-264 ; P. Lavallée, 1917, pp. 417-432 ; L. Demonts, 1920, p. 28, n° 40 ; Ch. Martine, 1922, n° 29 ; M. Roethlisberger, 1961, p. 425, n° 3 ; M. Roethlisberger, 1968, p. 369, n° 992.

Expositions : Paris, Petit Palais, 1925, n° 481 ; Londres, Royal Academy, 1932, n° 691 ; Paris, E.B.A., 1933, n° 60 ; Paris, Arts Décoratifs, 1934, n° 475 ; Paris, Palais des Arts, 1937, n° 475 ; Paris, Galerie Charpentier, 1947, n° 193 ; Paris, Arts Décoratifs, 1948, n° 512 ; Bruxelles, Palais des Beaux-Arts, Rotterdam, Musée Boymans-van Beuningen, Paris, Orangerie, 1949-1950, n° 43 ; Vienne, Albertina, 1950, n° 53 ; Washington, National Gallery of Art, Toledo, the Toledo Museum of Art, New York, the Metropolitan Museum of Art, 1960-1961, n° 87 ; Vienne, Albertina, 1964, n° 75 ; Paris, Louvre, 1979, sans numéro de catalogue.

Ce dessin est une étude préparatoire pour le tableau conservé aujourd'hui au Musée Royal des Beaux-Arts de Bruxelles, *Enée chassant sur les côtes de Libye* (M. Roethlisberger, 1961, p. 425, n° 294), qui fut réalisé en 1672 suivant l'inscription portée sur la copie du Liber Veritatis.

Il existe pour cette peinture, au British Museum de Londres et à la Pierpont Morgan Library de New York, une étude de figures et deux grandes études de composition que M. Roethlisberger situe, avec celle de la collection Armand, dans les années 1669-1670 (1968, n° 939, 990 et 991). Cette feuille se rapproche, pour sa partie gauche, insérée entre deux arbres, de celle de New York et pour sa partie droite, où s'ébattent les cerfs, de celle du British Museum. On peut donc penser qu'il s'agit d'un troisième dessin, exécuté en 1670, où Le Lorrain com-

Claude Gellée, *La Chasse d'Enée*, toile, Musée Royal des Beaux-Arts, Bruxelles.

bine les effets recherchés, ce qui semble bien confirmer la date, difficilement déchiffrable, portée sur la feuille.

En effet, Le Lorrain rassemble, dans cette feuille, les éléments les plus achevés des deux précédentes études, tels que l'arbre du premier plan à gauche et la colline sur laquelle se dresse un temple sur la droite, qui figurent dans la version finale. La composition rigoureuse, où les plans se détachent délicatement les uns par rapport aux autres, le traitement minutieux du feuillage et la technique au lavis plus libre, faisant jouer l'ombre et la lumière, résument parfaitement les ambitions du Lorrain à cette époque, comme un autre dessin de la même année *Enée et la Sibylle* du Musée du Louvre, (M. Roethlisberger, 1968, n° 996).

L'artiste, qui s'inspire pour le sujet de cette composition de l'Enéide de Virgile, sans se référer à une scène précise, traita le thème d'Ascagne chassant le cerf de Sylvia, dans sa dernière peinture datée de 1682.

THEODORE GERICAULT
Rouen 1791 - Paris 1824

109

LA MARCHE DE SILENE

Mine de Plomb.
H. 0,180 ; L. 0,255.
Verso : représentation d'une fenêtre où pend un linge. Taches brunes.
Provenance : Armand Valton.
Inv. E.B.A., n° 954.

Bibliographie : P. Lavallée, 1917, p. 432 ; Ch. Martine, 1928, n° 31 ; P. Lavallée, 1930, p. 219.

Expositions : Paris, Galerie Charpentier, 1924, n° 80 ; Paris, E.B.A., 1934, n° 82 ; Rome, Villa Médicis, 1979-1980, sous le n° 45.

Les dessins mythologiques de Gericault qui lui permettent d'aborder des thèmes plus sensuels, comme *Jupiter et Antiope* de la collection Dubaut (Exp. Los Angeles, 1972, n° 28) ou *Jupiter et Léda* de la collection Armand Valton (Inv. E.B.A. n° 956), datent de son voyage à Rome, entre 1816 et 1817.

Le thème de la marche de Silène fut plusieurs fois traité par Gericault, qui utilisa différentes techniques, notamment la plume pour un dessin autrefois conservé dans la collection Marcille, la gouache pour l'étude du Musée des Beaux-Arts d'Orléans (Exp. Paris, 1924, n° 78) et l'aquarelle pour une autre feuille conservée à l'Ecole des Beaux-Arts provenant de la collection His de La Salle (Inv. E.B.A., n° 953).

Comme l'indique Ph. Grunchec (Exp. Rome, 1980, n° 45), Gericault s'inspire pour ses compositions des bas-reliefs antiques qu'il a pu admirer à Rome ; cette influence est frappante dans l'étude de l'ancienne collection His de La Salle (Inv. E.B.A. n° 953).

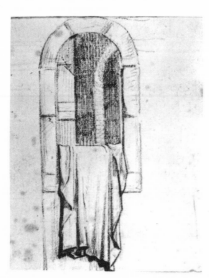

222   Verso du n° 109.

Gericault, *La marche de Silène*, dessin, Musée des Beaux-Arts d'Orléans.

110

ETUDE DE PAYSAGE ET DE LIONS

Deux feuilles collées.
Pour les études de lions : plume, encre brune.
Pour le paysage : crayon noir, lavis brun et aquarelle.
H. 0,215 ; L. 0,267.
Annotation en bas à droite au crayon noir : *Géricault*.
Verso : étude de lion et de cheval écorchés recouvrant des croquis militaires à la mine de plomb.
Provenance : Armand Valton.
Inv. E.B.A., n° 973.

Bibliographie : Ch. Martine, 1928, n° 40.

Expositions : Paris, Galerie Charpentier, 1924, n° 221 ; Paris, E.B.A., 1934, n° 98.

Gericault, qui semble avoir peu traité le paysage, réalisa toutefois au cours de son voyage en Italie et à son retour en France trois grandes compositions, *Le paysage d'Italie au petit jour* aujourd'hui à l'Alte Pinakothek de Munich, *Le Paysage avec aqueduc* du Chrysler Museum de Norfolk et *Le Paysage avec tombe romaine* du Petit Palais (Ph. Grunchec, 1978, n° 128, 129 et 130) ; c'est vraisemblablement à cette époque qu'il exécuta ce dessin, où la végétation méditerranéenne et les maisons aux toits très plats rappellent des sites italiens. La présente feuille constitue en outre, avec la *Vue de Tivoli* de la collection E. Bühler de Winterthur (P. Dubaut, 1956, n° 53) un des rares exemples d'études de paysages où Gericault utilise l'aquarelle qui lui permet de suggérer de manière précise les frondaisons par de larges touches pleines de fraîcheur.

On pourrait penser que cette vue et les croquis de lions figurant sur la seconde feuille n'ont pas été réalisés au même moment, puisque, selon l'avis de Ch. Clément, c'est au Zoological Garden de Londres et à la ménagerie du Roi que Gericault réalisa ses innombrables études d'après des singes et des lions, également représentées dans la collection Armand Valton par l'*Etude de singes et d'une tête de lion* (Inv. E.B.A., n° 1001). Néanmoins, si l'on considère que les versos de ces deux feuilles collées sont vraisemblablement contemporains, il n'est pas exclu que Gericault ait dessiné ces lions en Italie.

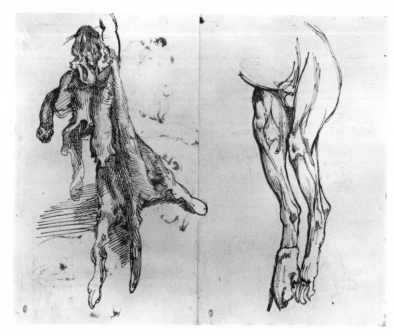

Verso du n° 110.

111

BOUCHER ROMAIN PORTANT UN VEAU SUR SES EPAULES

Plume, encre brune.
H. 0,167 ; L. 0,124.
Collé en plein.
Provenance : Armand Valton.
Inv. E.B.A., n° 963.

Le personnage du boucher a beaucoup inspiré Gericault pendant son séjour à Rome et à son retour d'Italie, comme en témoignent sa première lithographie exécutée en France sur le thème de *Deux bouchers à Rome*, qui tentent d'attraper des bœufs avec des piques (L. Delteil, 1924, n° 102) et un autre dessin, ayant appartenu au collectionneur His de La Salle, qui dévoile l'étape suivante de la scène gravée puisque l'homme nu terrasse un bœuf (Ch. Clément, 1879, n° 96). Par ailleurs, il réalise une étude, que possédait autrefois M. Couvreur et une esquisse peinte sur le marché aux bœufs conservée aujourd'hui au Fogg Art Museum de Cambridge (Ph. Grunchec, 1978, n° 119) illustrant toutes deux une scène observée à l'Abattoir de la rue Pépinière à Paris.

112

BOUCHER ROMAIN PORTANT UN VEAU SUR SES EPAULES

Plume, encre brune.
H. 0,167 ; L. 0,117.
Collé en plein.
Provenance : Armand Valton.
Inv. E.B.A., n° 962.

113

LE RETOUR DE RUSSIE

Mine de plomb et plume, encre brune.
H. 0,191 ; L. 0,145.
Provenance : His de La Salle, marque en bas à droite (L. 1332) ; Armand Valton.
Inv. E.B.A., n° 979.

Bibliographie : Ch. Clément, 1879, p. 377 ; P. Lavallée, 1917, pp. 417-432 (repr. p. 431) ; C. Martine, 1928, n° 43 ; P. Courthion, 1947, p. 65 ; L. Eitner, 1973, p. 377.

Expositions : Paris, Galerie Charpentier, 1924, n° 47 ; Paris, E.B.A., 1934, n° 69 ; Paris, Arts Décoratifs, 1935, n° 108 ; Paris, Petit Palais, 1936, n° 721 ; Vienne, Albertina, 1950, n° 156 ; Londres, Art Council, 1959, n° 702 ; Rome, Villa Médicis, 1979-1980, sous le n° 74.

Ce dessin est une étude préparatoire pour la lithographie *Retour de Russie*, exécutée en sens inverse par Gericault en 1818 et dont A. Armand possédait un exemplaire. Il semble d'aillleurs que ce dernier aimait particulièrement cet artiste, puisque sa collection contient quarante-cinq dessins et cent quarante-neuf gravures de Gericault.

Gericault aborde ici un sujet militaire et plus particulièrement celui de la défaite qu'il traita dans d'autres lithographies et dans le tableau du Fitzwilliam Museum de Cambridge *La Charrette de soldats blessés* (Ph. Grunchec, 1978, n° 141).

Il existe pour le *Retour de Russie* d'autres études préparatoires réparties dans différents musées et collections, notamment l'Art Institute de Chicago (Folio 7 R° et 8 R°), le Musée des Beaux-Arts de Rouen et la collection Frances S. Jowels de Toronto (Exp. Los Angeles, 1972, n° 59).

La présente étude diffère de la lithographie où Gericault a bandé les yeux du cavalier qui s'appuie sur un de ses compagnons marchant à ses côtés ; à l'arrière-plan on aperçoit également un autre soldat.

Gericault, *Le retour de Russie*, lithographie, E.B.A.

114

FEUILLE DE CROQUIS : VINGT-SEPT TETES

Mine de plomb.
H. 0,223 ; L. 0,286.
Verso : douze têtes à la mine de plomb.
Provenance : Armand Valton.
Inv. E.B.A., n° 1007.

Bibliographie : K. Berger, 1968, n° 68.

Exposition : Paris, Galerie Charpentier, 1924, n° 140.

Cette étude, provenant vraisemblablement d'un carnet de croquis, date, comme le pense K. Berger, du voyage de Gericault en Angleterre. En effet, cette accumulation de visages rassemblés sur une même feuille, ce type de figures proche de la caricature laissent penser que Gericault a dû voir le bulletin de souscription pour la série d'estampes de Hogarth, *Mariage à la mode* de 1748. Cette observation des figures l'amène à établir, comme Lebrun l'avait fait deux siècles auparavant, des rapprochements entre certains traits humains et certaines formes anatomiques animales, comme le révèle l'étude de canard en bas à droite.

La précision du trait extrêmement rapide et la recherche constante d'impressions visuelles instantanées confirment la datation de 1820-1821, années au cours desquelles Gericault note sur des carnets des attitudes quotidiennes ou expressions saisies sur le vif. On conserve plusieurs exemples de ce type de croquis, notamment celui qui passa à la vente Dollfus en 1912 (catalogue de vente du 4 mars 1912, Hôtel Drouot, n° 4), le dessin intitulé *Trois têtes de marins* (1977, Londres, n° 14) ainsi qu'un carnet inédit du Kunsthaus de Zürich (communication orale de Ph. Grunchec).

La tête de droite du recto rappelle, comme l'indique une annotation au crayon sur le montage du dessin, celle de Gericault lui-même.

Ces études par leurs sujets et leur esprit sont à mettre en rapport avec les têtes de fous que Gericault réalise à la fin de sa vie.

Verso du n° 114.

115

COURSE DE CHEVAUX ANGLAIS

Mine de plomb.
H. 0,199 ; L. 0,275.
Collé en plein.
Provenance : Armand Valton.
Inv. E.B.A., n° 995.

Bibliographie : Ch. Clément, 1879, p. 310-311, n° 134 à 137 ; L. Rosenthal, 1905, p. 108, pl. CIX ; P. Lavallée, 1917, p. 432 ; Ch. Martine, 1928, n° 27 ; L. Eitner, 1973, p. 310-311.

Expositions : Paris, Galerie Charpentier, 1924, n° 142 ; Paris, E.B.A., 1934, n° 106 ; Bruxelles, Palais des Beaux-Arts, 1949, n° 127 ; Londres, Art Council, 1959, n° 703 ; Los Angeles, County Museum of Art, Detroit, Institute of Arts, Philadelphie, Philadelphia Museum of Art, 1971-1972, n° 97.

Cette feuille est à rapprocher du tableau, *Course de chevaux à Epsom* (Inv. n° MI 708) que Gericault peint en 1821 pour M. Elmore, entraîneur de chevaux, qui l'hébergea durant son séjour à Londres. Autour de cette toile gravite une série d'esquisses de compositions légèrement différentes conservées au Musée Bonnat de Bayonne et au Louvre (Bonnat, Inv. n° 80 et Louvre Ch. Sterling, 1959, n° 954-955-950) ainsi que des dessins et une lithographie (Inv. E.B.A., n° 491).

Gericault, alors influencé par la lithographie et la peinture anglaise de chevaux, rompt avec la stylisation monumentale de la *Course de chevaux libres* du Louvre (Inv. RF 2042) et adopte un style où

chaque élément de la composition émane d'impressions visuelles directes. En outre, comme le remarque Ph. Grunchec (Exp. Rome, 1980, n° 31), l'impression de mouvement est renforcée par Gericault dans son tableau où les jambes des chevaux ne reposent pas sur le sol, ici volontairement omis.

Son trait adapté au nouveau motif est extrêmement rapide et fin, cernant bien souvent les formes par une succession de lignes.

Gericault, *La course*, lithographie, E.B.A.

116

PORTRAIT DE L'ECONOMISTE BRUNET

Mine de plomb et plume, encre brune.
H. 0,200 ; L. 0,158.
Déchirure en haut à gauche.
Provenance : Armand Valton.
Inv. E.B.A., n° 1003.

Bibliographie : Ch. Martine, 1928, n° 42.

Expositions : Paris, Galerie Charpentier, 1924, n° 232 ; Paris, E.B.A., 1934, n° 101.

Ce dessin représentant Monsieur Brunet, auteur d'ouvrages d'économie politique, qui accompagna Gericault au cours de son voyage en Angleterre en 1820, est à rapprocher d'une gravure qui ne fut pas tirée du temps de l'artiste, comme l'indique Ch. Clément (1879, p.372), car il en jugeait la composition inachevée.

A la vente Gericault de 1824, cette gravure fut achetée par le collectionneur Bruzard qui l'effaça après avoir réalisé un certain nombre d'épreuves, dont celle du Musée des Beaux-Arts de Rouen et celle de l'Ecole des Beaux-Arts (Exp. Rome, 1980, n° 64, Inv. n° 418) : le personnage ne figure pas, comme dans ce dessin, de profil, mais de face. Clément signale en outre une autre étude, autrefois conservée dans la collection Coutan Hauguet (Ch. Clément, 1879, n° 233) où Gericault se limite à un croquis rapide de la tête.

Dans cette feuille, l'artiste ne s'attarde pas au costume de son modèle dessiné à grands traits, il préfère décrire avec acuité l'expression pensive, presque mélancolique de Brunet.

Gericault, *Portrait de l'Economiste Brunet*, lithographie, E.B.A.

ANNE-LOUIS GIRODET DE ROUCY-TRIOSON
Montargis 1767 - Paris 1824

117

HIPPOCRATE REFUSANT LES PRESENTS D'ARTAXERXES

Pierre noire avec une mise au carreau à la pierre noire.
H. 0,235 ; L. 0,311.
Annotations illisibles en haut à droite au crayon noir.
Paraphe au verso à la plume, encre brune.
Provenance : J.A. Coutan-Hauguet, marque au verso (L. 464), vente, Paris, 16-17 décembre 1889, Hôtel Drouot, n° 213 ; Armand Valton. Inv. E.B.A., n° 1024.

Bibliographie : P.A. Coupin, 1825, p. 4 ; N. Legrand, 1911, p. 119, n° 68 ; P. Lavallée, 1917, p. 430 ; G. Bernier, 1975, p. 25.

Expositions : Paris, E.B.A., 1934, n° 114 ; Paris, Petit Palais, 1936, n° 612 ; Zürich, Kunsthaus, 1937, n° 159 ; Montargis, Musée Girodet, 1967, n° 58.

Ce dessin est une étude préparatoire pour *Hippocrate refusant les présents d'Artaxerxès*, tableau exécuté en 1792 pour le docteur Trioson, tuteur de Girodet, et conservé à l'Ecole de Médecine (N. Legrand, 1911, p. 119, n° 68). Pour son projet, qui exalte le désintéressement et le patriotisme d'Hippocrate, Girodet s'inspire des *Vies des hommes illustres* de Plutarque. « Jamais, avait dit le médecin, je ne donnerai mes soins à des barbares, ennemis des Grecs» (dans la vie de «Marcus Caton», éd. 1853, p. 166).

Un tel thème ramenait l'artiste à une conception plus davidienne de la peinture, bien qu'il s'en soit dégagé en 1791 avec la réalisation du *Sommeil d'Endymion*, qui connut un grand succès

(Ch. Sterling et H. Adhémar, 1959, n° 971). Cette étude, par sa composition en bas-relief où les personnages groupés sont disposés en frise, et par son souci d'exactitude archéologique dans la représentation du cadre architectural et des présents rassemblés autour du médecin, s'inscrit dans la tendance néoclassique. Malgré les dimensions relativement petites de la composition, Girodet y mit beaucoup de soin, puisque l'on connaît actuellement deux esquisses, l'une conservée au Musée Fabre de Montpellier, l'autre dans une collection particulière (Exp. Montargis, 1967, n° 14 et 15) et une autre étude, où les personnages sont présentés nus, dans la collection Bonnat de Bayonne (Exp. Paris, 1979, n° 79).

Cette feuille diffère peu du tableau à l'exception de la figure d'Hippocrate moins isolée des autres et de l'attitude des personnages, plus ramassés dans la version définitive. Comme le remarque justement J. Auzas (Exp. Montargis, 1967, n° 58), ce sujet fut pour l'artiste, curieux d'expériences nouvelles, l'occasion d'illustrer les théories traditionnelles de l'expression des passions, renouvelées par les études physiognomoniques de Lavater : en effet, Hippocrate accompagne son geste impérieux d'une expression pleine de noblesse et Artaxerxès, désespéré de ne pouvoir ramener ce célèbre médecin en Perse, exprime une douleur aiguë. Suivant P.A. Coupin (1925, p. 4), Girodet se serait représenté derrière Hippocrate.

Girodet, *Hippocrate refusant les présents d'Artaxerxès*, toile, Ecole de Médecine de Paris.

ANNE-LOUIS GIRODET DE ROUCY TRIOSON

118

SERMENT DES SEPT CHEFS DEVANT THEBES

Crayon noir.
H. 0,187 ; L. 0,290.
Provenance : J. Gigoux (L. 1164), vente, Paris, 20-23 mars 1882, n° 132 ; Armand Valton. Inv. E.B.A., n° 1025.

Bibliographie : P.A. Coupin, 1829, t. I, pl. LXXX ; P. Lavallée, 1917, p. 430 ; A. Boime, 1969, pp. 211-216, fig. 5 ; G. Bernier, 1975, p. 156.

Expositions : Paris, E.B.A.,1934, n°115 ; Paris, Petit Palais, 1936, n° 620 ; Zürich, Kunsthaus, 1937, n° 160 ; Montargis, Musée Girodet, 1967, n° 89.

La présente feuille paraît être, en raison de son élaboration très poussée, une étude préparatoire pour un tableau non réalisé par Girodet. On connaît actuellement deux autres esquisses du même sujet, l'une conservée au Fogg Art Museum, l'autre au Musée Bonnat de Bayonne (A. Boime, 1969, pp. 211-216, fig. 2 et 4), dont l'attribution à Girodet doit être définitivement rejetée. En effet, comme le montre A. Boime (1969, pp. 211-216), ces deux œuvres ont en fait été exécutées par des élèves de

l'artiste, dont Ary Scheffer, à l'occasion d'un concours organisé par l'Ecole des Beaux-Arts. Girodet, en tant qu'académicien, devait signer les peintures réalisées par ses disciples, ce qui explique les difficultés à déceler les auteurs de ces compositions. Il existe en outre une lithographie d'Aubry Lecomte qui reproduit un dessin sur le même sujet exécuté sur papier bleu rehaussé de blanc.

Pour son sujet, l'artiste se réfère à la pièce d'Eschyle, *Les Sept contre Thèbes* dont Flaxman s'était déjà inspiré pour sa gravure tirée en 1795, *Sept contre Thèbes* que Girodet connaissait vraisemblablement. L'effort d'érudition archéologique dans la reconstitution des casques et des hampes de soldats grecs, et la prodigieuse habileté de la mise en page, où les personnages sont disposés les uns derrière les autres en profondeur, attestent l'influence toujours présente de David.

La maîtrise parfaite du rendu des corps et la sûreté du trait sont caractéristiques du style de Girodet dans les années 1809-1810, comme en témoigne *Simon amené devant Priam*, conservé au Musée des Beaux-Arts de Lille (Exp. Paris, 1975, n° 68).

Girodet (attribué à), *Serment des sept chefs devant Thèbes*, esquisse, Musée Bonnat de Bayonne.

FRANÇOIS-MARIUS GRANET
Aix-en-provence 1775 - Aix-en-provence 1849

119

LES RUINES D'UN AQUEDUC DANS LA CAMPAGNE ROMAINE

Mine de plomb et lavis brun.
H. 0,202 ; L. 0,265.
Annotation au centre à droite à la plume,
encre brune : *Granet à Léon 1817.*
Collé en plein.
Provenance : J. Boilly, vente, Paris, 20 mars
1869, n° 131 ; Armand Valton.
Inv. E.B.A., n° 1030.

Expositions : Paris, Petit Palais, 1925, n° 518 ;
Paris, E.B.A., 1934, n° 121 ; Rome, Palazzo
delle esposizioni, 1961, n° 176.

Ce dessin fut exécuté, comme l'indique
l'inscription à la plume, en 1817, date
à laquelle Granet séjournait en Italie, où
il demeura en compagnie de son ami
Forbin de 1802 à 1819.

En raison de son sujet et de sa mise
en page, cette feuille est à rapprocher de
L'aqueduc de Claude du Musée du
Louvre (J. Guiffrey et P. Marcel, t. IV,
n° 455) réalisé vers la même époque : on
y retrouve, en effet, le même rendu de
la lumière, mettant en valeur chaque
détail du motif choisi, et la même description minutieuse des monuments
antiques. Granet reste encore influencé
par Hubert Robert, dont il hérite le goût
du pittoresque et de la poésie des ruines
envahies par une abondante végétation.
C'est aux côtés de son maître Constantin
qu'il apprit à travailler d'après nature,
relevant, dans ses études exécutées pour
son propre plaisir, les variations subtiles
de la lumière. Sa technique au lavis brun
est d'une grande liberté, jouant fréquemment avec des réserves de papier ; toutefois, il faut attendre la fin de son séjour
romain pour voir Granet se libérer de
l'influence d'Hubert Robert et simplifier
à l'extrême sa vision de la nature, à
l'exemple de la *Vue de Tivoli*, conservée
au Musée Granet d'Aix-en-Provence
(Exp. Rome, 1961, n° 173).

120

RECEPTION DE JACQUES DE MOLAY DANS L'ORDRE DU TEMPLE EN 1265.

Plume, encre brune et aquarelle.
H. 0,259 ; L. 0,421.
Annotations en bas à gauche, à la plume, encre brune : *Granet à son ami Delorme, à Versailles 1840.*
Provenance : Armand Valton.
Inv. E.B.A., n° 1028.

Bibliographie : P. Lavallée, 1917, p. 430.

Expositions : Paris, Petit Palais, 1913, n° 320 ; Paris, E.B.A., 1934, n° 123 ; Calais, 1961, Musée des Beaux-Arts, n° 70.

Cette feuille est une étude préparatoire pour le tableau exposé au salon de 1843 et conservé aujourd'hui au Musée d'Avignon, *La réception de Jacques de Molay dans l'ordre du Temple en 1265* (Inv. 202). Granet apporta de notables différences dans sa version définitive où les personnages ne sont plus groupés autour du Prieur et de Jacques de Molay mais disposés dans un espace plus vaste et aéré.

C'est au cours de son voyage à Rome que Granet découvrit l'attrait et le mystère des souterrains voûtés au cimetière San Martino in Monte et au cloître des Chartreux à Sainte-Marie des Anges et qu'il exécuta un grand nombre de dessins sur ce sujet comme *L'intérieur d'un cloître* du Musée Vivenel de Compiègne (P. Rosenberg, 1970, n° 9) ou *Scène d'inquisition* de l'Ecole des Beaux-Arts (Inv. E.B.A., n° 1029).

Le succès extraordinaire de ce type de tableaux d'architecture médiévale lui assura des commandes régulières pendant une grande partie de son existence. La présente composition date en effet de 1840, époque où Granet est installé comme conservateur au Musée de Versailles.

Cette prédilection pour des scènes religieuses dans des cryptes et des cloîtres, qui lui valurent le surnom de «peintre des Capucins» répond chez Granet à un souci de construction où la lumière modèle par de violents contrastes les figures et l'architecture.

Granet, *Réception de Jacques de Molay dans l'Ordre du Temple en 1265*, toile, Musée Calvet à Avignon.

JEAN-BAPTISTE GREUZE
Tournus 1725 - Paris 1805

121

LA JEUNE FILLE AUX COLOMBES

Plume, encre brune et lavis d'encre de Chine.
H. 0,226 ; L. 0,241.
Provenance : His de La Salle, marque en bas à droite (L. 1332) ; Armand Valton.
Inv. E.B.A., n° 1040.

Bibliographie : P. Lavallée, 1917, pp. 418-432 (repr. p. 429) ; P. Lavallée, 1928, p. 62, pl. 31 ; P. Lavallée, 1943, pl. 21 ; P. Lavallée, 1948, pl. 40 ; F. Boucher et Ph. Jaccottet, 1952, p. 175, pl. 80.

Expositions : Londres, Royal Academy, 1932, n° 699 ; Paris, E.B.A., 1933, n° 61 ; Paris, Palais des Arts, 1937, n° 546 ; Bruxelles, Palais des Beaux-Arts, Rotterdam, Musée Boymans-van Beuningen, Paris, Orangerie, 1949-1950, n° 79 ; Paris, E.B.A., 1965, n° 34.

Ce dessin n'est pas à rapprocher, comme le mentionne P. Lavallée (1928), de la *Philosophie endormie* mais plutôt de la *Volupté*, peinture conservée au Musée de l'Ermitage, d'une composition analogue à cette feuille (Inv. n° 1517). En effet, la pose adoptée par la jeune fille et la présence des deux colombes se retrouvent de manière sensiblement identique dans la toile et dans la gravure de 1777 exécutée par Moreau.

Dans ses scènes de la vie quotidienne, Greuze introduit bien souvent le thème de la découverte de l'amour par une adolescente surprenant les ébats d'un couple de colombes. Ainsi, la *Première leçon d'amour*, tableau acquis en 1977 par la Currier Gallery of Art (E. Munhall, 1977, fig. 1), offre par son sujet certaines similitudes avec le dessin exposé ici, bien que l'artiste se contente de décrire l'intérêt que suscite le jeu des colombes chez la jeune femme. Dans l'étude de l'Ecole des Beaux-Arts, il choisit de représenter l'adolescente tombée en pâmoison, dans un état de ravissement qui confine à l'extase.

La prédilection pour ce sujet semble se manifester chez Greuze dans les années 1760-1765, correspondant aux moments heureux de son mariage, qui ne tarde pas à s'assombrir rapidement. La technique au lavis brun posé par grandes masses, présente dans ce dessin et souvent employée par Greuze, étonne toujours par sa liberté d'exécution et son aspect inachevé.

Greuze, *La première leçon d'Amour*, toile, Currier Gallery of Art, Manchester.

122

LE FILS PUNI

Pierre noire et lavis d'encre de Chine.
H. 0,266 ; L. 0,363.
Taches brunes sur l'ensemble de la feuille.
Provenance : Armand Valton.
Inv. E.B.A., n° 1042.

Bibliographie : Ph. de Chennevières, 1879, p. 203 ; J. Martin et C. Masson, 1908, n° 167 ; L. Marcheix, 1909, pp. 257-264 ; P. Lavallée, 1928, pl. 32 ; E. Munhall, 1976-1977, p. 191, sous le n° 88.

Expositions : Paris, E.B.A., 1879, n° 471 ; Paris, E.B.A., 1933, n° 64 ; Paris, E.B.A., 1965, n° 36.

Il ne subsiste pas moins de six études pour la composition du *Fils puni*, daté de 1776 et conservé au Louvre (Inv. n° 50 39), sans compter un dessin, aujourd'hui perdu, exposé lors de la vente Saint-Maurice (vente du 1er et 6 février 1786, Paris, n° 382). La feuille des Beaux-Arts se situe chronologiquement après celle de l'Albertina (Inv. n° 12-759) et celle du Musée des Beaux-Arts de Lille (Exp. Hartford, San Francisco, Dijon, 1977, sous le n° 49), qui figura au salon de 1765 comme pendant au *Fils ingrat* et suscita l'enthousiasme de Diderot.

Par rapport à ces deux dessins, on note de légères inoovations ; la fenêtre est omise, un troisième personnage est rajouté de l'autre côté du lit, la mère est vêtue à l'antique et le chien se déplace parallèlement au plan du dessin. En outre, les gestes et les attitudes semblent plus théâtraux et la lumière, venant de la gauche, plus dramatique.

Le dessin diffère aussi du tableau du Louvre, où Greuze concentre sa composition sur l'expression et les gestes des personnages, éliminant plusieurs détails. La jambe gauche du fils blessé, supportée par un pilon de bois, est simplement remplacée par une béquille tombée à terre ; le crucifix, tenu par la femme de gauche, est omis ; le bénitier et le cierge au pied du lit disparaissent ; la troisième personne derrière le lit est venue s'agenouiller au premier plan.

Ce dessin est d'une facture plus libre et moins finie que les précédents ; Philippe de Chennevières l'évoquant en 1879 (p. 108), y voyait d'ailleurs un «vrai dessin de maître, toute petite esquisse que ce soit, mais du plus grand et du plus noble sentiment, de la plus poignante émotion».

Greuze, *Le fils puni*, toile, Musée du Louvre.

PIERRE-NARCISSE GUERIN
Paris 1774 - Rome 1853

123

QUI TROP EMBRASSE MAL ETREINT

Crayon noir à l'estompe et gouche avec mise au carreau sur papier gris.
H. 0,270 ; L. 0,210.
Verso : traces de mise au carreau à la mine de plomb.
Annotation à la mine de plomb : *Dessin donné par M. Henriquel.*
Provenance : Henriquel Dupont, annotation au verso ; Armand Valton.
Inv. E.B.A., n° 1060.

Exposition : Paris, E.B.A., 1934, n° 126.

Ce dessin est une étude préparatoire pour l'une des gravures réalisées en 1816 par Guérin et destinées à illustrer le rapport sur la lithographie prononcé à l'Académie des Beaux-Arts par Englemann (*Début de la lithographie française des origines à 1815*, t. I, cote Ad 64a, 86-53). Dans ce petit traité, Englemann essaye de démontrer l'utilité de la lithographie et d'étudier ses différentes techniques. Pour les trois autres gravures, Guérin choisit des sujets aussi peu traités que celui-ci à cette époque, *Le Paresseux*, *Le Vigilant*, et *L'Amour au bord de l'eau* (cote Ad 64a, 85-51, 85-54, 85-52). En outre, il illustre ce proverbe populaire «Qui trop embrasse, mal étreint» d'une manière originale : le jeune artiste trop ambitieux tente de saisir dans ses bras tous les objets symbolisant les Beaux-Arts, si bien que la lyre du musicien et la palette du peintre s'échappent déjà de son étreinte.

Ce dessin diffère légèrement dans sa composition de la version définitive — réalisée en sens inverse — où la figure principale se situe dans un vaste paysage vallonné avec un bâtiment antique sur la droite.

Guérin représente fréquemment ce type de personnage à la pose alanguie et aimable, à partir de 1805, comme dans l'étude préparatoire pour *Le Paresseux*, conservé au Musée de Quimper (Exp. Paris, 1974, p. 152).

Guérin, *Qui trop embrasse mal étreint*, gravure, Bibliothèque Nationale, Paris.

124

ETUDE DE JEUNE HOMME NU ASSIS

Mine de plomb.
H. 0,270 ; L. 0,360.
Inscription presque effacée en bas à droite à
la mine de plomb : *Ingres* ; et en haut : *Raphaël
peignant sur des tableaux de son maître.*
Provenance : Haro (L. 1241), vente, Paris,
1867 ; Armand Valton.
Inv. E.B.A., n° 1103.

Bibliographie : H. Lapauze, 1911, p. 553 ; P.
Lavallée, 1917, p. 431 ; V. Golzio, 1969,
p. 629, fig. 3.

Expositions : Paris, Petit Palais, 1921, n° 135 ;
Paris, E.B.A., 1934, n° 140 ; Bruxelles, Palais
des Beaux-Arts, 1936, n° 51 ; Montauban,
Musée Ingres, 1967, n° 291 ; Rome, Villa
Médicis, 1968, n° 44.

Installé à Naples pour peindre le portrait
de Murat en 1814, Ingres projeta de réaliser sur la vie de Raphaël une série de
tableaux dont deux seulement furent
exécutés : *Raphaël et la Fornarina*, peint
pour le comte de Pourtalès (conservé au
Fogg Art Museum de Cambridge ; Exp.
Paris, 1967-1968, n° 190), et *Les fian-
çailles de Raphaël* pour Caroline Murat
(conservé à la Walters Art Gallery de Baltimore ; Exp. Paris, 1967-1968, n° 63).
Le Musée Ingres de Montauban conserve
toutefois plusieurs dessins traitant d'autres sujets qui donnent un aperçu du
vaste projet d'Ingres (J. Momméja, 1904,
n° 238-257).

Pour concevoir cet ensemble, l'artiste
avait relevé dans ses cahiers plusieurs
passages de la *Vita di Raffaello Sanzio*
del Sign. abate Comolli publiée en 1791,
et avait lu Vasari, Baglione, Passeri et
Baldinucci.

Ce dessin devait donc être une étude
préparatoire pour Raphaël peignant un
tableau du Pérugin, peinture qui ne fut
malheureusement pas réalisée. Il n'est
pas exclu qu'Ingres ait fait appel à un
modèle féminin pour cette figure, car il
en utilisa un pour l'étude de *Raphaël
et la Fornarina*.

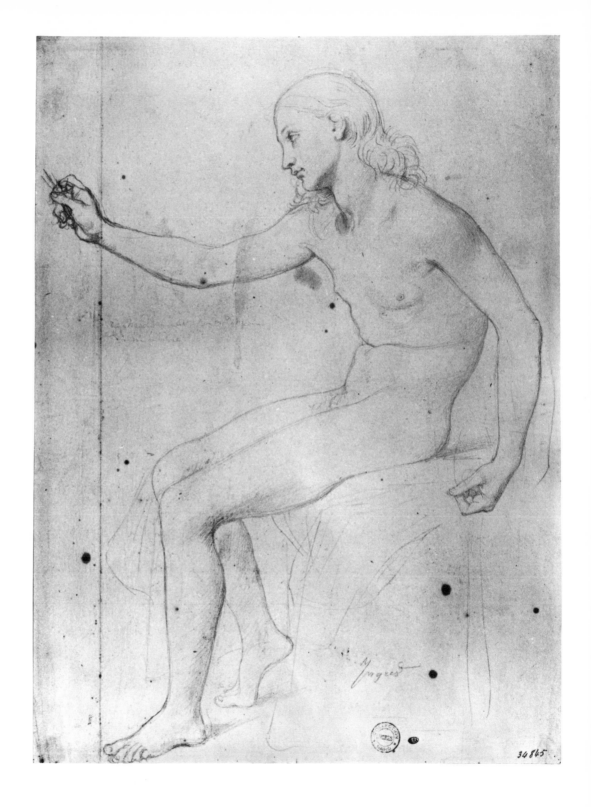

34865

125

FEMME NUE COUCHEE ET ETUDES DE TETES ET DE BRAS

Mine de plomb.
H. 0,210 ; L. 0,343.
Verso : étude de la même figure à la mine de plomb.
Annotation en bas à gauche à la mine de plomb : *Ingres* et à droite : *Francesca*.
Provenance : Haro (L. 1241), vente, Paris, 1867 ; Armand Valton.
Inv. E.B.A., n° 1100.

Bibliographie : L. Marcheix, 1909, pp. 257-264 ; H. Lapauze, 1911, p. 553 ; P. Lavallée, 1917, p. 430 ; P. Lavallée et M. Delacre, 1927, p. 90, pl. 45 ; J. Selz, p. 15.

Expositions : Paris, E.B.A., 1867, n° 303 ; Paris, Petit Palais, 1913, n° 354 ; Paris, E.B.A., 1934, n° 141 ; Zürich, Kunsthaus, 1937, n° 219.

Comme le suggère P. Lavallée (1927), on peut situer ce dessin vers 1813-1814, pendant le premier séjour d'Ingres en Italie, au cours duquel il réalisa plusieurs nus féminins, notamment pour *Raphaël et la Fornarina* et pour la *Grande Odalisque* (Exp. Paris, 1967-1968, n° 65, 71 et 72). Le modèle de la *Grande Odalisque* au corps allongé, aux formes nettes et continues, reste d'ailleurs proche de celui-ci.

Le nom de Francesca figurant au bas de la feuille incite à penser qu'Ingres exécuta ce nu en Italie. L'artiste indiquait souvent le nom de son modèle sur ses études, notamment pour la *Femme nue couchée vue de dos* qui représente Marietta, peinte également quelques années plus tard par Corot au cours de son voyage en Italie (Exp. Paris, 1967-1968, n° 191).

126

PORTRAIT DE MADAME INGRES, NEE MADELEINE CHAPELLE, COUSANT.

Mine de plomb.
H. 0,151 ; L. 0,125.
Annotation en bas à gauche à la mine de plomb : *Ingres*.
Provenance : Armand Valton.
Inv. E.B.A., n° 1096.

Bibliographie : H. Lapauze, 1911, p. 490 ; P. Lavallée, 1917, pp. 418-432 (p. 430) ; Ch. Martine, 1926, pl. 24 ; P. Lavallée, 1943, pl. 50 ; D. Ternois, 1959, sous le n° 83 ; H. Naef, 1977, p. 366, n° 283, pl. 7.

Expositions : Paris, Petit Palais, 1913, n° 357 ; Paris, Petit Palais, 1921, n° 79 ; Paris, E.B.A., 1934, n° 142 ; Bruxelles, Palais des Beaux-Arts, 1936 ; Zürich, Kunsthaus, 1937, n° 221 ; Paris, Galerie Charpentier, 1949, n° 23 ; Montauban, Musée Ingres, 1967, n° 77 ; Rome, Villa Médicis, 1968, n° 102.

Ce portrait fut considéré à tort par H. Lapauze (1911, n° 490) comme celui de Delphine Ramel, seconde femme d'Ingres, qu'il épousa en 1852 ; il fallut donc attendre l'exposition de 1921 pour reconnaître la première épouse de l'artiste, Marie-Madeleine Chapelle, qui mourut en 1849. Née à Chalons-sur-Marne le 31 octobre 1782, elle était fille d'un menuisier et s'installa comme modiste à Guéret quand l'une de ses cousines, Madame Maizony de Laureal l'invita à venir à Rome pour épouser Ingres.

Le mariage eut lieu le 4 décembre 1813 ; Madeleine Chapelle fut une parfaite épouse, travailleuse et simple, supportant le caractère difficile et irritable de son mari. Ingres fit un grand nombre de portraits de sa femme ; la plupart datés, et répartis aujourd'hui entre le Musée Ingres de Montauban et le Louvre (1813 : Louvre, Inv. RF 29100, 1814 : Musée Ingres, Inv. n° 867 277, 1835 : Musée Ingres, Inv. n° 867 278, 1841 : Louvre, Exp. 1968, Rome, n° 127, et non daté : Louvre, Inv. RF 3420). Ce dessin se situe pendant le second séjour de l'artiste en Italie, entre 1820 et 1825. La sobriété de la mise en page et l'attitude de Mme Ingres penchée sur un ouvrage de couture donnent un aspect intimiste à ce portrait, proche des Hollandais.

127

INTERIEUR DE L'EGLISE DE SAINTE-PRAXEDE A ROME

Plume encre noire, aquarelle, rehauts de blanc et d'or.
H. 0,238 ; L. 0,179.
Annotation en bas dans la marge de la monture primitive, à la plume encre brune : *Ingres fecit Rome 1810.*
Provenance : Haro (L. 1241), vente, Paris, 1867 ; Armand Valton.
Inv. E.B.A., n° 1099.

Bibliographie : H. Lapauze, 1911, p. 553 ; P. Lavallée, 1917, p. 431 ; D. Ternois, 1955, pp. 101-104, n° 6 ; H. Naef, 1960, n° 55 ; D. Ternois et J. Lacambe, 1967, n° 117.

Expositions : Paris, E.B.A., 1867, n° 231 ; Paris, Petit Palais, 1913, n° 331 ; Paris, Petit Palais, 1921, n° 210 ; Paris, E.B.A., 1934, n° 139 ; Bruxelles, Palais des Beaux-Arts, 1936, n° 38 ; Rome, Villa Médicis, 1968, n° 19.

L'église de Sainte-Praxède, située près de Sainte-Marie Majeure à Rome, entre la via San Martino et la via Santa Prassede, fut élevée par le pape Pascal en 822 et restaurée par Charles Borromée. La chapelle Saint-Zénon ici représentée par Ingres fut construite plus tardivement dans le bas-côté droit de l'église pour y recueillir des reliques apportées des catacombes : «Rien ne rappelle plus l'Orient que ce petit sanctuaire de San-Zenon, où l'or brille doucement sous la pâle lumière des cierges, tout ici nous fait penser à Salonique, à Ravenne, à l'Asie» (E. Mâle, 1942, p. 122). Les murs du fond de la chapelle sont décorés de mosaïques du IXe siècle représentant les bustes des apôtres et de saints, enfermés dans des médaillons ronds.

Cette feuille témoigne de l'intérêt profond que suscita l'art byzantin et celui du premier siècle chrétien chez Ingres qui copia les décors sur fonds d'or et visita Ravenne et Assise d'où il ramena de nombreux dessins. Sainte-Praxède fit en outre l'objet de plusieurs études conservées aujourd'hui au Musée Ingres de Montauban (Inv. n° 867-3816), notamment certains détails du décor comme la mosaïque (Inv. n° 867-3817) et une partie de la corniche. L'ensemble de la chapelle fut également repris dans un rapide croquis annoté d'indications précises sur les coloris. Le personnage assis, situé derrière une des colonnes à droite, fut étudié dans une autre feuille conservée à Montauban (Inv. n° 867-1328).

Pour ce paysage, daté de son second séjour à Rome, Ingres a presque uniquement recours à l'aquarelle, technique qu'il utilise rarement (le Musée de Montauban ne possède de lui que dix aquarelles), préférant la mine de plomb pour décrire avec minutie chaque détail architectural de sa composition.

128

L'ILIADE

Mine de plomb sur papier jaunâtre.
H. 0,312 ; L. 0,214.
Annotation en bas à la mine de plomb : *Ingres*.
Provenance : Haro (L. 1241), vente, Paris, 1867 ;
Armand Valton.
Inv. E.B.A., n° 1102.

Bibliographie : L. Marcheix, 1909, pp. 257-264 ; H. Lapauze, 1911, p. 553 ; P. Lavallée, 1917, p. 430 ; Ch. Martine, 1926, n° 28 ; J. Alazard, 1950, pl. LVII.

Expositions : Paris, E.B.A., 1867, n° 155 ; Paris, Petit Palais, 1913, n° 345 ; Paris, Petit Palais, 1921, n° 154 ; Paris, E.B.A., 1934, n° 144 ; Paris, Palais des Beaux-Arts, 1937, n° 674 ; Belgrade, 1939, n° 38 ; Buenos Aires, Museo nacional de Bellas Artes, 1939, n° 247 ; Vienne, Albertina, 1950, n° 151.

Ce dessin est une étude préparatoire pour l'Iliade figurant dans l'*Apothéose d'Homère* réalisée par Ingres en 1827 et destinée au plafond de la salle Clarac du Musée Charles X (Ch. Sterling et H. Adhémar, 1960, n° 1109) : L'Iliade assise sur les marches du grand escalier central, aux pieds d'Homère, tourne le dos à l'Odyssée. Ingres reprit la figure de l'Iliade, seule, aux alentours de 1850, dans une autre peinture conservée aujourd'hui dans la collection David Weill (Exp. Paris, 1967-1968, n° 243) : elle diffère peu du dessin, à l'exception du pied posé sur le sol qu'Ingres a volontairement fait disparaître dans sa dernière version. Il accompagna cette peinture d'un pendant représentant la compagne de l'Iliade dans l'*Apothéose d'Homère*,

l'*Odyssée*, conservée au Musée des Beaux-Arts de Lyon (Exp. Paris, 1967-1968, n° 244).

Le choix du nu pour son étude permet à l'artiste d'approfondir ses recherches de monumentalité et de massivité, qu'il reprend dans plusieurs dessins très proches de celui-ci, l'un conservé au Musée Ingres de Montauban (Ch. Martine, 1926, n° 23), l'autre vendu au Palais Galliera en 1961 (Vente du 23 juin 1961, n° 4). Il exécuta également une étude de la tête de l'Iliade (Vente Heseltine, Londres, Sotheby's, 27-29 mai 1935, n° 251).

L'Odyssée fit également l'objet de différentes études préparatoires où elle est représentée tantôt nue tantôt vêtue (Vente, Christie's, 26 mars 1963, lot 234 ; Exp. New York, Paul Rosenberg and Co, 1961, n° 36 et Exp. Paris, Petit Palais, 1967, n° 147).

Ingres, *L'Illiade*, dessin, vente, Paris, 1961.

129

ETUDE D'ENFANT

Mine de plomb et rehauts de craie sur papier brunâtre.
H. 0,401 ; L. 0,258.
Annotation en bas à gauche à la mine de plomb : *Ing*.
Provenance : Haro (L. 1241), vente, Paris, 1867 ; Armand Valton.
Inv. E.B.A., n° 1104.

Bibliographie : H. Lapauze, 1911, p. 553 ; P. Lavallée, 1917, p. 430.

Expositions : Paris, Petit Palais, 1921, n° 208 ; Paris, E.B.A., 1934, n° 145 ; Zürich, Kunsthaus, 1937, n° 220.

Par son attitude, cette figure est à rapprocher de l'enfant soutenu par la Vierge dans le *Vœu de Louis XIII* exécuté à Rome entre 1821 et 1824 et conservé dans l'église de Montauban (Exp. Paris, 1967-1968, n° 131). Toutefois, il paraît difficile aux yeux de D. Ternois (communication écrite), de considérer ce dessin comme une étude préparatoire pour le tableau.

Ingres réalisa par ailleurs d'autres études d'enfant, où sa préoccupation essentielle demeure l'emplacement des bras, qui n'est pas encore définitivement choisi ici (Musée des Beaux-Arts de Chartres, Inv. n° 4931 et vente Mme de Biron, 11 juin 1914, Galerie Petit, n° 33).

130

PORTRAIT D'HOMME

Pierre noire, sanguine et rehauts de blanc.
H. 0,332 ; L. 0,216.
Collé en plein.
Provenance : Vivant-Denon, marque en bas
à droite (L. 779), vente, Paris, 1er mai 1826,
n° 121 ; Armand Valton.
Inv. E.B.A., n° 1138.

Bibliographie : L. Marcheix, 1909, pp. 257-
264 ; A. Michel, 1909, t. V, 2e partie, p.
791 ; P. Lavallée, 1917, p. 419 (repr.) ; P.
Lavallée, 1930, pp. 40 et 110, pl. LXI, n°
79.

Expositions : Paris, E.B.A., 1933, n° 74 ;
Paris, Palais des Arts, 1937, n° 145 ; Bogota,
1938, n° 123 ; Hambourg, Kunsthalle, Cologne,
Wallraf-Richartz Museum, Stuttgart, Wurtem-
bergischen Kunst Verein, 1958, n° 23 ; Paris,
E.B.A., 1961, n° 40 ; Lausanne-Aarau, Musée
des Beaux-Arts, 1963, n° 36, pl. 1 ; Montréal,
Pavillon Français, 1967, n° 98.

Plusieurs dessins du Recueil Lagneau,
qui ont appartenu à l'abbé de Marolles
(B.N., Na 21b rés.) représentent des
personnages vêtus de costumes qui per-
mettraient de situer cet artiste peu connu,
non plus au XVIe siècle, mais plutôt
dans la seconde moitié du XVIIe siècle.
Le traitement du visage des modèles de
Lagneau aux joues creuses, aux yeux
enfoncés et aux rides profondément
marquées évoque plutôt l'art d'un cari-
caturiste. Il est possible, comme le pense
J. Thuillier (communication orale), que
Lagneau ait dessiné toutes ces figures
d'après des malades qu'il pouvait voir
dans ce qu'on appelait alors «les petites
maisons». Il habille ses personnages
bien souvent en costume du XVIe
siècle ou avec une tunique sombre
qu'aucune fantaisie ne vient égayer,
comme l'atteste la série des dessins
conservés à la Bibliothèque Nationale
et au Louvre (J. Adhémar, 1973, n° 697
à 765 ; J. Guiffrey et P. Marcel, 1919,
t. V, n° 5503-5511). La facture aux
trois crayons s'adapte à ce genre de
feuille d'étude où Lagneau procède pour
le vêtement à l'estompe à la pierre
noire et recourt, pour les chairs, à un
mélange de rouge-noir.

NICOLAS LANCRET
Paris 1690 - Paris 1743

131

FEUILLE D'ETUDE : LA DANSE

Sanguine avec corrections à la pierre noire et à la craie.
H. 0,232 ; L. 0,183.
Collé en plein.
Provenance : Armand Valton.
Inv. E.B.A., n° 1140.

Bibliographie : P. Lavallée, 1917, p. 426 (Pater) ; P. Lavallée, 1928, p. 20, pl. 10 (Pater) ; E. Gradmann, 1949, p. 50, n° 16 ; F. Boucher et Ph. Jaccottet, 1952, pl. 40 (Pater) ; S. Bon, 1957, pp. 643-650 (repr. p. 644).

Expositions : Paris, E.B.A., 1933, n° 77 ; Copenhague, Musée d'Ordrupgaard, 1935, n° 56 ; Paris, Palais des Arts, 1937, n° 558 ; Londres, Matthiesen Gallery, 1950, n° 42 ; Paris, E.B.A., 1965, n° 47 ; Paris, Hôtel de la Monnaie, 1974, n° 630 (repr.).

Ce dessin reproduit sous le nom de Pater par P. Lavallée, F. Boucher et P. Jaccottet doit revenir à Lancret, qui semble avoir utilisé ce couple de danseurs dans deux tableaux, *La danse dans un parc* de la Wallace Collection de Londres et *La danse* de l'ancienne collection Lazard (G. Wildenstein, 1924, n° 38 et 39). Le thème de la danse, très prisé par les artistes du XVIIIe siècle comme Watteau et Pater, le fut peut-être plus encore par Lancret qui en fit sa spécialité.

Lancret, *La danse*, toile, Wallace collection, Londres.

132

FEUILLE D'ETUDE : JEUNE FILLE A TERRE

Sanguine et craie sur papier beige.
H. 0,170 ; L. 0,199.
Annotation en bas, à droite, à la plume, encre noire : *Watteau.*
Collé en plein.
Provenance : E. Desperet, marque en bas à droite (L. 721), vente, Paris, 6-7 juin 1865, n° 531, lot de quatre dessins, 280 f ; Armand Valton.
Inv. E.B.A., n° 1610.

Bibliographie : P. Lavallée, 1928, pl. 4 (Watteau) ; E. Dacier, 1930, n° 49 (Watteau) ; J. Mathey, 1936, pp. 7-12, fig. 1 (Lancret) ; J. Mathey et K.T. Parker, 1957, sous le n° 861 (Lancret).

Expositions : Paris, E.B.A., 1933, n° 162 (Watteau) ; Valenciennes, Musée des Beaux-Arts, 1962, n° 10 (Watteau) ; Paris, E.B.A., 1965, n° 103 (Watteau) ; Londres, British Museum, 1980, sous le n° 28 (pas de Watteau).

Cette feuille, attribuée par P. Lavallée et E. Dacier à Watteau, doit plutôt revenir, comme le pensent J. Mathey et K.T. Parker (1957), à Nicolas Lancret qui s'inspira plusieurs fois du *Pèlerin aidant une femme à se relever*, feuille du maître conservée dans la collection Salting et dont le motif fut utilisé par la suite pour l'*Embarquement pour Cythère* du Louvre (J. Mathey et K.T. Parker, 1957, n° 861). L'attitude de la jeune femme fut en effet reprise dans trois tableaux de Lancret, *L'hiver*, du Musée du Louvre, *La famille Bourbon-Conti* et *La réunion champêtre* (G. Wildenstein, 1924, n° 13, 145 et 196).

Les deux personnages figurant à droite de l'Hiver firent en outre l'objet d'une étude préparatoire qui passa en vente en 1914 (vente André, 19 mai 1914, Hôtel Drouot, n° 67).

On retrouve dans cette étude beaucoup d'éléments qui caractérisent l'art graphique de Lancret : l'inachèvement du visage féminin cerné d'un simple trait, la représentation des deux mains et plus particulièrement celle du pouce, reprise sur le haut de la feuille (communication orale de J. Cailleux) rappellent certains dessins du Louvre (J. Guiffrey et P. Marcel, 1919, t. VII, n° 5632, 5635 et 5636).

Lancret, *L'Hiver*, toile, Musée du Louvre.

Watteau.

FRANÇOIS LEMOINE (d'après)
Paris 1688 - Paris 1737

133

FEUILLE D'ETUDES : TORSE NU, JAMBE DROITE ET MAIN TENANT UNE COUPE DE FRUITS

Pierre noire, sanguine et craie.
H. 0,251 ; L. 0,188.
Provenance : Armand Valton.
Inv. E.B.A., n° 1176.

Bibliographie : J. Wilhelm, 1951, pp. 216-229, fig. 10.

Ce dessin, qui fut longtemps attribué à Antoine Watteau, reprend différentes parties de la composition peinte par Lemoine en 1724, *Hercule et Omphale*, conservée au Louvre (Inv. n° MI 1086) : en effet, on retrouve le torse d'Omphale à droite, la main d'Hercule et celle de l'Amour tenant une coupe de fruits à gauche de la feuille.

Pour cette composition, le peintre réalisa trois études préparatoires, dont le *Torse d'Omphale* du Louvre (J. Wilhelm, 1951, p. 222), la *Tête de Femme* du Musée de Berkeley (P. Rosenberg, 1972, n° 79, pl. 84) et l'étude de la collection Paignon-Dijonval (vente 1810, Paris, n° 3249).

Toutefois, si J. Wilhelm reconnaît dans la feuille du Louvre (1951, p. 222) —autrefois classée parmi les dessins de Watteau— une œuvre incontestable de Lemoine, il attribue plutôt cette étude à un élève vraisemblablement inspiré par la gravure exécutée par Laurent Cars d'après la peinture de Lemoine.

Lemoine, *Hercule et Omphale,* toile, Musée du Louvre.

JEAN-BAPTISTE LE PRINCE
Metz 1733 - Saint-Denis-du-Pont 1781

134

LES LAVANDIERES

Pierre noire et lavis d'encre de Chine.
H. 0,279 ; L. 0,390.
Large auréole grise sur le côté droit ; deux déchirures au centre. Signé en bas à droite à la plume, encre brune : *Le Prince 1770.*
Provenance : E. Desperet, marque en bas à gauche (L. 721), vente, Paris, 6-7 juin 1865, n° 476, lot de trois dessins, 40 f ; Armand Valton.
Inv. E.B.A., n° 1130.

Bibliographie : P. Lavallée, 1928, pl. 35, p. 70.

Expositions : Paris, Petit Palais, 1925, n° 568 ; Paris, E.B.A., 1933, n° 88 ; Paris, Arts Décoratifs, 1948, n° 518 ; Londres, Royal Academy, 1949-1950, n° 416 ; Paris, E.B.A., 1965, n° 51.

Le thème des lavandières fut un des motifs favoris des paysagistes du XVIIIe siècle, en particulier d'Honoré Fragonard (Exp. Paris, 1967, p. 86, n° 85) et surtout de François Boucher (A. Ananoff, 1976, p. 375, n° 259) qui fut le maître de Jean-Baptiste Le Prince. Ce dernier traita ce sujet à plusieurs reprises, notamment dans deux dessins — datés respectivement de 1777 et de 1779 — qui furent vendus, l'un à la galerie Georges Petit (vente du 12 avril 1943, Paris, n° 30) et l'autre à la vente P. Décourcelle (vente du 29 mai 1911, Paris, n° 24).

La date de 1770, apposée sur cette feuille, correspond aux années où le dessinateur, après avoir abandonné la manière réaliste qui avait marqué les œuvres exécutées durant son voyage en Russie de 1758 à 1763, revient à un paysage fantaisiste et pittoresque inspiré de Boucher. En effet, cette nature charmante et idyllique, où figurent une petite masure délabrée, un petit pont envahi de mousse et des personnages de taille enfantine, aux visages poupins, se retrouve également dans certaines peintures de Boucher, comme le *Pigeonnier* de la collection Beaurain de Paris et le *Paysage avec pont et tourelle* de la Gemäldegalerie de Berlin (S.M.P.K.) (A. Ananoff, 1976, p. 374, n° 258 et p. 181, n° 509). Par ailleurs, la technique au lavis posé par petites touches, évoquant les points de tapisserie, s'inspire sans aucun doute de l'art de Berchem, dont l'artiste a pu voir des œuvres lors de son voyage en Hollande en 1758.

EUSTACHE LE SUEUR
Paris 1616 - Paris 1655

135

LA MUSE POLYMNIE

Pierre noire, rehauts de craie sur papier brunâtre, avec une mise au carreau à la pierre noire.
H. 0,380 ; L. 0,248.
Tache brune au centre à droite.
Verso : la muse Calliope à la pierre noire et rehauts de craie.
Provenance : His de la Salle, marque en bas à gauche (L. 1332) ; Armand Valton.
Inv. E.B.A., n° 1188.

Bibliographie : A. de Montaiglon et L. Dussieux, 1852-1853, p. 107 ; G. Rouchès, 1923, p. 22 ; J. Valléry-Radot, 1953, p. 201, pl. 91 ; J. Valléry-Radot, 1964, p. 63, pl. 31 ; N. Rosenberg-Henderson, 1974, pp. 555-570 ; A.P. de Mirimonde, 1975, pp. 78-80.

Expositions : Château de Maisons Laffitte, 1929, n° 63 ; Londres, Royal Academy, 1932, n° 611 ; Paris, E.B.A., 1933, n° 91 ; Paris, Bibliothèque Nationale, 1934, n° 589 ; Paris, Palais des Arts, 1937, n° 158 ; Bogota, 1938, n° 142 ; Hambourg, Kunsthalle, Cologne, Wallraf-Richartz Museum, Stuttgart, Wurtembergischen Kunst Verein, 1958, n° 46 ; Berne, Kunstmuseum, 1959, n° 153 ; Washington, National Gallery of Art, Toledo, Museum of Art, New-York, Metropolitan Museum of Art, 1960-1961, n° 44 ; Paris, E.B.A., 1961, n° 61 ; Paris, Palais de Tokyo, 1978, sans numéro de catalogue.

Ce dessin, comme le suivant, est une étude préparatoire pour l'un des cinq panneaux destinés à orner le Cabinet des Muses de l'Hôtel Lambert et aujourd'hui conservés au Musée du Louvre (Inv. n° 8058).

Cette décoration, exécutée vers 1649-1650, représentait au plafond *Diane sous les traits de la lune* et aux murs les muses qui, suivant Brice, symbolisaient les sphères. Polymnie, muse de la poésie lyrique et anacréontique, devait prendre place dans un tableau rectangulaire, aux côtés de Melpomène, muse de la tragédie et Erato, de l'élégie.

On remarque que Le Sueur, dans son programme, n'observe pas rigoureusement les attributs qui distinguent ordinairement ces divinités, puisque Polymnie n'apparaît déjà plus, dans cette feuille, jouant de la lyre, l'instrument que lui conféraient les anciens, mais de la basse viole. Ce choix délibéré s'explique, comme le souligne A.P. de Mirimonde (1975, pp. 65-70), par le prestige que connaît la basse viole au XVIIᵉ siècle.

En outre, la muse découvre une partie de sa poitrine, et son visage inspiré, révélant les transports de l'âme dans la création, contribue à symboliser la fécondité de l'invention poétique. Toutefois, la couronne de laurier disparaît au profit d'une guirlande de roses et de myrte dans la composition finale où Le Sueur cherche ainsi à spécifier l'identité de son personnage, puisque le laurier était attribué à plusieurs autres divinités mythologiques.

Verso du n° 135.

Le Sueur, *Melpomène, Erato et Polymnie*, toile, Musée du Louvre.

Dans cette étude, l'artiste s'attache surtout à saisir l'attitude de la violiste et tout particulièrement la pose des deux mains. Malgré l'absence de l'archet, il tient à placer avec exactitude chaque doigt, notamment l'auriculaire qui reste dégagé.

L'étude du verso est consacrée au personnage de Calliope, muse de l'éloquence et de la poésie héroïque, qui figure, accompagnée de sa lyre, dans un tableau ovale. On remarque ici aussi avec quelle justesse Le Sueur fixe déjà l'emplacement des doigts de la jeune femme.

On connaît pour ces muses trois autres dessins, deux conservés au Louvre, représentant pour l'un, *Clio et Thalie* —cette dernière assise à terre, à peine esquissée au deuxième plan— pour l'autre, *Melpomène, Erato et Polymnie* (J. Guiffrey et P. Marcel, 1921, t. IX, n° 9158 et 9159) et un troisième au Musée Condé de Chantilly, représentant *Uranie* (Inv. 286).

Cette œuvre résume parfaitement les ambitions de Le Sueur en 1650, où encore influencé par Simon Vouet dans la simplicité de la conception et le souci d'élégance, il élabore une interprétation toute personnelle de la décoration, dans le rendu de draperies volumineuses et le modelé des figures dans l'espace.

EUSTACHE LE SUEUR

136

LA MUSE TERPSICHORE

Pierre noire et rehauts de craie sur papier brunâtre avec une mise au carreau à la pierre noire.
H. 0,390 ; L. 0,260.
Provenance : E. Guichardot (L. 2490), vente, Paris, 7-20 juillet 1875, n° 27 ; Armand Valton.
Inv. E.B.A., n° 1189.

Bibliographie : A. de Montaiglon et L. Dussieux, 1852-1853, p. 107 ; G. Rouchès, 1923, p. 22 ; J. Valléry-Radot, 1953, p. 201, pl. 92 ; N. Rosenberg-Henderson, 1974, pp. 555-570 ; A.P. de Mirimonde, 1975, pp. 78-80.

Expositions : Château de Maisons Laffitte, 1929, n° 64 ; Paris, E.B.A., 1933, n° 92 ; Paris, Bibliothèque Nationale, 1934, n° 589 ; Paris, Palais des Arts, 1937, n° 158 ; Berne, Kunstmuseum, 1959, n° 154 ; Paris, Palais de Tokyo, 1978, sans numéro de catalogue.

La présente figure destinée, comme la précédente, à la décoration du Cabinet des Muses de l'Hôtel Lambert, devait prendre place dans un tableau ovale, conservé aujourd'hui au Louvre (Inv. n° 8060).

Exposée sous différents titres, elle pose, par la complexité de ses attributs, des problèmes d'identification. En effet, la jeune femme au bras levé semble jouer d'un instrument, comme le révèle la peinture du Louvre, où elle tient un triangle, attribut plutôt rare qui ne s'accorde avec aucune muse des versions italiennes ou françaises de l'Iconologie de Ripa. N. Rosenberg-Henderson proposa récemment (1974, pp. 555-570)

le nom de Polymnie, qui est habituellement représentée avec un rouleau de papier où est inscrit le mot «Suadere». En revanche, A.P. de Mirimonde (1975, pp. 78-80) retient avec plus de vraisemblance le nom de Terpsichore, suggérant que si Le Sueur avait donné à Calliope la harpe, instrument attribué à Terpsichore, il avait choisi pour cette dernière, muse de la danse, le triangle qui sert à marquer le rythme.

Le Sueur modifie, dans sa composition finale, l'attitude de la muse, présentée non plus de profil vers la gauche, c'est-à-dire détournant la tête de son instrument, mais à droite, afin d'assurer ainsi un lien avec les autres muses et une clôture à gauche de la composition murale.

Le Sueur, *Terpsichore*, toile, Musée du Louvre.

137

DEUX ANGES AGENOUILLES

Pierre noire et rehauts de craie sur papier brun.
H. 0,222; L. 0,410.
Annotation en bas à droite, à la plume, encre brune : *Le Sueur*. Les bords du dessin ont été rajoutés.
Provenance : E. Desperet, marque en bas à droite (L. 721), vente, Paris, 6-7 juin 1865, n° 499, 58 f; Armand Valton.
Inv. E.B.A., n° 1203 bis.

Bibliographie : A. de Montaiglon et L. Dussieux, 1852-1853, t. II, p. 106; M. Sapin, 1978, pp. 242-254, fig. 24.

Exposition : Château de Maisons Laffitte, 1929, n° 69.

Ce dessin, déjà mentionné par A. de Montaiglon comme une étude d'une décoration religieuse (1852-1853, p. 106), est plus précisément à rapprocher, comme l'indique M. Sapin (1978, p. 248), des motifs décoratifs des tapisseries destinées au chœur de l'église Saint-Gervais - Saint-Protais à Paris. En effet, pour l'ensemble de cette commande exécutée vers 1652, qui comprenait notamment six cartons consacrés à la vie de Saint Gervais et de Saint Protais, Le Sueur fut également chargé de concevoir les divers ornements : parmi ceux-ci, les anges pour lesquels on conserve aujourd'hui trois autres études, au Louvre, au Musée des Beaux-Arts de Rennes et au Musée Atger de Montpellier (M. Sapin, 1978, fig. 25 et 26; Rennes, Inv. 794.1.2685).

Les deux figures de la feuille de l'Ecole des Beaux-Arts apparaissent à plusieurs reprises dans les bordures horizontales des quatre tapisseries de cette suite, exposées aujourd'hui à l'Hôtel de Ville de Paris (M. Sapin, 1978, fig. 27 bis).

Le Sueur, *Saint Gervais-Saint Protais*, tapisserie (bordure), Hôtel de Ville, Paris.

138

ETUDE D'HOMME NU

Pierre noire et rehauts de craie sur papier brunâtre.
H. 0,415 ; L. 0,235.
Provenance : Armand Valton.
Inv. E.B.A., n° 1202.

Bibliographie: M. Sapin, 1978, pp. 242-254, fig. 22.

Exposition : Paris, Palais de Tokyo, 1978, sans numéro de catalogue.

Cette figure est une étude préparatoire pour l'un des soldats du tableau *Saint Gervais et Saint Protais amenés devant Astasius, refusant de sacrifier à Jupiter*, daté de 1654, conservé autrefois à l'église Saint-Gervais - Saint-Protais et aujourd'hui au Musée du Louvre (Inv. n° 8019). On retrouve en effet la tunique, les sandales et le casque portés par le soldat figurant à droite de la composition, très légèrement esquissés sur la feuille. Cette peinture fut gravée par E. Vautrel, E. Lingée, Chataignier et Bacquoy.

Le traitement du nu est plutôt rare chez Le Sueur, qui préférait de loin, comme le souligne A. de Montaiglon, les figures drapées : «Il paraît même qu'il a été plus occupé dans toutes ses études à bien disposer ses draperies qu'à disposer le nu» (1852-1853, t. II, p. 109). Néanmoins, le Musée du Louvre conserve d'autres études de personnages nus (J. Guiffrey et P. Marcel, 1921, t. IX, n° 9199-9205) qui révèlent le même intérêt pour le rendu des figures dans l'espace, parfois au détriment de l'anatomie, la jambe droite paraissant ici plus courte que la gauche.

On connaît pour cette peinture trois autres dessins, l'un consacré à l'ensemble de la composition, conservé au Louvre (J. Guiffrey et P. Marcel, 1921, t. IX, n° 9210) et deux représentant Saint Gervais puis Saint Protais appartenant au collectionneur J. Petithory.

Le Sueur, *Saint Gervais et Saint Protais amenés devant Astasius*, toile, Musée du Louvre.

Le Sueur, *Saint Gervais*, dessin, coll. J. Petithory.

Le Sueur, *Saint Protais*, dessin, coll. J. Petithory.

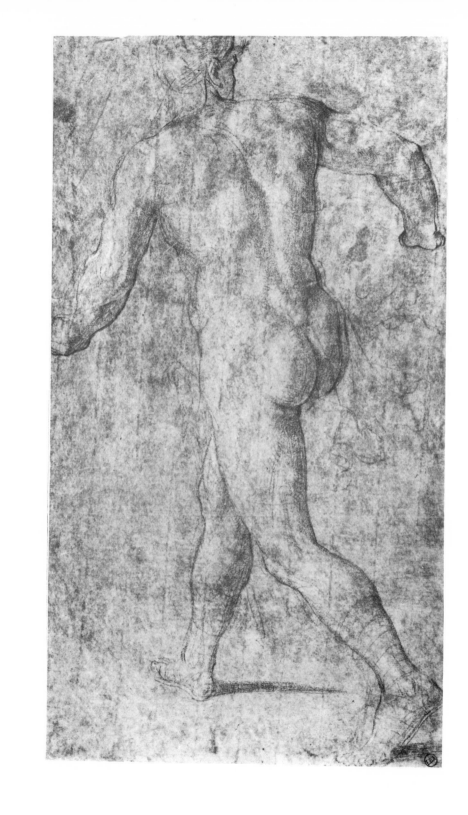

139

ETUDE D'HOMME DRAPE ASSIS

Pierre noire et rehauts de craie sur papier brun avec une mise au carreau à la pierre noire.
H. 0,370; L. 0,253.
Annotation en bas à droite à la plume, encre brune : *Le Sueur*.
Provenance : His de la Salle, marque en bas à droite (L. 1332); Armand Valton.
Inv. E.B.A., n° 1197.

Bibliographie : A. de Montaiglon et L. Dussieux, 1852-1853, t. II, p. 102.

Expositions : Château de Maisons Laffitte, 1929, n° 70; Paris, E.B.A., 1933, n° 90; Paris, E.B.A., 1936, n° 90.

La marque figurant au bas de la feuille indique clairement que c'est bien ce dessin, et non celui de l'Art Institute of Chicago, qui a appartenu à His de la Salle. La feuille conservée à Chicago serait soit une autre étude préparatoire, soit une copie, l'attitude des deux personnages étant quasiment identique (P. Rosenberg, 1972, n° 87, pl. 32).

La figure étudiée par Le Sueur correspond au malade que le roi Saint Louis s'apprête à soigner, dans le tableau *Saint Louis pansant les malades*, exécuté en 1654 pour l'abbaye de Marmoutiers et conservé aujourd'hui au Musée des Beaux-Arts de Tours.

La position de la figure varie peu dans la peinture, où seuls les cheveux sont beaucoup plus longs. On connaît pour cette composition un autre dessin au Louvre, qui représente les quatre personnages de l'arrière-plan (J. Guiffrey et P. Marcel, 1921, t. IX, n° 9175).

L'étude des Beaux-Arts frappe à la fois par la monumentalité du personnage, rendue par l'ampleur des draperies, et par la suavité et la douceur du visage. A. de Montaiglon a d'ailleurs cru reconnaître dans la solennité de ce malade (1852-1853, p. 102) : «Jésus assis, tourné à gauche, ouvrant les mains avec surprise et la jambe droite levée». Cette impression est renforcée par l'atmosphère de recueillement et de silence qui se dégage de l'œuvre.

La décoration de l'abbaye de Marmoutiers fut complétée par trois autres toiles, un *Saint Sébastien*, conservé au Musée des Beaux-Arts de Tours (P. Vitry, 1911, n° 122), la *Messe de Saint Martin* et l'*Apparition de la Vierge et de plusieurs saints à Saint Martin* au Musée du Louvre (P. Rosenberg, N. Reynaud, I. Compin, 1974, n° 541 et 542).

Le Sueur, *Etude d'homme drapé assis*, dessin,
Art Institute, Chicago.

Le Sueur, *Saint Louis pansant les malades*,
toile, Musée des Beaux-Arts de Tours.

JEAN MIGNON
Travaille entre 1535 - 1555 environ.

140

FEMME DEBOUT, TENANT UN MIROIR

Pierre noire, plume, encre brune et lavis brun.
H. 0,266 ; L. 0,133.
Angles du haut de la feuille rapportés.
Provenance : E. Desperet, marque en bas à gauche (L. 721), vente, Paris, 6-7 juin 1865, n° 87 ; Armand Valton.
Inv. E.B.A., n° 247.

Bibliographie : L. Marcheix, 1909, pp. 257-264, pl. 4 ; C.L. Ragghianti Collobi, 1972, p. 82 et fig. 65.

Expositions : Paris, E.B.A., 1879, n° 89 ; Paris, E.B.A., 1935, n° 89 ; Paris, Grand Palais, 1972, n° 415, p. 320 ; Ottawa, Galerie Nationale du Canada, 1973, n° 415.

Cette figure est à rapprocher de la jeune femme située à droite des *Femmes au bain*, gravure de Jean Mignon (Inv. E.B.A., n° 227) qui s'inspira directement dans sa composition de Luca Penni. En effet, les deux artistes travaillèrent en étroite collaboration à partir de 1543-1544, puisque Jean Mignon interpréta presque exclusivement les dessins de Luca Penni. Néanmoins, il ne semble pas s'agir d'une étude préparatoire de Luca Penni mais plutôt, comme le propose C.L. Ragghianti Collobi (1972, p. 82 et fig. 65), d'une copie libre par Jean Mignon lui-même de l'eau forte qui inspira d'ailleurs d'autres graveurs : Marco de Bianchi notamment la reprit en sens inverse, dans une estampe signée Nicolai Nelli formis et datée de 1572.

Mignon, *Femmes au bain*, gravure, E.B.A.

VICTOR-JEAN NICOLLE
Paris 1754 - Paris 1826

141

VUE DE L'ARC DE SEPTIME SEVERE, DES RESTES DU TEMPLE DE LA CONCORDE ET D'UNE PARTIE DU CAPITOLE DE ROME.

Plume, encre brune et aquarelle.
H. 0,197 ; L. 0,324.
Signé en bas à droite à la plume, encre brune :
v. Nicolle
Provenance : Armand Valton.
Inv. E.B.A., n° 1365.

Expositions : Paris, Petit Palais, 1925, n° 611 ; Paris, E.B.A., 1933, n° 104 ; Rome, Palazzo delle Esposizioni, 1961, n° 250 ; Paris, E.B.A., 1965, n° 62.

On compte en très grand nombre ce genre d'aquarelles de Nicolle, représentant l'arc de Septime Sévère au milieu du Forum, avec, il est vrai, dans la mise en page, des variations résultant d'un simple changement d'angle : *L'Arc de Septime Sévère et une partie du Forum romain*, *L'Arc de Septime Sévère et le Mont Capitolin* et *L'Arc de Septime Sévère au pied du Mont Capitolin* en sont les exemples les plus connus. (Vente de la collection A.E. Moreau, *Aquarelles et dessins de V. J. Nicolle*, Paris, Hôtel Drouot, avril 1929, n° 25, 26 et 139). Nicolle passa en effet une grande partie de sa vie en Italie et plus particulièrement à Rome, où il séjourna de 1787 à 1799 et entre 1806 et 1810.

Cette feuille atteste en outre le goût prononcé de l'artiste pour les grands espaces, qu'il enveloppe de l'atmosphère de l'heure qui l'a séduit. Toutefois, ces vastes vues rigoureusement observées, où chaque détail architectural est noté avec une grande minutie, révèlent un sens profond de l'architecture que l'artiste tient de son maître Petit-Radel.

De tels dessins, d'une grande valeur documentaire, en raison de l'observation fidèle des monuments, s'opposent à certaines feuilles de cette époque, représentant le même site, comme *La vue du Forum à Rome* d'Hubert Robert (Exp. Paris, 1967, p. 88, n° 88) où la précision s'efface devant l'impression violemment ressentie face à la nature, sans souci d'exactitude topographique.

JEAN-BAPTISTE OUDRY
Paris 1686 - Beauvais 1755

142

LA MORT DU CERF AUX ETANGS DE SAINT-JEAN-AUX-BOIS

Pierre noire, rehauts de craie sur papier bleu.
H. 0,282 ; L. 0,248.
Provenance : E. Desperet, marque en bas à gauche (L. 721), vente, Paris, 6-7 juin 1865, n° 448, 65 f ; Armand Valton.
Inv. E.B.A., n° 1376.

Bibliographie : J. Locquin, 1912, n° 651 ; P. Lavallée, 1917, p. 426 ; L. Hourticq, 1925, pl. XXXIV ; N. Hennique, 1926, p. 65, pl. 13 ; P. Lavallée, 1928, p. 22, pl. 11 ; J. Lauts, 1967, pl. 6 ; M. Jarry, 1969, pp. 111-118, fig. 3 ; H. N. Opperman, 1977, n° D. 589, fig. 203.

Expositions : Paris, Petit Palais, 1925, n° 624 ; Londres, Royal Academy, 1932, n° 618 ; Paris, E.B.A., 1933, n° 107 ; Paris, Palais des Beaux-Arts, 1937, n° 567 ; Paris, E.B.A., 1965, n°65.

Ce dessin est une étude pour le tableau conservé aujourd'hui au Château de Fontainebleau et daté de 1736 : *Chasse de Louis XV avec la prise du cerf dans l'eau* (J. Locquin, 1912, n° 486), dans lequel Oudry a ajouté quelques personnages et modifié l'attitude du cheval du Roi. Ce tableau servit en fait de carton pour l'une des tapisseries conservées aux Offices. Il existe pour cette composition un autre dessin d'une facture plus achevée, daté de 1733 et conservé au Musée Nissim de Camondo (F. Mathey, 1973, p. 83, n° 440). Cette étude fut sans doute exécutée, comme le pense H.N. Opperman (communication orale), vers la même époque.
Cette chasse fait suite aux *Chasses nouvelles* de 1727 et fait partie de la grande commande de 1733, *Les chasses royales de Louis XV*, destinée à la décoration des appartements royaux. Oudry est depuis 1726 peintre ordinaire des chasses de Louis XV et peintre officiel des tapisseries de Beauvais, pour lesquelles il exécute d'autres scènes de chasses, comme celle de la *Chasse au loup, l'Hallali*, conservée au Louvre (Inv. n° 31 493). Il avait d'ailleurs déjà traité quelques années auparavant le thème de la prise du cerf dans l'eau dans un tableau aujourd'hui conservé au Musée des Augustins de Toulouse et daté de 1730, où le paysage diffère toutefois de celui de cette composition (H.N. Opperman, 1977, p. 155).
Le thème de la chasse royale, si répandu aux XVIIe et XVIIIe siècles, puisqu'il relève alors de la peinture d'histoire, est traité dans cette feuille avec une grande originalité : en effet, contrairement à la tradition d'un Van der Meulen ou d'un Lebrun, Oudry choisit de pénétrer dans le théâtre même de l'action, au sein de la nature qu'il décrit avec une grande exactitude, comme le révèle l'arrière-plan du dessin, où l'on entrevoit à flanc de côteau le petit village de Saint-Jean-aux-Bois dans la forêt de Compiègne.

Oudry, *Chasse de Louis XV avec la prise du cerf dans l'eau*, toile, château de Fontainebleau.

143

RAMPES ET TERRASSES DANS LE PARC D'ARCUEIL

Pierre noire et rehauts de blanc sur papier bleu. H. 0,319 ; L. 0,532.

Provenance : E. Guichardot, marque en bas à droite (L. 2490), vente, Paris, 7-20 juillet 1875, n° 256, lot de six dessins, 180 f ; Armand Valton.

Inv. E.B.A., n° 1378.

Bibliographie : J. Locquin, 1912, n° 871 ; P. Lavallée, 1917, pp. 418-432 (p. 426) ; P. Lavallée, 1928, pl. 13 ; J. Vergnet-Ruiz, 1930, t. II, p. 144 ; A. Desguine, 1950, p. 8 (repr. p. 31) ; H.N. Opperman, 1977, D 1070, p. 823.

Expositions : Paris, E.B.A., 1933, n° 112 ; Château de Maisons Laffitte, 1934, n° 5 ; Sceaux, Musée de l'Ile-de-France, 1937, n° 130 ; Rotterdam, Musée Boymans-van Beuningen, 1948, n° 175 ; Bordeaux, Musée des Beaux-Arts, 1958, n° 14 ; Paris, E.B.A., 1965, n° 70.

C'est au cours de ses longues et fructueuses promenades dans le parc d'Arcueil, dans les années 1744-1747, qu'Oudry, alors à l'apogée de sa carrière, exécute cette suite de cinq paysages, qui font partie d'un ensemble de quarante-deux dessins, dispersés dans le monde entier (notamment au Musée Carnavalet, au Musée de l'Ile-de-France de Sceaux, au Louvre, à l'Albertina et au Metropolitan Museum de New York), et de quelques tableaux. Oudry ne varia presque jamais la manière, ni la présentation de ces études prises d'après nature et dessinées pour elles-mêmes sur de grandes feuilles de papier gris ou bleu.

C'est en compagnie de quelques élèves, parmi lesquels Boucher, Wille, Natoire et Portail, qu'il s'évadait de Paris les dimanches, pour regagner, avant qu'elle ne soit détruite en 1752, cette superbe demeure du XVIIIe siècle, où séjournait le Prince de Guise : «Formant un quadrilatère, elle était limitée par le vieux chemin de Ville-Juif, les rues actuelles de la citadelle des Tournelles, les rues Besson, Emile Raspail, Cauchy et la Fontaine d'Arcueil» (A. Desguine, 1950, p. 7).

La propriété d'Arcueil offrait des points de vue pittoresques qu'Oudry sut dépeindre avec une vérité si saisissante, que chacune de ces feuilles est pour le spectateur émerveillé l'une des étapes d'une délicieuse promenade dans les allées du parc.

Cette feuille est à rapprocher, en raison de l'heure choisie par Oudry, qui rend compte de la lueur faible et nuancée du petit matin et de la présence des escaliers et des terrasses, d'*Un escalier dans un parc*, de l'Albertina, où l'on retrouve cette même composition rigoureuse (H.N. Opperman, 1977, D 1085, fig. 30).

144

COIN DANS UN PARC

Pierre noire et rehauts de craie sur papier bleu. H. 0,304 ; L. 0,454.
Provenance : H. Destailleur (L. 740), vente, Paris, 27-28 avril 1866, n° 151, 56 f ; E. Guichardot (L. 2490), vente, Paris, 7-20 juillet 1875, n° 256, lot de six dessins, 180 f ; Armand Valton.
Inv. E.B.A., n° 1379.

Bibliographie : J. Locquin, 1912, n° 873 ; P. Lavallée, 1917, pp. 417-432 (p. 426) ; J. Vergnet-Ruiz, 1930, p. 145 ; A. Desguine, 1950, p. 8 (repr. p. 33) ; H.N. Opperman, 1977, n° D 1072, p. 824.

Expositions : Paris, E.B.A., 1933, n° 111 ; Château de Maisons Laffitte, 1934, n° 6 ; Sceaux, Musée de l'Ile-de-France, 1937, n° 129 ; Rotterdam, Musée Boymans-van Beuningen, 1948, n° 173 ; Paris, E.B.A., 1965, n° 69.

Dans cette feuille, on retrouve les principales caractéristiques des dessins d'Oudry, auxquels «Il était plus attaché qu'à ses tableaux, il les regardait comme un fond, qu'il accumulait pour sa famille» (J. Locquin, 1912, p. 5). Le procédé de simplification réduisant la composition en lignes essentielles, la recherche du contour précis en vue d'individualiser chaque arbre ou chaque buisson, la passion de l'exactitude, qui donne aujourd'hui à ses œuvres une portée documentaire et historique précieuse, sont autant d'éléments que l'on retrouve dans un dessin comme *Escalier et treilles dans un parc*, conservé au Courtauld Institute de Londres (H.N. Opperman, 1977, n° D 1061, fig. 319).

On remarque en outre la recherche d'une nature plus dynamique, plus variée, dans l'étude des charmilles et des arbrisseaux, s'inspirant certainement de la tradition hollandaise, à laquelle Oudry fut très sensible, puisqu'il copia dans sa jeunesse beaucoup d'œuvres d'artistes hollandais, notamment N. Berchem, comme en témoigne le dessin de l'Albertina *Figures et animaux sur un pont de bois* (H.N. Opperman, 1977, n° D 1104).

145

VUE D'UN COIN DU PARC ENTOURE DE CHARMILLES ET DE TREILLAGES A ARCUEIL.

Pierre noire et rehauts de craie sur papier bleu.
H. 0,308 ; L. 0,530.
Provenance : E. Guichardot (L. 2490), vente, Paris, 7-10 juillet 1875, n° 256, lot de six dessins, 180 f ; Armand Valton.
Inv. E.B.A., n° 1380.

Bibliographie : J. Locquin, 1912, n° 872 ; J. Vergnet-Ruiz, 1930, p. 145 ; A. Desguine, p. 8 (repr. p. 31) ; H.N. Opperman, 1977, n° D 1071, p. 824.

Expositions : Paris, E.B.A., 1933, n° 111 ; Sceaux, Musée de l'Ile-de-France, 1937, n° 129 ; Rotterdam, Musée Boymans-van Beuningen, 1948, n° 174 ; Londres, Royal Academy, 1949, n° 431 ; Paris, E.B.A., 1965, n° 71 ; Londres, British Museum, 1977, n° 28.

Par la présence des grilles et des charmilles agencées avec une grande originalité de mise en page, Oudry nous plonge dans l'atmosphère propre au jardin français, parfaitement ordonné et agencé en perspectives multiples. Il va à l'encontre des paysages compliqués et fantaisistes de Boucher, mais aussi des vues des parcs de la ville éternelle, notamment de celui de la Villa d'Este à Tivoli, qui fut pour tous les artistes du XVIIIe siècle, dont Hubert Robert et Fragonard, le site par excellence, qu'il fallait étudier, en raison de son pittoresque et de sa lumière.

146

VUE D'UN CANAL DANS UN PARC

Pierre noire et rehauts de craie sur papier bleu. H. 0,309 ; L. 0,467.
Signé en bas à droite à la pierre noire : *J.B. Oudry 1744*.
Provenance : Palla Sale, vente, Paris, 28-29 avril 1873, n° 279, 210 f ; Armand Valton. Inv. E.B.A., n° 1377.

Bibliographie : L. Marcheix, 1909, pp. 257-264 (pl. 12) ; J. Locquin, 1912, n° 870 ; P. Lavallée, 1917, pp. 417-432 (p. 426) ; L. Hourticq, 1925, p. 131, pl. XXXIV ; P. Lavallée, 1928, pl. 14 ; J. Vergnet-Ruiz, 1930, p. 143 ; A. Desguine, 1950, p. 8 (repr. p. 29) ; H.N. Opperman, 1977, n° D. 1059.

Expositions : Paris, Petit Palais, 1925, n° 625 ; Paris, E.B.A., 1933, n° 109 ; Château de Maisons Laffitte, 1934, n° 7 ; Copenhague, Musée d'Ordrupgaard, 1935, n° 465 ; Sceaux, Musée de l'Ile-de-France, 1937, n° 127 ; Rotterdam, Musée Boymans-van Beuningen, 1948, n° 172 ; Bruxelles, Palais des Beaux-Arts, Rotterdam, Musée Boymans-van Beuningen, Paris, Orangerie, 1949-1950, n° 50 ; Amsterdam, Rijksmuseum, 1951, n° 196 ; Paris, E.B.A., 1965, n° 67.

Oudry semble avoir choisi, pour chaque site, le moment où la lumière est la plus susceptible de mettre en valeur les éléments de la nature. Il préfère ainsi, pour certains lieux bien dégagés, la lueur du petit matin ; pour d'autres, plus retirés, une luminosité plus intense, dont cette feuille et la *Vue du canal à côté du château*, de l'Albertina (H.N. Opperman, 1977, n° D 1034), sont les meilleurs exemples. Les jeux de la lumière plus ou moins nuancés sont rendus par une technique dont les frères Goncourt soulignent la science : «Les dessins aux beaux écrasements de crayon noir dans l'ombre, aux détails simplifiés dans les clairs, arrivent à une unité d'effet extraordinaire et sous des apparences faciles, à ce résumé concret de l'objet représenté que donne seul un savoir énorme.» (J. et E. de Goncourt, 1875, p. 139).

Les personnages en costume Empire, qui se promènent le long de l'allée, ont été rajoutés, ici comme dans d'autres dessins — parmi lesquels *Terrasse au bord d'un canal avec un escalier* du Louvre (H.N. Opperman, 1977, n° D 1041) — par un marchand, qui craignait que ses acheteurs n'apprécient pas la solitude et le silence de ces vues retirées.

147

LE MUR DU JARDIN D'ARCUEIL

Pierre noire et rehauts de craie sur papier bleu.
H. 0,308 ; L. 0,530.
Signé en bas à droite à la pierre noire : *J. B. Oudry 1747.*
Provenance : E. Guichardot (L. 2490), vente, Paris, 7-20 juillet 1875, n° 256, lot de six dessins, 180 f ; Armand Valton.
Inv. E.B.A., n° 1382.

Bibliographie : J. Locquin, 1912, n° 858 ; P. Lavallée, 1917, pp. 417-432 (p. 426) ; J. Vergnet-Ruiz, 1930, p. 135 ; A. Desguines, 1950, p. 7 (repr. p. 25) ; H.N. Opperman, 1977, n° D 1066, p. 822.

Expositions : Paris, E.B.A., 1933, n° 110 ; Château de Maisons Laffitte, 1934, n° 4 ; Londres, Royal Academy, 1949-1950, n° 441 ; Paris, E.B.A., 1965, n° 68.

Ce paysage annonce peut-être plus que les autres, par l'atmosphère mélancolique qui s'en dégage, l'art du XIXe siècle. Cet effet s'explique par le double choix de l'heure, tardive à en juger par la luminosité, et du lieu, dont la disposition échappe à l'ordonnance d'un parc. La composition moins rigoureuse, s'ouvrant sur un horizon lointain, laisse un champ plus libre à la nature ; les arbres, rendus un à un, paraissent plus frêles et plus fragiles, les feuillages, moins touffus, s'élancent dans le ciel déjà sombre d'une manière plus tourmentée.

Ce sentiment pré-romantique est rendu par l'emploi d'un gris plus sombre et de quelques rehauts de craie très légers que l'on retrouve dans un dessin comme le *Paysage dans un parc* du Kupferstichkabinett de Berlin (S.M.P.K.) (H.N. Opperman, 1977, n° D 1067, fig. 323) ou *Bosquet d'arbres* du Louvre (Inv. n° 31483).

PIERRE-ANTOINE PATEL
Paris 1648 - Paris 1707

148

PAYSAGE AVEC RUINES

Pierre noire, aquarelle et rehauts de gouache.
H. 0,256 ; L. 0,409.
Signé en bas à gauche à la pierre noire : *Patel f.*
Provenance : E. Desperet, marque en bas à droite (L. 721), vente, Paris, 6-7 juin 1865, n° 453, 14 f ; Armand Valton.
Inv. E.B.A., n° 1396.

Bibliographie : J. Valléry-Radot, 1953, p. 97, pl. 115 (Pierre Patel) ; P. Rosenberg, 1972, sous le n° 106 (Pierre-Antoine Patel) ; B. Foucart, 1978, pp. 40-47, fig. 1 (Pierre-Antoine Patel).

Expositions : Paris, Petit Palais, 1925, n° 636 (Pierre Patel) ; Paris, Bibliothèque Nationale, 1927, n° 1202 (Pierre Patel) ; Château de Maisons Laffitte, 1929, n° 84 (Pierre Patel) ; Londres, Royal Academy, 1932, n° 619 (Pierre Patel) ; Paris, E.B.A., 1933, n° 117 (Pierre Patel) ; Amsterdam, Rijksmuseum, 1951, n° 197 (Pierre Patel) ; Paris, E.B.A., 1965, n° 75 (Pierre Patel) ; Londres, British Museum, 1977 (Pierre-Antoine Patel), n° 2.

Ce paysage montre combien il reste difficile de distinguer l'œuvre dessinée de Pierre Patel de celle de son fils Pierre-Antoine. En effet, surnommé le «Claude Lorrain de la France» par P.J. Mariette, Patel père créa une formule de mise en page pour rythmer ses paysages, que son fils sut garder avec tant de fidélité et de bonheur «qu'on attribue quelquefois au père ce qui appartient au fils» (P.J. Mariette, 1858, t. IV, p. 89).

Cette feuille présente en outre une composition voisine de celle du tableau du Musée des Beaux-Arts d'Orléans par le père (Exp. U.S.A., 1960, n° 88) : l'on y retrouve les mêmes architectures antiques entourées d'arbres, le paysage apparaît néanmoins en sens inverse, animé de personnages et d'animaux totalement absents dans l'étude des Beaux-Arts, où la vivacité de coloris et une certaine imprécision des détails incitent à voir de préférence une variante de cette peinture, réalisée par le fils, Pierre-Antoine.

Son style se caractérise en effet souvent par des effets picturaux qu'il obtient en rehaussant ses dessins de gouache, dans les feuilles conservées au Metropolitan Museum (Inv. n° 61-170, daté de 1699) et au Musée du Louvre (Exp. Paris, 1972, n° 87 et 88, Inv. RF 1958 et RF 1952).

Patel le père, *Paysage*, toile, Musée des Beaux-Arts d'Orléans.

PATEL

ADAM ou GABRIEL PERELLE
Vernon 1603 - Paris 1677

149

VUE DU CHATEAU DE SAINT-CLOUD

Plume, encre brune.
H. 0,177 ; L. 0,149.
Doublé par une autre feuille où figurent des
études d'arbres (dessin du XIXe siècle).
Provenance : Armand Valton.
Inv. E.B.A., n° 1399.

Expositions : Paris, E.B.A., 1933, n° 119 ;
Sceaux, Musée de l'Ile-de-France, 1934,
n° 137 ; Paris, E.B.A., 1961, n° 76.

Il reste difficile aujourd'hui de distinguer
les œuvres de Gabriel et d'Adam Perelle
dont les styles se confondent bien souvent. Il est possible qu'ils aient travaillé
ensemble sur les mêmes planches (N.
Avel, 1972, pp. 145-153).

Toutefois, ce dessin est une étude
préparatoire pour une des gravures destinées au recueil de Perelle, non daté, et
paru chez N. Langlois, *Vues nouvelles
des plus beaux lieux de France et
d'Italie*, (Exp. Paris, 1961, n° 145). Or,
seul Adam fit éditer des recueils gravés
chez Nicolas Langlois, marchand d'estampes, installé à partir de 1666 rue
Saint-Jacques.

L'artiste choisit de ne représenter,
sur cette feuille, qu'une moitié du Château de Saint-Cloud, l'autre étant repro-
duite en parfaite symétrie, avec de légers
changements dans les détails, sur l'estampe. Cette dernière est accompagnée
d'annotations indiquant quelques renseignements sur cette demeure : «Le
château de Saint-Cloud du costé que
l'on arrive, achevé en 1680. Appartenant
à Monsieur Frère unique du Roy. Sieur
Girard en a été l'architecte et Monsieur
Mignard en a peint la gallerie, qui est
à main droite et le salon attenant, les
ouvrages de peinture qui sont de l'autre
costé, sont de Monsieur Nocret, peintre
ordinaire de son Altesse Royale».

Pour ce même recueil, Perelle réalisa
plusieurs autres gravures sur le château
et les jardins de Saint-Cloud, donnant
ainsi un aperçu précis de cette demeure
aujourd'hui disparue : il représenta en
effet une vue du château prise des jardins
où l'on aperçoit notamment une série
de terrasses et un vaste plan d'eau bordé
d'arbres, et exécuta quatre estampes sur
le parc et ses bâtiments avec les *Cascades*,
la *Grotte*, le *Trianon* et son *Parterre*.

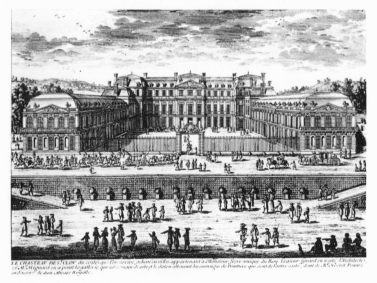

LE CHASTEAV DE S.t CLOV du costé qu l'on arrive, achevé en 1680, appartenant à Monsieur frère unique du Roy. Le sieur Girard en a esté l'architecte
et M.r Mignard en a peint la gallerie qui est a main droite & le salon attenant les ouvrages de Peinture qui sont de l'autre costé, sont de M.r Nocret Peintre
ordinaire de son Altesse Royalle.

Perelle, *Vue du château de Saint-Cloud*, gravure, E.B.A.

JACQUES-ANDRE PORTAIL (attribué à)

Brest 1695 - Versailles 1759

150

PORTRAIT D'HOMME

Sanguine.
H. 0,280 ; L. 0,229.
Provenance : Armand Valton.
Inv. E.B.A., n° 952.

Bibliographie : G. Monnier, 1971, Pontoise, Musée Favet, sous le n° 86 (Portail).

Expositions : Paris, E.B.A., 1933, n° 52 (Durameau) ; Paris, E.B.A., 1965, n° 29 (Durameau).

Anciennement attribué à Durameau, ce dessin est à rapprocher de trois portraits exécutés par Portail, celui de l'ancienne collection de Chennevières (Ph. de Chennevières, 1898, pp. 326-328, repr.) celui du Musée Favet de Pontoise considéré jusqu'en 1971 comme une œuvre de Carle Van Loo (Exp. Pontoise, 1971, n° 86) et celui qui passa en vente à Drouot en 1937 (vente, Paris, 23 avril 1937, n° 80).

En effet, le visage de ce personnage aux yeux ronds et au front largement dégagé et l'air naïf de son regard semblent caractéristiques des figures représentées par Portail.

En outre, le fauteuil aux pieds en os de mouton et au dossier dont la forme n'est pas encore bien ronde permet de penser que cette feuille fut exécutée au début du XVIIIe siècle.

Le costume du personnage proche de celui des figures de Watteau confirme bien cette date.

Portail, *Portrait d'homme*, dessin, Musée Favet, Pontoise.

151

PUTTI CHEVAUCHANT DES CHEVREAUX EN PRESENCE DE DEUX NYMPHES

Plume, encre brune et lavis brun.
H. 0,202 ; L. 0,282.
Verso : Annotation à la plume, encre brune :
du Poussin 1630.
Provenance : Earl Spencer, marque en bas à droite (L. 1532), vente, Londres, 10 juin 1811 ; His de la Salle, marque en bas à gauche (L. 1332) ; Armand Valton.
Inv. E.B.A., n° 1421.

Bibliographie : Ph. de Chennevières, 1879, t. XXe, 2e période, pp. 120-134 (p. 128) ; L. Marcheix, 1909, pp. 257-264, pl. 10 ; P. Lavallée, 1917, pp. 417-432 (p. 418) ; Ch. Martine, 1921, pl. 25 ; A. Blunt, 1966, p. 135, n° 194 ; A. Blunt et W. Friedlaender, 1969, t. V/3, p. 44, n° 232, pl. 173 ; K. Badt, 1969, p. 182 ; A. Blunt, 1979, p. 36 ; D. Wild, 1980, n° R 19d.

Expositions : Paris, E.B.A., 1879, n° 447 ; Château de Maisons Laffitte, 1929, n° 18 ; Londres, Royal Academy, 1932, n° 621 ; Paris, E.B.A., 1933, n° 125 ; Paris, Arts Décoratifs, 1934, n° 624 ; Paris, Galerie Charpentier, 1947, n° 227 ; Londres, Royal Academy, 1949-1950, n° 390 ; Tokyo, Musée d'Art Occidental, 1954-1955, n° 47 ; Paris, Louvre, 1960, n° 133 ; Paris, E.B.A., 1961, n° 82.

Malgré d'importantes variantes, on a souvent rapproché ce dessin d'un tableau conservé dans la collection Michael Kroyer de Londres (J. Thuillier, 1974, n° B 31) : ce fragment, partiellement repeint, représente uniquement deux putti chevauchant des chevreaux ; la radiographie, cependant, révèle un agencement plus complexe de la composition, établissant un rapport évident avec l'œuvre de l'Ecole des Beaux-Arts. Cette peinture, qui n'a jamais été gravée ni citée par aucun texte, fut redécouverte vers 1940, exposée en 1960, et datée alors de 1630.

Dans ses premières années à Rome, Poussin s'inspira en effet des *Bacchanales* du Titien pour plusieurs peintures parmi lesquelles les *Bacchanales d'enfants* des héritiers de la marquise E. Incisa della Rocchetta de Rome (Exp. Rome, 1977-1978, n° 3 et 4) où l'on retrouve ce motif de l'enfant monté sur un bouc. L'attribution de cette peinture reste néanmoins douteuse ; sa qualité est en effet bien inférieure à celle de ce dessin (attribué avec réserves en 1974, puis avec certitude en 1978 par J. Thuillier), dont l'esprit et la facture rappellent d'autres feuilles, indiscutablement de la main de Poussin, comme *Jupiter et Antiope* de l'Ecole des Beaux-Arts (Inv. E.B.A. n° 1420) et *Vénus et Mars* du Musée Condé de Chantilly (Inv. n° 174). La dualité entre la sensualité et la violence, la pureté des contours à la plume, sans repentir, pour le corps des nymphes, sont des éléments communs aux trois études et chers à Poussin.

152

FEUILLE D'ETUDES : SOLDATS ET CHEVAUX MARINS

Plume, encre brune et lavis brun.
H. 0,315 ; L. 0,212.
Provenance : E. Desperet, marque en bas à droite (L. 721), vente, Paris, 6-7 juin 1865, n° 467, 34 f ; Armand Valton.
Inv. E.B.A., n° 1453.

Bibliographie : A. Blunt et W. Friedlaender, 1974, t. V, p. 43, n° 350, pl. 268 ; A. Blunt, 1979, p. 146.

Ce dessin s'inspire d'une gravure de Giovanni Battista Ghisi, d'après Jules Romain, représentant un combat naval entre Grecs et Troyens (A. Bartsch, t. XV, p. 383, n° 20, pl. II). Cette œuvre fut plusieurs fois utilisée par Nicolas Poussin, notamment dans trois études de *Proue de navire*, conservées au Musée du Louvre et au Musée Condé de Chantilly (A. Blunt et W. Friedlaender, 1974, n° 336, 337 et 338).

Le souci de vérité archéologique et la recherche de l'antiquité, menée à travers l'exemple d'un artiste maniériste, permettent de dater ce dessin vers 1630-1640, années durant lesquelles Poussin travaille sans répit d'après les bas-reliefs romains. Il dispose sans ordre sur sa feuille différents éléments de la gravure, des parties de draperies, des chevaux marins, des dauphins, des têtes et des épaules d'hommes, sélectionnant ainsi des détails précis qui constituent pour lui des sources d'information sur l'antiquité. Il respecte avec grand soin la technique du graveur, qui se caractérise par l'emploi de traits hachés, de petites virgules et surtout de subtils dégradés mettant en valeur les volumes.

Poussin dessina beaucoup d'après les gravures de Jules Romain et Polidoro, comme en témoignent les trois études conservées dans des collections particulières et récemment publiées par A. Blunt (1979, pp. 119-146, pl. 12 à 16).

153

LE JUGEMENT DE SALOMON

Pierre noire, plume, encre brune, lavis d'encre de Chine.
H. 0,248 ; L. 0,384.
Signé en bas à droite à la plume, encre brune :
N. Poussin fc.
Provenance : E. Guichardot, marque en bas à gauche (L. 2490), vente, Paris, 7 juillet 1875, n° 30 ; His de la Salle, marque en bas à droite (L. 1332) ; Armand Valton.
Inv. E.B.A., n° 1424.

Bibliographie : Ph. de Chennevières, 1879, XXᵉ, 2ᵉ période, pp. 120-134 (p. 130) ; L. Marcheix, 1909, pp. 257-264 ; W. Friedlaender, 1914, pl. 236 ; E. Magne, 1914, p. 46 ; P. Lavallée, 1917, pp. 417-432 (p. 420) ; Ch. Martine, 1921, pl. XXVII ; J. Alazard, 1957, pl. 47 ; J. Vallery-Radot, 1964, p. 55, pl. 23 ; W. Friedlaender, 1965, p. 160, n° 115 ; A. Blunt, 1966, n° 352 ; A. Blunt et W. Friedlaender, 1968, t. V/1, p. 15, n° 32, pl. 20 ; K. Badt, 1969, pp. 235-236 ; B. Foucart, 1978, pp. 40-47, fig. 3 ; A. Blunt, 1979, p. 66, n° 71 ; D. Wild, 1980, t. II, p. 138, n° 148.

Expositions : Paris, E.B.A., 1933, n° 133 ; Paris, Arts Décoratifs, 1934, n° 625 ; Paris, Bibliothèque Nationale, 1949, n° 43 ; Vienne, Albertina, 1950, n° 38 ; Londres, Arts Council Gallery, 1952, n° 119 ; Paris, Louvre, 1960, n° 218 ; Paris, E.B.A., 1961, n° 85.

Ce dessin est une étude préparatoire pour le tableau exécuté en 1649 par Poussin pour son ami Pointel, conservé aujourd'hui au Louvre, *Le jugement de Salomon* (Inv. n° 7277).
On conserve pour cette œuvre deux autres études préparatoires légèrement antérieures à celle des Beaux-Arts (A.

Blunt et W.Friedlaender, 1968, n° 30 et 31) qui, précédant d'un an la composition finale, offre, par sa facture vigoureuse, un aperçu du style de Poussin à cette époque. Si la composition d'ensemble est déjà mise en place dans le dessin, Poussin la simplifie à l'extrême dans sa peinture. En effet, il projette ici un fond d'architecture en demi-cercle d'où découle toute la disposition des personnages, les deux femmes du premier plan apportant, par leurs bras tendus, l'indispensable clôture de l'ensemble ; mais il l'abandonne par la suite pour un décor beaucoup plus sévère, non plus en hémicycle, mais aligné sur le même plan, ce qui ne l'empêche pas d'agrémenter le piédestal de Salomon d'une riche décoration.

La foule désorganisée et agitée des figures du deuxième plan, aux visages figés comme des masques, se réduit à quelques personnes calmes et posées, puisque les soldats armés disparaissent. Enfin, Salomon domine ici par sa stature colossale, les autres personnages étant liés entre eux par leurs gestes et leurs attitudes ; mais dans le tableau il retrouve de plus justes proportions et ce n'est pas à lui, mais au public qu'est présenté l'enfant promis au sacrifice, tenu par un soldat, et vers lequel tous les éléments convergent.
Un point commun, cependant, qui ne manque pas d'intérêt iconographique : dans les deux compositions l'enfant mort n'est pas porté par la bonne mère, contrairement à la tradition, mais par

Poussin, *Le Jugement de Salomon*, toile, Musée du Louvre.

la mauvaise, qui révèle ainsi au spectateur les liens de parenté réels.

A travers une telle œuvre graphique,
Poussin cherche non seulement à rendre
le caractère dramatique de la scène, mais
aussi et surtout à présenter en Salomon
un symbole de la justice dont l'importance est encore accentuée dans la
peinture par le dépouillement du cadre
et l'immobilité des personnages.

Par ailleurs, le dessin s'inspire dans
de nombreux détails de sources multiples : le décor rappelle, par sa forme
en hémicycle rythmé de pilastres, le
Panthéon romain. Mais les expressions
et les attitudes présentent bien des
similitudes avec celles des maniatures
carolingiennes, parmi lesquelles on peut
citer la Bible de San Paolo Fuori de Mura,
que Poussin connaissait, puisqu'elle fut
utilisée au XVIe siècle et tout particulièrement lors de la révision de la
Vulgate (H. Quentin, 1922, p. 271) :
la figure colossale de Salomon notamment, qui trône de front et dans une
attitude hiératique, est empruntée aux
nombreuses représentations du Christ.
Pour les autres personnages, le dessinateur puise à des sources diverses. Ainsi
la femme à droite, tenant un enfant,
est influencée par deux œuvres : d'une
part, une statue grecque du Musée du
Capitole représentant une fille proté-
geant une colombe, dans le geste de
couvrir son visage avec sa robe et
d'autre part le *Sarcophage de Méléagre*,
dans le geste d'horreur d'Althéa.

La position du bourreau s'inspire à
la fois d'une figure de la composition
centrale des Loges de Raphaël et d'un
soldat romain de la gravure de Marc
Antoine, *Le Massacre des Innocents*, à
laquelle est également empruntée la
figure de la mauvaise mère.

Cette œuvre illustre parfaitement
le talent de conteur propre à Poussin
à cette époque : ce n'est plus l'anecdote
qui retient l'intérêt, mais le moment de
l'histoire où se concentre toute la
tension dramatique.

PIERRE-PAUL PRUD'HON
Cluny 1758, Paris 1823

154

DAPHNIS CHERCHANT UNE CIGALE

Pierre noire et rehauts de craie sur papier bleu.
H. 0,193 ; L. 0,150.
Provenance : E. Marcille, vente, Paris, 6 mars
1876, n° 108, 610 f ; Armand Valton.
Inv. E.B.A., n° 1495.

Bibliographie : Ed. de Goncourt, 1876, n°
124 ; Ch. Clément, 1872, p. 239 ; R. Portalis,
1877, t. II, p. 544 ; L. Marcheix, 1909, pp.
257-264 ; P. Lavallée, 1917, pp. 418-432
(p. 429) ; Ch. Martine, 1922, pl. LI, n° 51 ;
Ch. Saunier, 1922, pp. 294-335 ; J. Guiffrey,
1924, n° 1054 ; P. Lavallée, 1928, p. 90,
n° 45 ; E. Gradmann, 1949, p. 86, n° 52 ;
A. Brookner, 1964, pp. 192-198, fig. 4.

Expositions : Chartres, Musée des Beaux-Arts,
1858, n° 82 ; Paris, E.B.A., 1874, n° 369 ;
Paris, Petit Palais, 1922, n° 165 ; Copenhague,
Musée d'Ordrupgaard, 1935, n° 112 ; Paris,
E.B.A., 1933, n° 140 ; Belgrade, Musée du
Prince Paul, 1939, n° 46 ; Paris, Musée Jacque-
mart André, 1958, n° 180 ; Dijon, Musée des
Beaux-Arts, 1959, n° 60 ; Paris, E.B.A., 1965,
n° 83.

Ce dessin fait partie d'un ensemble
d'études destinées à être gravées par
B. Roger, pour illustrer les *Amours
pastorales de Daphnis et Chloé*, dans la
traduction du grec de Longus par Amyot
parue en 1800 chez l'imprimeur Didot
l'aîné. Il semble bien, comme le révèlent
deux reçus étudiés par Ch. Clément
(1872, p. 221), que Prud'hon ait entrepris ces compositions mythologiques
quelques mois avant son départ pour
Rigny en 1793 ; il ne réalise toutefois
que plusieurs scènes, dont *La chèvre
allaitant Daphnis*, simple frontispice,
Daphnis au bain, *Daphnis et Chloé
luttant*, toutes deux conservées au
Musée des Beaux-Arts d'Orléans et
Daphnis cherchant une cigale, pour
laquelle on connaît une petite esquisse
peinte de l'ancienne collection Laperlier
et deux autres dessins aujourd'hui au
Musée d'Orléans. (Ed. de Goncourt,
1876, n° 121 à 123, 125 et 126).

La gravure de Roger diffère légèrement de la feuille des Beaux-Arts
notamment dans l'attitude de Chloé
«qui tend ingénument sa gorge à
Daphnis pour qu'il y prenne la cigale»
(Ed. de Goncourt, 1876, n° 124).

Prud'hon traite une petite scène
galante proche du goût et de l'esprit
du XVIIIe siècle, avec notamment le
geste charmant de Daphnis, glissant
sa main dans le corsage de Chloé, que
l'artiste reprend pour d'autres représentations de genre ou mythologiques,
comme *Vénus et Adonis* de l'ancienne
collection du vicomte de la Villestreux

(Exp. Paris, 1922, n° 81) et *La Séduction* du Musée des Beaux-Arts de Lille (Inv. I.P. 151).

La technique toute particulière de cette feuille —les contours très gras à la pierre noire laissant certains détails comme les pieds des personnages à peine ébauchés— est caractéristique du style de l'artiste vers 1793-1794, que l'on retrouve dans *L'amour inspirant la poésie* de l'ancienne collection Gallichon (vente Boussac du 10-11 mai 1926, n° 208) et l'*Innocence et l'Amour*, passé en vente le 20 avril 1932 (vente Anatole France, Hôtel Drouot, n° 135).

L'illustration représente — pour Prud'hon comme pour beaucoup d'artistes de l'époque révolutionnaire— un moyen de survivre. Il réalise également plusieurs projets pour l'*Aminta* du Tasse publiée par Renouard en 1801, l'*Art d'aimer* d'Ovide chez Didot l'aîné en 1797 et la *Nouvelle Héloïse* de J.J. Rousseau chez Bossange, Masson et Besson.

155

PARIS ET HELENE

Pierre noire et rehauts de craie sur papier bleu. H. 0,302; L. 0,383.
Collé en plein.
Provenance : Eudoxe Marcille, vente, Paris, 6 mars 1876, n° 116; Armand Valton. Inv. E.B.A., n° 1489.

Bibliographie : Ed. de Goncourt, 1876, p. 114, n° 46 et additions p. 328; P. Lavallée, 1917, pp. 418-432 (p. 428); Ch. Saunier, 1922, p. 311; J. Guiffrey, 1924, n° 136; P. Lavallée, 1928, p. 92, pl. 46; P. Lavallée, 1943, pl. 45; P. Lavallée, 1948, p. 94.

Expositions : Chartres, Musée des Beaux-Arts, 1858, n° 96; Paris, E.B.A., 1874, n° 341; Paris, Petit Palais, 1922, n° 114; Paris, E.B.A., 1933, n° 141; Paris, Musée Jacquemart André, 1958, n° 25; Paris, E.B.A., 1965, n° 84.

Bien que cette composition ne semble pas avoir fait l'objet d'une peinture, Prud'hon la reprit avec de légères modifications —principalement pour l'attitude de Vénus dont il jugeait peut-être la gravité trop solennelle et implacable— dans un autre dessin d'une facture plus finie, qui fit partie des collections Pourtalès, puis Lord Dudley (vente du 27 mars 1865, n° 379).

La technique si particulière à l'estompe, qui permet de suggérer avec raffinement l'enveloppe des corps et de rendre avec délicatesse la lumière, grâce aux rehauts de craie, fut souvent pratiquée par Prud'hon.

156

FEMME NUE COUCHEE

Pierre noire et rehauts de craie sur papier bleu.
H. 0,330 ; L. 0,580.
Provenance : de Boisfremont (L. 353), vente, Paris, 15-16 avril 1864 ; Power ; Laperlier (L. 953), vente, Paris, 9-10 avril 1967, n° 99 ; Armand Valton.
Inv. E.B.A., n° 1494.

Bibliographie : P. Lavallée, 1917, pp. 418-432 (p. 429) ; Ch. Saunier, 1922, p. 316 ; J. Guiffrey, 1924, n° 97 ; A. Michel, 1925, t. VIII, 1re partie, p. 112, fig. 71 ; P. Lavallée, 1928, p. 94, pl. 47 ; A. Brookner, 1964, pp. 192-198, fig. 2 ; J. Selz. s.d., p. 5 ; *Nouvelles de France*, 1979, n° 47, p. 11.

Expositions : Paris, E.B.A., 1874, n° 458 ; Paris, Petit Palais, 1922, n° 134 ; Paris, E.B.A., 1933, n° 142 ; Paris, Palais National des Arts, 1937, n° 712 ; Bruxelles, Palais des Beaux-Arts, Rotterdam, Musée Boymans-van Beuningen, Paris, Orangerie, 1949-1950, n° 111, pl. 50 ; Vienne, Albertina, 1950, n° 143 ; Washington, National Gallery of Art, Cleveland, Museum of Art, Saint-Louis, City Art Museum, Harvard University, Fogg Art Museum, New York, Metropolitan Museum, 1952-1953, n° 100, pl. 30 ; Genève, Musée d'Art et d'Histoire, n° 182 ; Hambourg, Kunsthalle, 1958, n° 116 ; Londres, the Tate Gallery and the Arts Council of Great Britain, 1959, n° 814 ; Paris, Musée du Louvre, 1962, n° 105 ; Paris, E.B.A., 1965, n° 85 ; Paris, Musée du Louvre, 1973, sans numéro de catalogue.

Cette feuille est une étude préparatoire pour la mère figurant dans *Le rêve du bonheur*, tableau daté de 1819, exécuté par Constance Mayer et conservé au Musée du Louvre (Ch. Sterling et H. Adhémar, 1960, n° 1231). Vers la fin de sa vie, Prud'hon n'exécuta bien souvent que les dessins ou les esquisses de ses compositions, laissant à son élève Constance Mayer le soin de réaliser la version définitive ; *Le rêve du bonheur* fut donc précédé par de nombreuses études et par une esquisse générale destinées à guider Constance Mayer dans l'élaboration de sa peinture (J. Guiffrey, 1924, n° 91 à 106). La mère

fit l'objet de trois dessins de détails, étudiant pour deux d'entre eux la tête du personnage et pour le troisième le geste du bras levé (J. Guiffrey, 1924, n° 96, 98 et 99).

On retrouve ici la double esthétique de Prud'hon : la grâce des gestes et le traitement du nu enveloppé d'ombres moelleuses, qui rappellent le style du Corrège, prolongent l'art du XVIIIe siècle ; en revanche, l'étrange lumière obtenue grâce à l'utilisation de l'estompe, mêlant le rêve à la sensualité, et le regard mélancolique et lointain de la jeune femme, correspondent au goût romantique du XIXe siècle.

Prud'hon et Mayer, *Le Rêve du Bonheur*, Musée des Beaux-Arts de Lille.

PIERRE PUGET (attribué à)
Marseille 1620 - Marseille 1694

157

VAISSEAU DANS UN PORT

Plume, encre brune.
H. 0,400 ; L. 0,530.
Verso : étude de bateau avec personnages à la plume, encre brune.
Déchirure au centre de la feuille.
Provenance : J. Boilly, marque en bas à droite (L. 1256), vente, Paris, 20 mars 1869, n° 208, 30 f ; Armand Valton.
Inv. E.B.A., n° 1500.

Bibliographie : S. de Boisfleury, 1972, pp. 109-110.

Expositions : Paris, E.B.A., 1933, n° 114 ; Paris, Galerie Charpentier, 1947, n° 234 ; Paris, E.B.A., 1961, n° 89.

S. de Boisfleury, récemment encore, gardait le nom de Puget pour cette œuvre, en rapprochant le groupe de personnages situé à gauche du dessin de Boston (1972, pp. 109-110 et fig. 56) du croquis figurant au verso de cette feuille.

Néanmoins, si on la compare avec l'étude du Metropolitan Museum de New York (K. Herding, 1970, n° 166), on est surpris de sa facture aux traits beaucoup plus secs et raides, de la négligence et de la déformation de certains détails qui incitent, selon M.C. Gloton (communication écrite), à repousser l'attribution donnée. Toutefois, il s'agit bien du même type de bateau que ceux que Pierre Puget a dessinés : serait-ce une variante du Royal-Louis, exécutée par un autre artiste de l'Arsenal, comme l'a suggéré M.C. Gloton ?

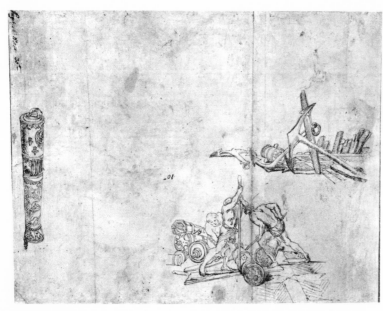

Verso du n° 157.

HYACINTHE RIGAUD
Perpignan 1659 - Paris 1743

158

PORTRAIT DU GRAVEUR EDELINCK

Pierre noire et rehauts de blanc sur papier bleu.
H. 0,391 ; L. 0,295.
Verso : annotation du XVIIIᵉ siècle : *Dessiné par Hyacinthe Rigaud.*
Provenance : Flury-Hérard, marque en bas à droite (L. 1015), vente, 13-15 mai 1861, n° 120 ; H. Destailleur (L. 740), vente, Paris, 27-28 avril 1866, n° 182, 28 f ; Armand Valton.
Inv. E.B.A., n° 1509.

Bibliographie : A. Sinzeler, 1929, pp. 108-109.

Expositions : Paris, E.B.A., 1933, n° 148 ; Bristol, Art Gallery of Bristol, 1956, n° 158 ; Paris, E.B.A., 1961, n° 94 ; Bruxelles, Palais des Beaux-Arts, 1962, n° 349.

Ce portrait d'Edelinck, destiné à être gravé en 1680, peut-être par Rigaud mais plus vraisemblablement par un de ses élèves, donna aussi lieu à une peinture, conservée aujourd'hui au Musée du Louvre (Inv. n° 20341). Cette dernière resta inachevée, une partie de la toile étant encore recouverte d'un enduit rougeâtre destiné à former le «dessous».

Dans ce dessin comme dans l'estampe, Rigaud choisit une mise en page qui lui est chère : derrière un cadre en trompe l'œil d'où s'échappent de luxuriantes draperies, il place son personnage, dont les attributs professionnels sont représentés au premier plan.

Le désir de Rigaud de portraiturer Edelinck révèle une amitié qui liait solidement les deux amis. En effet, Edelinck, qui avait gravé vingt-deux œuvres d'après Rigaud, exécuta aussi le portrait de son compagnon, et c'est en remerciement que celui-ci aurait fait le sien.

La physionomie de ce graveur flamand fit l'objet de plusieurs portraits dont on a malheureusement perdu toute trace aujourd'hui : un buste de Coysevox, un tableau de Vivien gravé par Spoett et un autre de Tortebat, gravé par Nicolas Edelinck, fils du modèle (A. Sinzeler, 1929).

Rigaud, *Portrait d'Edelinck*, toile, Musée du Louvre.

JOSEPH-NICOLAS ROBERT-FLEURY
Paris 1797 - Paris 1890

159

MICHEL-ANGE VEILLANT AUPRES DE SON SERVITEUR MALADE

Mine de plomb et sanguine.
H. 0,230 ; L. 0,273.
Annotation au verso à la mine de plomb :
Donné par M. Henriquel.
Provenance : Henriquel-Dupont, annotation
au verso ; Armand Valton.
Inv. E.B.A., n° 1512.

Bibliographie : E. Montrosier, 1932, p. 111.

Ce dessin est une étude préparatoire pour le tableau *Michel-Ange veillant sur son serviteur malade*, exposé au salon de 1841, puis au Luxembourg et conservé en 1932 à la galerie Pereire (E. Montrosier, 1932, p. 140). Alfred Armand possédait en outre une gravure de cette composition exécutée par Henriquel Dupont en 1841. Epris d'histoire moyen-âgeuse, Robert Fleury se passionna également pour la vie des peintres de la Renaissance, puisqu'il exécuta en 1876 les œuvres intitulées *Titien, Léonard*, et *Tintoret*, (E. Montrosier, 1932, p. 142). Toutefois, Michel-Ange semble avoir retenu son intérêt, puisqu'il réalisa sur ce personnage cinq peintures, dont *Le Titien et Michel-Ange* en 1847, et *La mort de Michel-Ange* en 1875 (E. Montrosier, 1932, pp. 141-142).

Dans cette étude, l'artiste cherche avec une exactitude rigoureuse, d'une part à décrire le costume très pittoresque de Michel-Ange, d'autre part à recomposer un intérieur du XVIe siècle, essentiellement par des objets qui figurent dans un désordre volontaire : un sablier, un chandelier et des livres disposés au premier plan composent une très belle nature-morte. Le dessin, d'une extrême finesse quoique ferme, rend compte des moindres détails du décor de la chambre du serviteur de Michel-Ange.

Toutefois Robert Fleury ne se limite pas, comme le remarque Montrosier, à une analyse descriptive de la scène dans cette feuille, qui constitue «une page touchante nous montrant le dieu de la peinture en proie aux angoisses de l'homme. Toute la majesté de sa face admirable est empreinte de douleur... Ses mains tiennent un livre, peut-être celui où il écrivait ses sonnets, à ses côtés un carton entr'ouvert laisse échapper des gravures, le dessin de ce tableau est d'une noblesse hautaine ; l'expression du visage émeut par la mélancolique solitude qui s'y lit» (E. Montrosier, 1932, p. 111).

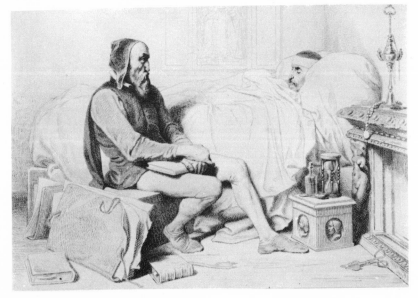

Henriquel-Dupont, *Michel-Ange veillant auprès de son serviteur malade*, gravure, E.B.A.

GABRIEL de SAINT-AUBIN
Paris 1724 - Paris 1780

160

REUNION SOUS LES ORANGERS

Pierre noire et craie sur papier bleu.
H. 0,256 ; L. 0,316.
Verso : inscription à la plume, encre brune :
Palais du Régent, fête de la Saint-Louis, 1754,
a porter à August... qu'il y met... et quelques
mots illisibles.
Provenance : H. Destailleur, marque en bas à
droite (L. 740), vente, Paris, 27 avril 1866,
n° 205, 31 f ; Armand Valton.
Inv. E.B.A., n° 1532.

Bibliographie : Ed. et J. de Goncourt, 1881,
t. II, p. 189 ; L. Marcheix, 1909, pp. 257-264,
pl. 8 ; P. Lavallée, 1917, p. 427 ; P. Lavallée,
1928, p. 54, pl. 27 ; E. Dacier, 1931, p. 116-
117, n° 661 ; P. Lavallée, 1943, pl. 44 ; P. Lavallée, 1948, p. 86 ; E. Gradmann, 1949, p. 69,
pl. 35 ; D. Sutton, 1949, pl. XXXII.

Expositions : Paris, Hôtel Charpentier, 1925,
n° 25 ; Londres, Royal Academy, 1932,
n° 748 ; Paris, E.B.A., 1933, n° 150 ; Paris,
Musée Carnavalet, 1934, n° 117 ; Copenhague,
Musée d'Ordrupgaard, 1935, n° 503 ; Paris,
Palais des Beaux-Arts, 1937, n° 585 ; Bogota,
1938, n° 181 ; Bruxelles, Palais des Beaux-Arts,
Rotterdam, Musée Boymans-van Beuningen,
Paris, Orangerie, 1949-1950, n° 98 ; Vienne,
Albertina, 1950, n° 105 ; Londres, Art Council,
1952, n° 146 ; Lausanne-Aarau, Musée des
Beaux-Arts, 1963, n° 38 ; Paris, E.B.A., 1965,
n° 89.

Si ce dessin est mentionné dans le catalogue de la vente Destailleur (catalogue
du 27 avril 1866, n° 205) sous le titre
de *Grand dîner dans une orangerie*,
P. Lavallée en revanche, estime que «la
salle est plus vraisemblablement une
construction éphémère élevée dans un
jardin à l'occasion d'une fête. La scène
paraît être non pas un souper, mais un
jeu. Les femmes sont assises et semblent
tenir des cartes, debout, derrière elles,
les hommes regardent curieusement
comme s'ils suivaient avec intérêt une
partie engagée» (1928, n° 27).

D'autre part, l'inscription du verso,
Palais du Régent, fête de la Saint-Louis,
1754, a porter à August... qu'il y met...,
qu'E. Dacier n'attribue à aucun des
Saint-Aubin (1931, n° 661) semble
contradictoire : en effet, il est assez
étrange de voir la demeure du Palais
Royal désignée en 1754 sous le nom de
Palais du Régent. En outre, P. Lavallée
refuse de dater cette feuille de 1754,
en raison des costumes qui lui semblent
plutôt caractéristiques des années 1760-
1765. Si E. Dacier (1931, n° 661) juge
cet argument de datation discutable, la
technique à l'estompe choisie par Saint-
Aubin rendant tout détail imprécis, il
situe ce dessin vers 1760 et non 1750.

Néanmoins, lui aussi le rapproche
d'une étude fort semblable par son sujet,
l'*Illumination de la Galerie de Versailles*
en 1751 (E. Dacier, 1931, n° 615) : on
distingue en effet la salle de bal du
château de Versailles où les gardes du
corps avaient donné le 20 septembre
1751 un bal pour la naissance du duc de
Bourgogne, fils du Dauphin.

161

OUVROIR DE FILEUSES A DEUX MAINS

Pierre noire, plume, encre noire, lavis brun, lavis d'encre de Chine et aquarelle.
H. 0,231 ; L. 0,373.
Inscriptions en bas à la plume, encre noire : *OUVROIR DE FILEUSES A DEUX MAINS SELON M. DE BERNIERE. Dessiné par Gabriel de Saint-Aubin en 1776 et 1777 avec la manière d'accoutumer les enfants à se servir également des deux mains de rendre les enfants ambidextres usitée en Angleterre* ; à droite, de la même main : *Mr Voisar graveur de Mr l'abbé Rosier, 15 louis.*
Provenance : H. Destailleur, marque en bas à droite (L. 740), vente, Paris, 27 avril 1866, n° 198, 30 f ; Armand Valton.
Inv. E.B.A., n° 1533.

Bibliographie : Ed. et J. de Goncourt, 1880, t. II, p. 194 ; P. Lavallée, 1917, pp. 417-432 (p. 427) ; P. Lavallée, 1928, p. 60, pl. 30 ; E. Dacier, 1931, t. II, n° 482.

Expositions : Paris, Hôtel Charpentier, 1925, n° 72 ; Paris, E.B.A., 1933, n° 151 ; Paris, Musée Carnavalet, 1934, n° 115 ; Paris, E.B.A., 1965, n° 91.

C'est sur la commande de M. de Bernières, contrôleur général des Ponts et Chaussées, que Gabriel de Saint-Aubin exécuta ce dessin, destiné à être gravé pour illustrer la brochure de cet inventeur (M. de Bernières, 1777 ; *Mémoire sur un rouet à filer à deux mains à la fois*, Paris, Clousier, 22 p.).

Saint-Aubin avait déjà dessiné, quelques années auparavant, pour ce même commanditaire, *Le bateau insubmergible* lors des essais en Seine le 1er août 1776 (E. Dacier, 1931, n° 658).

La feuille représente donc, à gauche le rouet de M. de Bernières et à droite le projet d'installation d'une grande filature décrite par l'auteur page 17 de son ouvrage : «Les fileuses y sont disposées sur deux rangs tournés vers la gauche et sur deux rangs tournés vers la droite de part et d'autre d'une allée centrale.»

La gravure réalisée par Voysard ne reproduit pas fidèlement l'œuvre de Saint-Aubin, simplifiant pour des raisons de commodité la disposition générale de la composition. La Bibliothèque Nationale conserve deux exemplaires de ce mémoire, qui permettent de dater ce dessin ; en effet, on lit à la première page de l'un cette note de la main de Bernières : «Le mémoire a été présenté à la Reine par l'auteur le 14 décembre 1777», l'autre est relié aux armes de Marie-Antoinette.

Le travail méticuleux des fileuses est rendu par Gabriel de Saint-Aubin, tant par la disproportion saisissante entre les ouvrières confondues avec leurs machines et le vaste atelier où elles s'activent que par un trait qui demeure très minutieux.

L'emploi de techniques aussi diverses que la plume, le lavis brun et d'encre de Chine et l'aquarelle est fréquent chez l'artiste, comme en témoignent deux dessins de la même époque *Louis XVI posant la première pierre dans l'amphithéâtre de Chirurgie en 1774* (dessin conservé au Musée Carnavalet) et *L'entrée à l'Académie d'architecture au Louvre en 1779* (dessin appartenant à la collection Moreau-Neret).

JACQUES STELLA
Lyon 1596 - Paris 1657

162

OLYMPE ABANDONNEE PAR BIRENE

Pierre noire, sanguine, plume, encre noire, lavis brun et rehauts de blanc.
H. 0,225 ; L. 0,386.
Provenance : E. Desperet, marque en bas à gauche (L. 741), vente, Paris, 6-7 juin 1865, n° 516, 68 f ; Armand Valton.
Inv. E.B.A., n° 546.

Bibliographie : L. Marcheix, 1909, pp. 257-264 (Jacques Stella) ; P. Lavallée, 1933, p. 148 (Jacques Blanchard) ; A. Thome, 1933, p. 128 (Jacques Blanchard avec réserves) ; P. Lavallée, 1948, p. 38, pl. XVI (Jacques Blanchard) ; J. Seznec, 1954, pp. 21-26 (Jacques Stella) ; J. Thuillier, 1960, pp. 104-105 (Jacques Stella) ; Ch. Sterling, 1961, p. 101, n° 15 (Jacques Stella) ; P. Rosenberg, 1972, Toronto, Ottawa, San Francisco, New York, sous le n° 135 (Jacques Stella) ; Editorial, 1978, pp. 4-14, fig. 5 (Jacques Stella).

Expositions : Château de Maisons Laffitte, 1929, n° 25 (attrib. avec réserves à Jacques Stella) ; Paris, E.B.A., 1933, n° 4 (Jacques Blanchard) ; Paris, Arts Décoratifs, 1934, n° 361 ; Washington, National Gallery of Art, Cleveland, Museum of Art, Saint-Louis, City Art Museum, Harvard University, Fogg Art Museum, New York, Metropolitan Museum, 1952-1953, n° 46 (Jacques Blanchard) ; Berne, Kunstmuseum, 1954, n° 102, pl. 37 (Jacques Blanchard) ; Rome, Palazzo delle Esposizioni, 1959, n° 32 (Jacques Stella) ; Paris, E.B.A., 1961, n° 98 (Jacques Stella) ; Orléans, Hôtel Cabu, 1976, sous le n° 124 (Jacques Stella).

L'histoire des attributions de ce dessin est un bon exemple de la difficulté des recherches en histoire de l'art. En effet, après son achat, A. Armand, pour des commodités de montage, rogna le bas de la feuille qui portait l'inscription «Jacques Stella fecit 1633» à droite et «à l'âge de 37 ans» à gauche, indications que le collectionneur transcrivit sur le dos.

Lors du legs Valton à l'Ecole des Beaux-Arts, cette facheuse initiative d'Armand amena à faire un rapprochement erroné avec la *Vénus et les Grâces surprises par un mortel* de Jacques Blanchard, conservé au Louvre (P. Rosenberg, N. Reynaud et I. Compin, 1974, n° 21), en raison de certaines similitudes dans le rendu de la lumière et le traitement très sensuel du corps féminin.

Il fallut attendre la redécouverte du catalogue de la vente Desperet, avec sa mention «Jacques Stella 1633», pour rendre définitivement cette œuvre à Stella.

Parallèlement, le thème représenté fut identifié par A. Thome (1933, p. 128), non comme Ariane abandonnée, mais comme Olympe abandonnée par Birène, illustration de la strophe 19, chant X, de l'*Orlando Furioso* de l'Arioste : «Quand le Perfide Birène, que les pensées de trahison tenaient éveillé, voit comme elle est endormie, il sort doucement du lit, et, sans se vêtir davantage, il fait un rouleau de ses habits et s'éloigne de la tente. Alors, comme s'il lui était poussé des ailes, il revole vers ses compagnons, les réveille et, sans qu'on fasse un seul cri, il ordonne de quitter la plage et de gagner le large» (Arioste, *Roland furieux*, Ed. 1888, trad. A.J. Du Pays, p. 105). On distingue en effet un jeune homme nu, fuyant vers le navire et portant sous le bras ses vêtements roulés, indiqués par une touche de lavis brun.

Au cours de ses dernières années à Rome — il rentre en France en 1634 — Stella envisage peut-être d'illustrer l'*Orlando Furioso* de l'Arioste, puisque l'Ashmolean Museum d'Oxford conserve un dessin représentant un autre passage de ce récit, *Hippolyte d'Este et Mathias Corvin* daté de 1631 (J. Seznec, 1954, repr. p. 22, Inv. n° 441).

D'autre part, ce dessin, par sa facture et son style, n'est pas unique dans l'œuvre de l'artiste : contrairement à Blanchard qui affectionnait les traits heurtés et nerveux, bien souvent à la sanguine pure, Stella marie habilement sanguine, pierre noire et rehauts de blanc que l'on retrouve dans toute une série de dessins datés entre 1629 et 1633, conservés au Musée des Beaux-Arts d'Orléans (Exp. Orléans, 1976, n° 124, pl. XXIX) à l'Ashmolean Museum d'Oxford (P. Rosenberg, 1972, n° 135) à l'Albertina (Inv. n° 11455) et au Louvre (Inv. n° 32892, 32889 et RF 29878).

C'est peut-être la belle description de P. Lavallée (1948, p. 33) qui résume avec le plus de vérité l'art d'un tel dessin : «Dans le mystère d'une forêt qui enveloppe l'atmosphère corrégienne et bassanesque d'une nuit magique, une femme est endormie. La lumière, projetée et concentrée sur elle, semble émaner de sa chair même, tandis qu'alentour tout est sombre, si ce n'est le lointain, une plage où le jour se lève sur l'époux infidèle qui regagne son vaisseau».

PIERRE-CHARLES TREMOLIERES
Cholet 1703 - Paris 1739

163

NYMPHE SURPRISE PAR DES SATYRES

Sanguine.
H. 0,275 ; L. 0,240.
Signé en bas à droite à la plume, encre brune :
Trémolières del et à gauche, inscription auto-
graphe de l'artiste : *Poussin Inv.*
Collé en plein.
Provenance : His de la Salle, marque en bas à
gauche (L. 1332) ; Armand Valton.
Inv. E.B.A., n° 1559.

Bibliographie : P. Lavallée, 1928, p. 44, pl.
22 ; J.F. Méjanès, 1973, n° 5.

Expositions : Paris, E.B.A., 1933, n° 153 ;
Paris, Arts Décoratifs, 1934, n° 687 ; Paris,
E.B.A., 1965, n° 92 ; Cholet, Musée des
Beaux-Arts, 1973, n° 5, pl. XVII.

Ce dessin est une copie avec variantes
d'une œuvre de Poussin qui se trouvait à
Rome dans la collection Falconieri vers
1730 (A. Blunt, 1965, p. 58 et suivantes)
et qui ne fut gravée qu'en 1760 par
Daullé. Elle est aujourd'hui connue
par trois autres versions, deux conservées
à Zurich (Kunsthaus et collection privée)
et une à la National Gallery de Londres,
dont A. Blunt rejette l'attribution à
Poussin (1966, n° B 113). Il semble que
cette peinture, aujourd'hui perdue, ait
beaucoup inspiré les artistes français du
XVIIIe siècle, puisque l'on conserve un
dessin de Bouchardon d'après le groupe
central (J. Guiffrey et P. Marcel, 1907,
t. I, n° 649). Le style de notre feuille
est d'ailleurs fortement influencé par
celui de Bouchardon, que Trémolières
copie à son arrivée à Rome en 1726,
notamment dans deux études, *L'âge
d'or* et *L'âge d'argent* du Musée du
Louvre (J. Guiffrey et P. Marcel, 1907,
t. I, n° 765 et n° 767).

Ce dessin présente toutefois les caractéristiques stylistiques de l'art de
Trémolières pendant son séjour à Rome,
au cours duquel il travailla presque
exclusivement à la sanguine, en s'atta-
chant, d'une part à rendre les fonds par
un système de hachures parallèles et,
d'autre part, à souligner les détails
d'expression et les traits du visage ; le
Bain de Diane de l'Art Institute of
Chicago (P. Rosenberg, 1972, n° 140,
pl. 89), des mêmes années, en est un
autre exemple probant.

poutin, in.

Tremolieres, d.

JOSEPH VERNET
Avignon 1714 - Paris 1789

164

LE TEMPLE DE LA SIBYLLE A TIVOLI

Lavis d'encre de Chine.
H. 0,262 ; L. 0,379.
Signé en bas à gauche à la plume, encre noire :
J. Vernet.
Provenance : E. Desperet, marque en bas à droite (L. 721), vente, Paris, 6-7 juin 1865, n° 519, 21 f ; Armand Valton.
Inv. E.B.A., n° 1589.

Bibliographie : P. Lavallée, 1928, pl. 24.

Expositions : Paris, Petit Palais, 1925, n° 701 ; Paris, E.B.A., 1933, n° 156 ; Paris, Arts Décoratifs, 1934, n° 576 ; Copenhague, Musée d'Ordrupgaard, 1935, n° 528 ; Bruxelles, Palais des Beaux-Arts, 1949, n° 106 ; Rome, Palazzo delle Esposizioni, 1961, n° 376 ; Paris, E.B.A., 1965, n° 94 ; Londres, Kenwood House, 1976, n° 53 ; Londres, British Museum, 1977, n° 42 (repr.).

Un des sites italiens les plus prisés des artistes français du XVIIIe siècle venus étudier à Rome, fut indiscutablement le temple de la Sibylle à Tivoli, comme l'attestent les vues à la sanguine de Fragonard (Musée des Beaux-Arts de Besançon, Inv. n° D.2839 et D.2838) d'Hubert Robert (Louvre, Inv. n° 32731) et de Natoire (F. Boyer, 1949, n° 664). En outre, ce lieu fit l'objet de trois gravures de Piranèse que celui-ci envoya au marquis de Marigny en 1762 (correspondance des Directeurs de l'Académie, t. XI, p. 449), ce qui confirme l'intérêt des peintres et amateurs pour les paysages italiens.
Toutefois cette feuille de Joseph Vernet se signale par sa précocité,

puisque M. Conisbee (Exp. Londres, 1976, n° 53) la situe vers 1737, soit une quinzaine d'années avant que Fragonard, Hubert Robert et Natoire ne découvrent à leur tour le temple de la Sibylle. D'autre part, si l'on consulte le catalogue de vente après décès de 1790, où figuraient environ sept cents dessins et croquis, il semble que Tivoli soit l'un des sites qui a le plus inspiré l'artiste : d'ailleurs, la Fondation Custodia possède une autre étude du temple de la Sibylle, proche de celle des Beaux-Arts, dont elle diffère néanmoins par sa mise en page (Inv. n° 1967, t. 64).

Poussé par Vleugels, Directeur de l'Académie de France à Rome, Vernet s'astreignit, durant son séjour, à dessiner d'après nature, ce qui développa son goût de l'observation et de la précision, digne d'un archéologue. Ce souci de détail et de minutie se retrouve dans de nombreux dessins, de la même époque, toujours exécutés à la plume et au lavis brun, notamment *Les ruines du Colisée à Rome* (Exp. Paris, 1976, Musée de la Marine, p. 101, n° 62, pl. 62), également baigné de cette atmosphère lumineuse que Vernet tenait de son maître Adrien Manglard.

J. Vernet, *Le temple de la Sibylle à Tivoli,*
dessin, Fondation Custodia, Paris.

165

FEUILLE D'ETUDES : DEUX JEUNES HOMMES, L'UN DEBOUT, L'AUTRE ASSIS

Sanguine.
H. 0,178 ; L. 0,184.
Agrandi à gauche de 15 mm ; main droite du personnage debout refaite.
Provenance : E. Desperet (L. 721), vente, Paris, 6-7 juin 1865, n° 531, lot de quatre dessins, 280 f ; Armand Valton.
Inv. E.B.A., n° 1609.

Bibliographie : Ed. de Goncourt, 1875, pp. 115-116 ; L. Gillet, 1921, pp. 79 et 205 ; P. Lavallée, 1928, pl. 1 ; E. Dacier, 1930, n° 42 ; K.T. Parker, 1931, p. 28 ; J. Mathey et K.T. Parker, 1957, p. 10, n° 58.

Expositions : Paris, E.B.A., 1933, n° 159 ; Paris, Galerie Wildenstein, 1935, n° 12 ; Vienne, Albertina, 1950, n° 69 ; Londres, Art Council, 1952, n° 160 ; Paris, E.B.A., 1965, n° 91.

Les deux personnages de ce dessin ont été utilisés dans *La conversation* de la collection Heugel, gravée par Liotard en 1733 (P. Rosenberg et E. Camesasca, 1970, p. 102, n° 105) dans laquelle on remarque une variante pour la tête du jeune homme assis. L'identification de ces deux figures reste néanmoins difficile. Les frères Goncourt croient reconnaître M. de Julienne et Watteau : «La ressemblance de M. de Julienne et de Watteau était encore plus frappante dans la sanguine d'une vente, faite par Vignères, il y a une dizaine d'années : sanguine qui était l'étude un peu agrandie des deux figures de ce tableau» (1875, p. 117). Gillet en revanche identifie, dans le visage de l'homme debout, le portrait de Crozat ou de quelqu'un de son cercle ; enfin, Dacier propose le nom de la Roque, qui s'appuyait toujours sur une béquille.

Pour le jeune homme assis, il semble qu'il faille exclure le nom de Watteau et y voir plutôt un modèle fréquemment employé à cette époque : on le retrouve en effet dans les feuilles d'études des collectionneurs Groult, Villebœuf, David-Weill et de l'Ecole des Beaux-Arts (J. Mathey et K.T. Parker, 1957, n° 59 à 62 et Inv. E.B.A., n° 1607) portant toujours le même vêtement, mais observé dans diverses positions, notamment à demi-étendu et les bras levés vers le ciel dans l'étude de la collection David-Weill.

Pour cette peinture, Watteau exécuta d'autres études préparatoires dont une *Tête de nègre* conservée au British Mu-seum, une *Femme assise* et un *Nègre portant un plateau* (Ed. de Goncourt, 1875, p. 117, n° 679 et 501).

Ce dessin constitue un excellent témoignage de l'activité de Watteau dans les années 1705-1706, durant lesquelles son trait à la sanguine encore léger et continu n'est troublé par aucune cassure nerveuse, tandis que les attitudes de ses personnages gardent un aspect conventionnel et étudié, qui ne tardera pas à disparaître.

ANTOINE WATTEAU

166

FEUILLE D'ETUDES : TROIS SOLDATS AU REPOS

Sanguine.
H. 0,175 ; L. 0,218.
Verso : comédiens français et italiens, croquis
rapide à la sanguine.
Taches brunes sur l'ensemble de la feuille et
déchirure en bas à gauche.
Provenance : E. Guichardot (L. 2490), vente,
Paris, 7-10 juillet 1875, n° 406, 95 f ; Armand
Valton.
Inv. E.B.A., n° 1608.

Bibliographie : P. Lavallée, 1917, pp. 417-432
(repr. p. 424) ; P. Lavallée, 1928, pl. 3 ; E.
Dacier, 1930, n° 41 ; K.T. Parker, 1931, p. 17 ;
J. Bouchot-Saupique, 1935, pl. 56 ; J. Bouchot-
Saupique, 1953, pl. 2 ; J. Mathey et K.T. Parker, 1957, n° 245, p. 36 ; M. Gautier, 1959,
pl. 5 ; A. Brookner, 1969, pl. 6.

Expositions : Paris, Bibliothèque Nationale,
1927, n° 1241 ; Paris, E.B.A., 1933, n° 161 ;
Paris, Arts Décoratifs, 1935, n° 83 ; Vienne,
Albertina, 1950, n° 64 ; Londres, Art Council,
1952, n° 161 ; Washington, National Gallery
of Art, Saint-Louis, City Art Museum, Harvard
University, Fogg Art Museum, New York,
Metropolitan Museum, 1952-1953, n° 60 ;
Rome, Palazzo Venezia, 1959-1960, n° 71 ;
Paris, E.B.A., 1965, n° 97.

Ces trois figures ont été utilisées dans les tableaux, *Halte*, gravé par Cochin en 1725 (P. Rosenberg, 1970, n° 55, p. 98) et le *Détachement faisant halte*, gravé par Moyreau en 1729 (P. Rosenberg et E. Camesasca, 1970, p. 95, n° 540) ; en outre, le soldat placé en haut à droite revient également dans la peinture *Escorte d'équipage*, gravée par Cars en 1731 (P. Rosenberg et E. Camesasca, 1970, p. 98, n° 57).

Lors de la vente Masson en 1924, fut vendue une réplique de ce dessin attribuée à Pater (vente Masson, Paris, 1924, n° 113) où l'on trouve une quatrième figure jouant du pipeau. Pour le verso, on reconnaît le Pierrot du tableau *Pour garder l'honneur d'une belle*, gravé par Cochin en 1729 (P. Rosenberg, 1970, n° 24, p. 101) et le Crispin des *Comédiens français*, gravé par Liotard en 1731 (P. Rosenberg et E. Camesasca, 1970, n° 15, p. 90).

Il semble que les scènes à sujets militaires, dont on conserve aujourd'hui environ trente-huit dessins et une douzaine de tableaux, ne datent pas du séjour de Watteau à Valenciennes en 1709, mais plutôt des années 1712-1714.

L'étonnante originalité de ces feuilles réside, comme ici, dans la mise en page et le traitement du sujet. Contrairement à la représentation victorieuse des batailles à la Van der Meulen, Watteau préfère l'aspect plus quotidien mais aussi moins triomphant des campagnes militaires.

L'artiste suggère avec une grande éco-

Verso du n° 166.

nomie de moyens le lieu et l'espace où ses soldats se délassent. Le sol n'est indiqué que par deux légers traits à la sanguine, l'horizon et l'ombre des corps sont à peine ébauchés, Watteau ne retenant ainsi que la forme isolée de ses figures.

Les soldats sont fixés sur la feuille dans des poses caractéristiques, ainsi le soldat couché aux jambes croisées, que l'on retrouve dans un dessin de la collection Kœnig au Musée Boymans-van Beuningen de Rotterdam (J. Mathey et K.T. Parker, 1957, n° 249), composant ainsi un véritable répertoire de motifs, dans lequel l'artiste puise au gré de ses compositions.

ANTOINE WATTEAU

167

FEUILLE D'ETUDES : TROIS SOLDATS ET UN HOMME AGENOUILLE

Sanguine.
H. 0,122 ; L. 0,195.
Provenance : E. Desperet, marque en bas à gauche (L. 721), vente, Paris, 6-7 juin 1865, n° 531, lot de quatre dessins, 280 f ; Armand Valton.
Inv. E.B.A., n° 1605.

Bibliographie : K.T. Parker, 1931, p. 17 ; J. Mathey et K.T. Parker, 1957, p. 37, n° 247.

Expositions : Paris, E.B.A., 1933, n° 161 ; Paris, Arts Décoratifs, 1935, n° 84 ; Washington, National Gallery of Art, Cleveland, Museum of Art, Saint-Louis, City Art Museum, Harvard University, Fogg Art Museum, New York, Metropolitan Museum, 1952-1953, n° 60 ; Vienne, Belvedere, 1966, n° 73 ; Paris, E.B.A., 1965, n° 98.

Ces quatre figures ont été employées dans différents tableaux : celles du milieu dans *Le détachement faisant halte*, gravé par Cochin en 1725, et celles de droite et de gauche dans *Halte* (P. Rosenberg et E. Camesasca, 1970, p. 98, n° 55 et p. 95 n° 40), gravé par Moyreau en 1729.

Datée des mêmes années que la précédente, cette feuille traite du même sujet avec autant de sobriété dans la mise en page. Il semble que Watteau ait rarement représenté le soldat à l'exercice puisque l'on connaît sur ce thème un seul dessin, consacré à un fantassin chargeant son fusil dans des attitudes successives, conservé au Musée des Beaux-Arts de Quimper (J. Mathey et K.T. Parker, 1957, n° 244).

Par ailleurs, on retrouve toujours, à travers ces dessins à sujets militaires, le même modèle : il s'agit d'un jeune homme élancé, à la taille fine et aux jambes minces et nerveuses, que le dessinateur saisit ici successivement agenouillé, de dos jambes allongées, assis de face et debout de profil.

168

FEUILLE D'ETUDES : DEUX TETES DE JEUNES HOMMES, DEUX TETES DE FEMMES.

Sanguine.
H. 0,169 ; L. 0,207.
Annotation en bas à droite à la plume, encre brune : *Watteau f.*
Provenance : Armand Valton.
Inv. E.B.A., n° 1607.

Bibliographie : Ed. de Goncourt, 1875, p. 123 ; P. Lavallée, 1917, pp. 417-432 (p. 426) ; P. Lavallée, 1928, pl. 2 ; E. Dacier, 1930, n° 43 ; J. Mathey et K.T. Parker, 1957, p. 10, n° 60 ; M.P. Eidelberg, 1977, n° 71.

Expositions : Paris, Bibliothèque Nationale, 1927, n° 1242 ; Paris, E.B.A., 1933, n° 160 ; Paris, E.B.A., 1965, n° 96.

Cette feuille d'études, dont il existe une contre-épreuve qui fut vendue à la vente Maurice de Fleury en 1931, représente notamment un personnage debout qui servit pour les *Figures de différents caractères* et les *Figures françaises et comiques* (E. Dacier et A. Vuaflart, 1929, n° 54) et fut repris en sens inverse dans un dessin de la collection Groult (J. Parker et K.T. Mathey, 1957, n° 59).

On peut aussi relever une tête de Fanchon qui est à rapprocher de celle de la bohémienne dans la *Diseuse de bonne aventure*, gravée par Cars en 1727 (P. Rosenberg et E. Camesasca, 1970, p. 95, n° 37) et dont il existait une réplique dans la collection Lévy.

La précision du trait à la sanguine, le choix de ce jeune homme un peu fluet pour modèle des deux personnages masculins, l'un assis, l'autre debout, sont autant de caractéristiques de l'œuvre de Watteau dans les années 1708-1709.

En outre, le type presque viril des deux profils féminins, inhabituel chez Watteau, nous amène aussi à dater le dessin de la jeunesse de l'artiste : les traits marqués de leur visage, les cheveux rejetés en arrière par grosses mèches, s'éloignent des physionomies gracieuses et élégantes que Watteau choisit dans les années 1716-1717.

Watteau f.

ANTOINE WATTEAU

169

FEUILLE D'ETUDES : DEUX FEMMES, UNE TETE DE FEMME, UN ARLEQUIN, UNE TETE D'HOMME COIFFE D'UN CHAPEAU ROND.

Pierre noire, sanguine et craie.
H. 0,230 ; L. 0, 353.
Provenance : E. Guichardot, vente, Paris, 7-20 juillet 1875, n° 405, n° 2,400 f ; Suermondt (L. 415), vente, Francfort, 1877, n° 191 ; Armand Valton.
Inv. E.B.A., n° 1606.

Bibliographie : L. Marcheix, 1909, pp. 257-264 (pl. 9) ; Société de reproduction de dessins de maîtres, 1912, IV ; P. Lavallée, 1917, pp. 417-432 (p. 424) ; *Figaro artistique*, jeudi 10 juillet 1924, p. 2 ; A. Michel, 1923, t. VII, 1re partie, p. 123, fig. 62 ; P. Lavallée, 1928, pl. 6 ; E. Dacier, 1930, n° 39 ; K.T. Parker, 1931, n° 31 ; J.L. Barrault, 1947, p. 5 ; J. Mathey et K.T. Parker, 1957, p. 311, n° 561 ; J. Mathey, 1959, pp. 40-49, n° 2 ; M.P. Eidelberg, 1977, n° 165 ; B. Foucart, 1978, pp. 40-47, fig. 4.

Expositions : Paris, E.B.A., 1933, n° 164 ; Copenhague, Musée d'Ordrupgaard, 1935, n° 503 ; Vienne, Albertina, 1950, n° 72 ; Londres, Royal Academy, 1954-1955, n° 229 ; Chicago, the Art Institute of Chicago, Minneapolis, Minneapolis Institute of Arts, Detroit, Detroit Institute of Arts, San Francisco, California Palace of the Legion of Honor, 1955-1956, n° 55 ; Hambourg, Kunsthalle, Cologne, Wallraf-Richartz Museum, Stuttgart, Wurtembergischen Kunst Verein, 1958, n° 67 ; Paris, E.B.A., 1965, n°102 ; Vienne, Belvedere, 1966, n° 32 ; Bordeaux, Galerie des Beaux-Arts, 1980, n° 198.

Les cinq figures représentées sur cette feuille ont été utilisées dans divers tableaux : la jeune femme de gauche est une étude pour *La Finette*, tableau con-servé au Louvre et gravé par Audran en 1729 (P. Rosenberg et E. Camesasca, 1970, p. 102, n° 158), la jeune femme assise au centre se retrouve dans *Le Concert champêtre*, du Musée des Beaux-Arts d'Angers (P. Rosenberg et E. Camesasca, 1970, n° 119, p. 106) et *La contre-danse*, de la collection Sterling, gravé par Biron en 1731 (P. Rosenberg, 1970, p. 108, n° 131), où Watteau s'inspire pour la tête et les mains du dessin de la collection Owen (J. Mathey et K.T. Parker, 1957, n° 781). L'Arlequin a été employé dans *Les entretiens badins*, gravé par Audran en 1724 (P. Rosenberg et E. Camesasca, 1970, n° 91, p. 102), *Les plaisir du bal*, du collège de Dulwich,

gravé par Scotin en 1730 (P. Rosenberg, 1970, p. 121, n° 203) et *Le bal champêtre*, gravé par Ravenet en 1727 (P. Rosenberg et E. Camesasca, 1970, p. 105, n° 112). Enfin, les deux derniers personnages et la tête d'homme ont servi pour *La troupe italienne en vacances*, de la collection David-Weill, gravé par Mercier en 1723 (P. Rosenberg et E. Camesasca, 1970, p. 120, n° 202).

Il semble, en outre, que cette dernière figure ait été reprise dans un dessin du Musée National de Stockholm, où Watteau étudie son personnage assis tourné vers la gauche (J. Mathey et K.T. Parker, 1957, n° 663).

On reconnaît aisément dans les visages des deux femmes le type cher à Watteau vers les années 1716-1717 : les traits sont presque enfantins, l'ovale s'allonge vers le bas et son contour, d'une grande pureté, est accentué par une coiffure très haute dégageant la nuque, enfin les yeux en amande s'harmonisent avec le nez, terminé par un angle typique, et la bouche, petite, mais charnue, autant de caractéristiques que l'on retrouve dans certains dessins du Louvre et du British Museum (J. Parker et K.T. Mathey, 1957, n° 623 et 825).

Sa maîtrise de la technique aux trois crayons permet à Watteau de traduire à la fois la densité des formes et leur enveloppe colorée, et de souligner la pureté d'un visage par rapport aux chatoiements d'un vêtement.

Watteau, *La Finette*, toile, Musée du Louvre.

ANTOINE WATTEAU

170

MOÏSE SAUVE DES EAUX

Sanguine.
H. 0,214 ; L. 0,303.
Provenance : J. Boilly ; vente, Paris, 20 mars 1869, n° 225, 31 f ; Armand Valton.
Inv. E.B.A., n° 1604.

Bibliographie : P. Lavallée, 1917, pp. 417-432 (p. 425 repr.) ; P. Lavallée, 1925, pp. 160-162, repr. ; P. Lavallée, 1928, p. 5, pl. 10 ; E. Dacier, 1930, n° 44 ; K.T. Parker, 1931, n° 24, pp. 25 et 43 ; P. Lavallée, 1948, pl. 33, p. 68 ; M. Serullaz, 1949, p. 447 ; H. Adhémar et R. Huyghe, 1950, p. 126 ; F. Boucher et Ph. Jaccottet, 1952, n° 13 ; J. Bouchot-Saupique, 1953, n° 3, pl. 3 ; J. Mathey et K.T. Parker, 1957, n° 859 ; R. Huyghe, 1968, p. 50 ; R. Bacou, 1970, pl. VII.

Expositions : Londres, Royal Academy, 1932, n° 785 ; Paris, E.B.A., 1933, n° 163 ; Paris, *Gazette des Beaux-Arts*, 1935, n° 10 ; Copenhague, Musée d'Ordrupgaard, 1935, n° 536 ; Paris, Palais des Beaux-Arts, 1937, n° 587 ; Londres, Royal Academy, 1949, n° 436, pl. 76 ; Amsterdam, Rijksmuseum, 1951, n° 225, pl. 35 ; Londres, Art Council, 1952, n° 164 ; Hambourg, Kunsthalle, Cologne, Wallraf-Richartz Museum, Stuttgart, Wurtembergisschen Kunst Verein, 1958, n° 58 ; Paris, Louvre, 1962, n° 91 ; Paris, E.B.A., 1965, n° 101 ; Londres, British Museum, 1977, n° 21.

Ce dessin, représentant Moïse sauvé des eaux, surprend par l'originalité avec laquelle est traité le thème. Le sujet biblique devient prétexte pour Watteau à recréer, sous les ombrages de l'Ile-de-France, une atmosphère de fête galante d'où tout sentiment religieux est absent, et qui ne manque pas de rappeler le parti de La Fosse dans son *Moïse sauvé des eaux*, du Musée des Beaux-Arts de Besançon et son tableau du Louvre daté de 1701 (P. Lavallée, 1948, p. 48, pl. XXVIII et Inv. n° 4527). On retrouve aussi dans bien des détails l'influence vénitienne ; le groupe de la fille du Pharaon, par exemple, n'est pas sans analogie avec celui du *Moïse sauvé des eaux*, de Véronèse, autrefois dans le cabinet du Roi et connu aujourd'hui dans plusieurs exemplaires dont celui du Musée des Beaux-Arts de Dijon.

Cette composition fut en outre gravée dans le recueil de Crozat, que Watteau a sûrement consulté ; on sait en effet l'amitié qui unissait les deux hommes et les multiples inspirations que Watteau sut tirer de l'étude des dessins mis à sa disposition par le collectionneur. Une contre-épreuve à la sanguine, appartenant à la collection Groult (J. Mathey, K.T. Parker, 1957, n° 345) atteste le vif intérêt que Watteau portait à ce tableau de Véronèse, dont il s'est aussi inspiré pour *Une femme à genoux*, provenant de la collection Bottelier-Lasquin (J. Mathey et K.T. Parker, n° 352).

Watteau ne semble avoir traité que très peu le paysage dans ses dessins, parmi lesquels l'*Esquisse pour le plaisir d'Amour* (J. Mathey et K.T. Parker, 1957, n° 858) présente de grandes similitudes dans sa composition avec cette feuille : en effet, l'artiste se contente de suggérer les lignes essentielles de cette vue de parc, également exécutée à la sanguine, et les échappées, bordées d'arbres élancés et noueux, semblables à des lianes et animés de quelques personnages.

Cette analogie saisissante fonde avec plus de certitude encore la datation donnée par J. Mathey et K.T. Parker (1957, n° 859), vers 1715-1717. On peut dès lors émettre l'hypothèse, en raison du grand format de cette étude élaborant une composition complète — ce qui est rare dans les feuilles de Watteau —, d'un premier projet pour son morceau de réception, *Le Pélerinage pour Cythère*, qu'il acheva en 1717 (P. Rosenberg, N. Reynaud, I. Compin, 1974, n° 924).

Filigranes

Les filigranes ont été relevés par Dominique Le Marois.

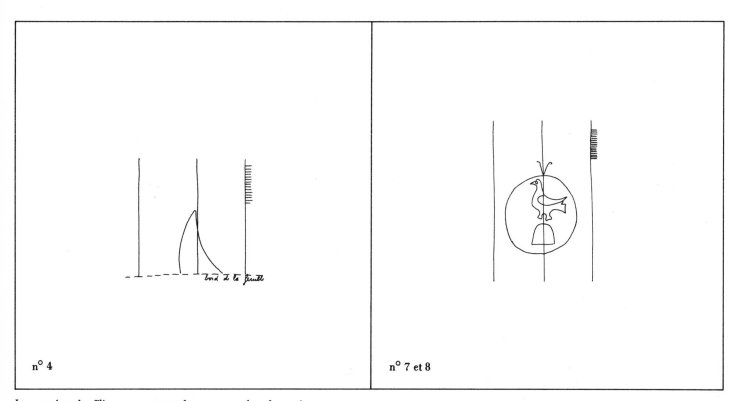

n° 4

n° 7 et 8

Les numéros des filigranes correspondent aux numéros des notices.

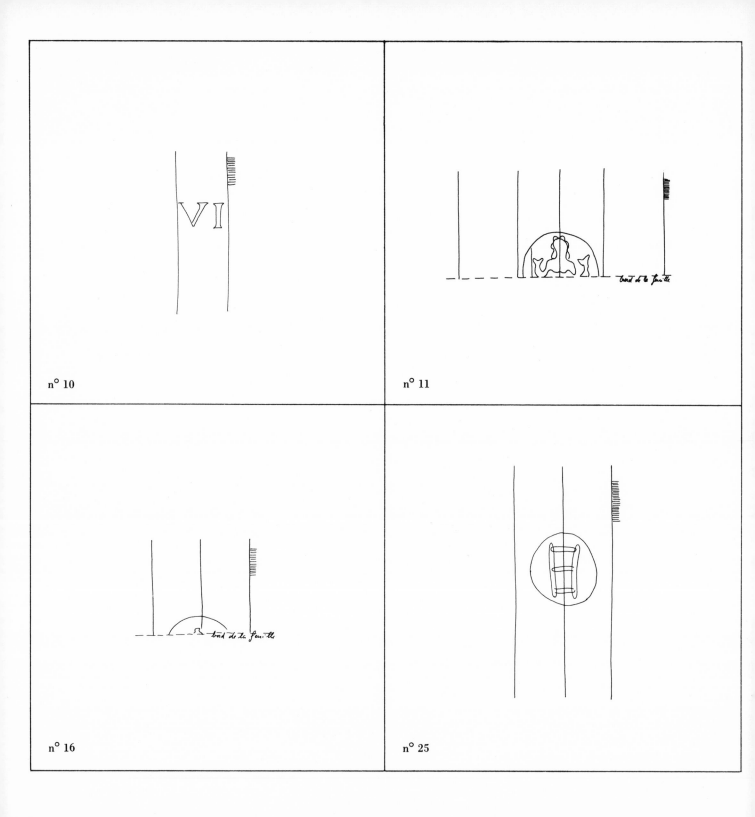

n° 10

n° 11

n° 16

n° 25

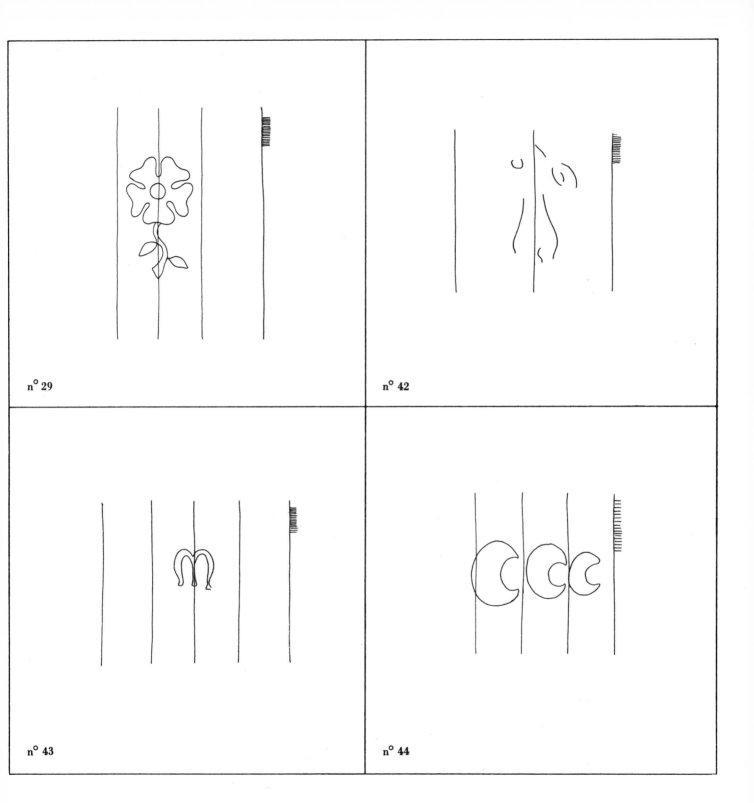

n° 29

n° 42

n° 43

n° 44

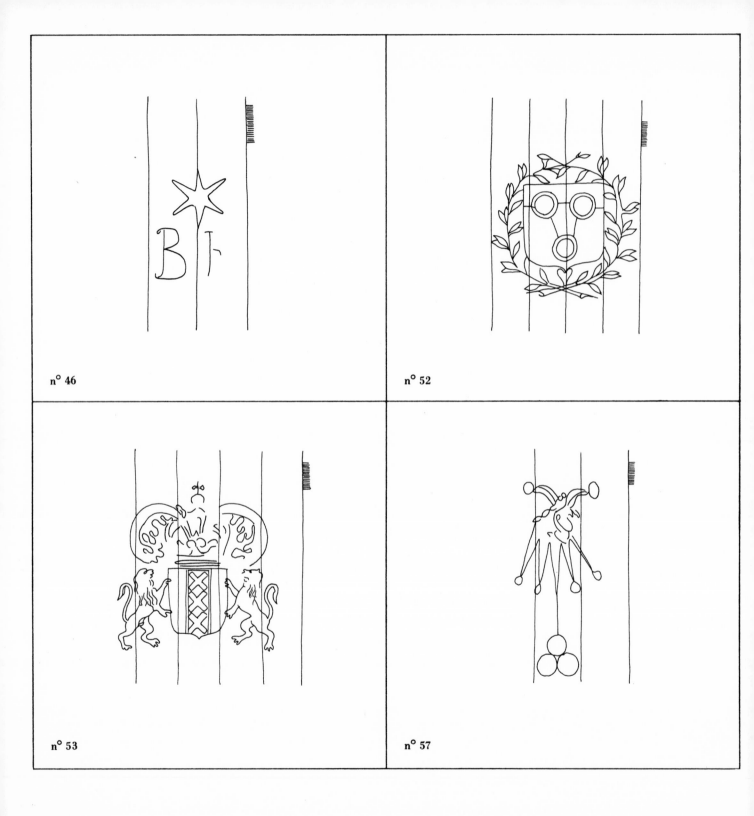

n° 46

n° 52

n° 53

n° 57

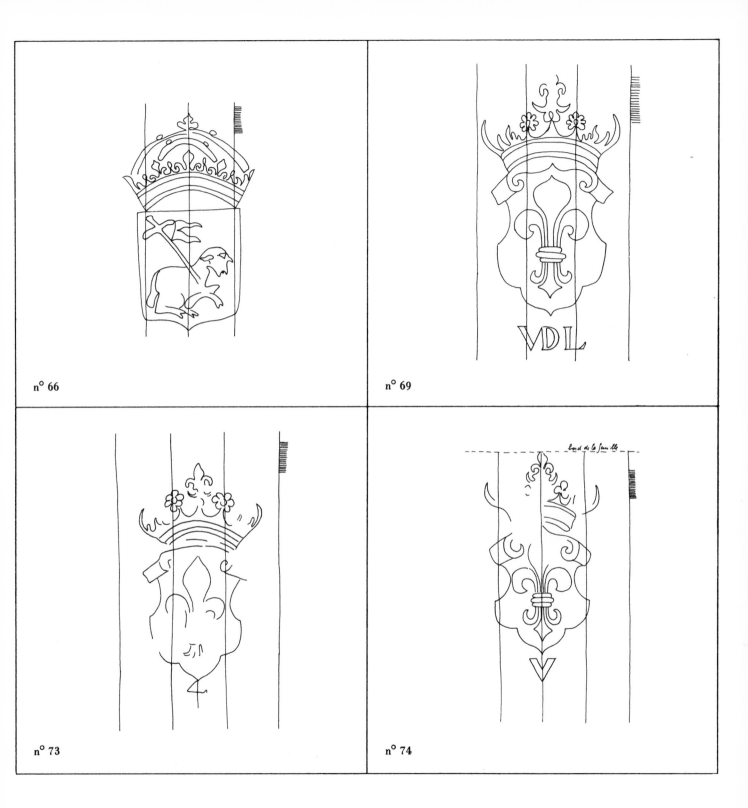

n° 66

n° 69

n° 73

n° 74

bord de la feuille

VDL

V

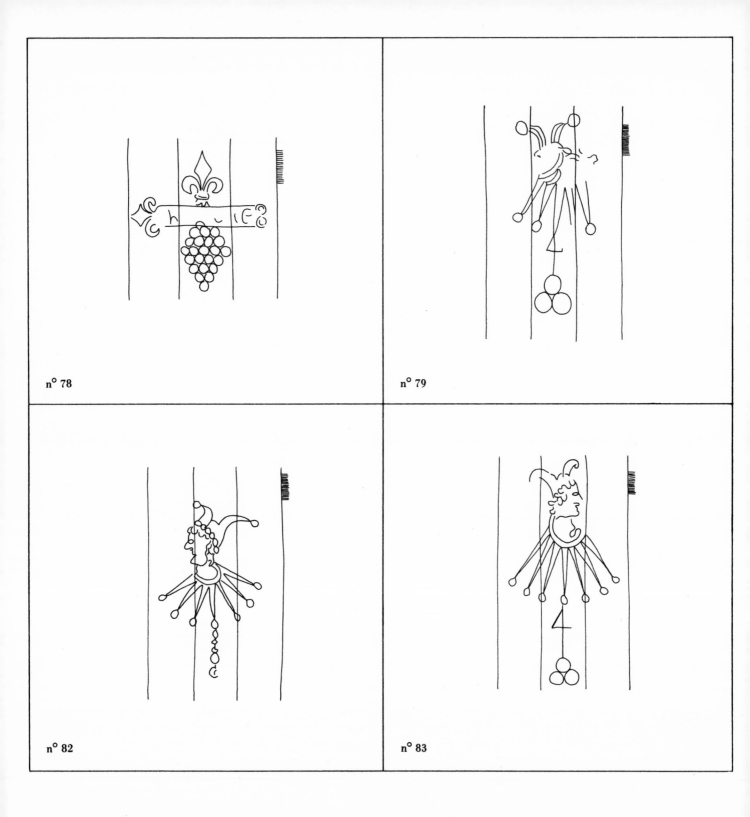

n° 78

n° 79

n° 82

n° 83

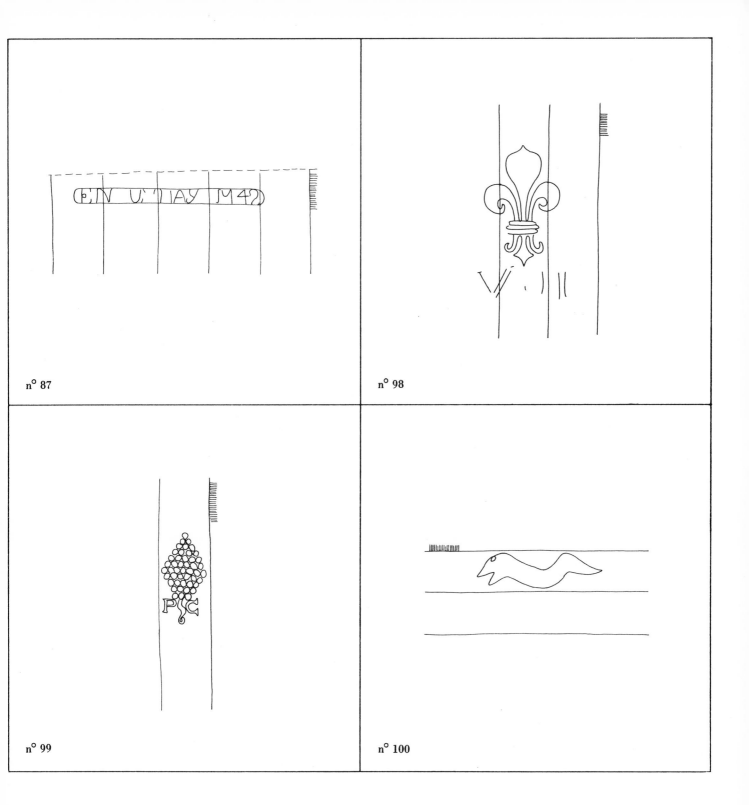

n° 87

n° 98

n° 99

n° 100

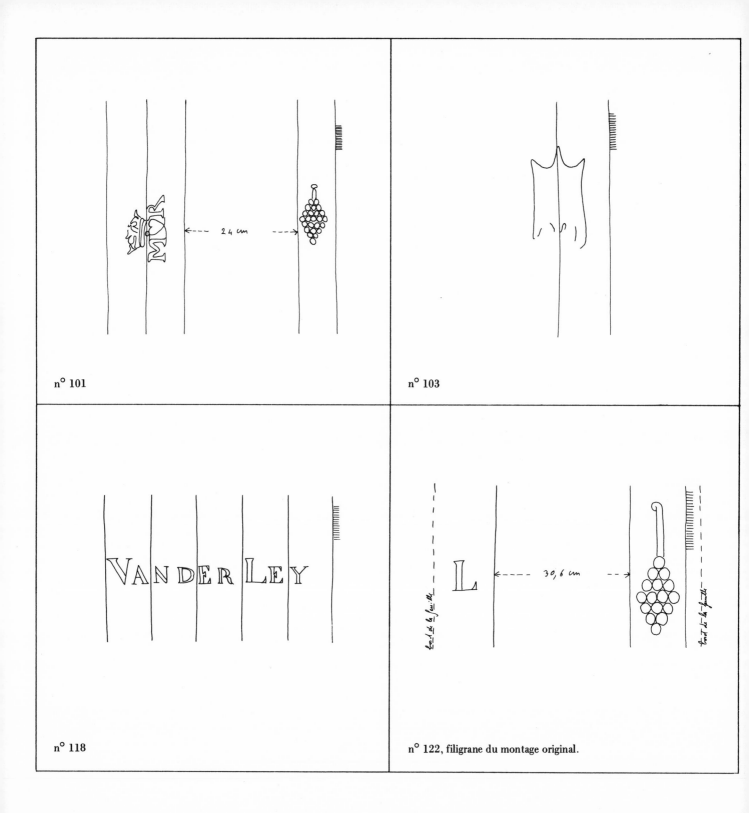

n° 101

n° 103

n° 118

n° 122, filigrane du montage original.

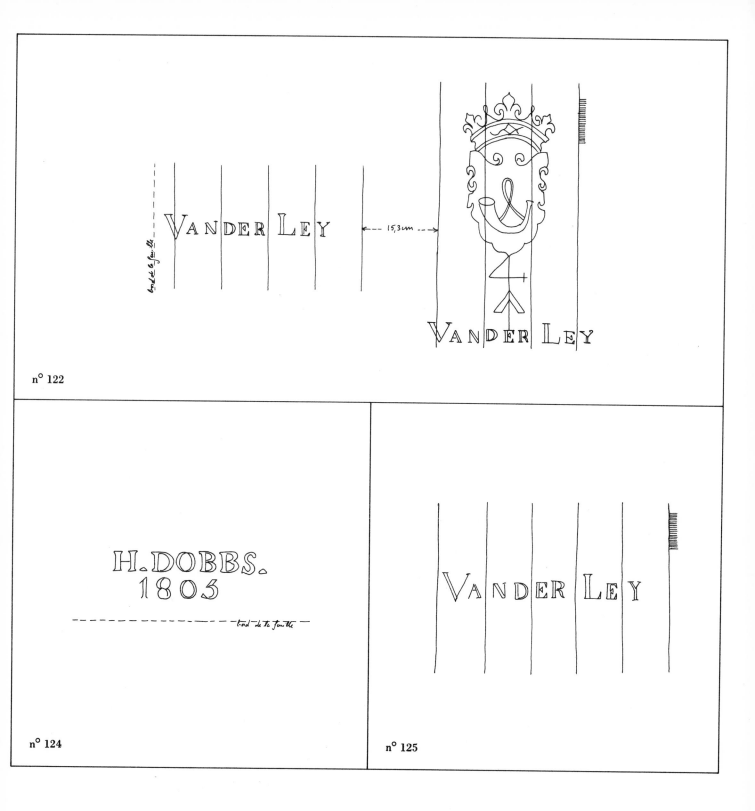

VANDER LEY

bord de la feuille

←----- 15,3 cm -----→

VANDER LEY

n° 122

H.DOBBS.
1803

bord de la feuille

n° 124

VANDER LEY

n° 125

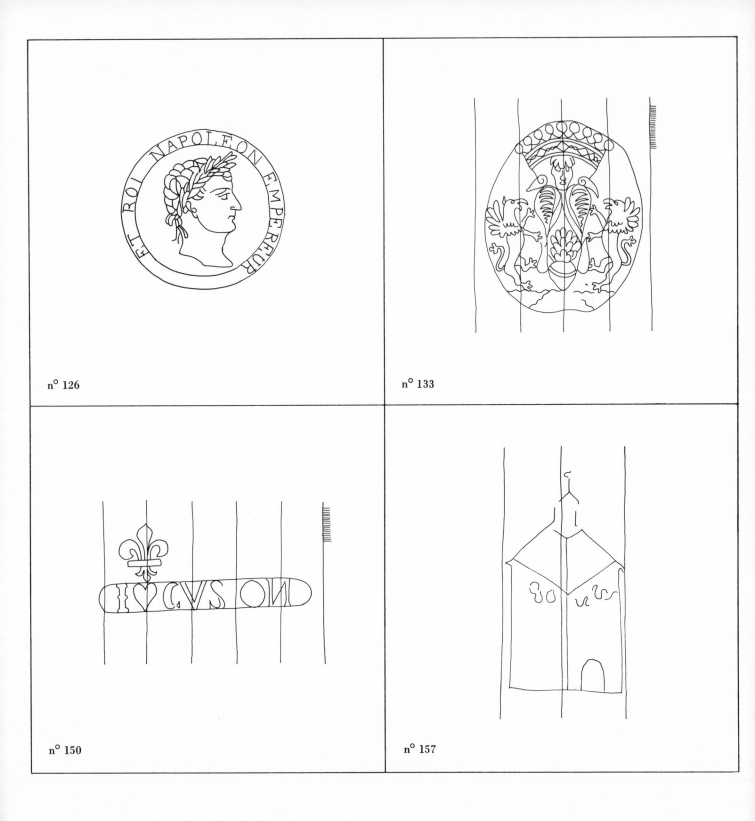

n° 126

n° 133

n° 150

n° 157

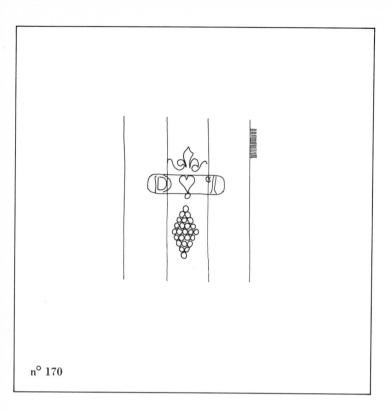

n° 170

Bibliographie

OUVRAGES CITÉS EN ABRÉGÉ

ADHEMAR, 1950. H. Adhémar et R. Huyghe, *Watteau, sa vie, son œuvre*, Paris, 1950.

ADHEMAR, 1973. J. Adhémar, *Les portraits dessinés du XVIe siècle au Cabinet des Estampes*, Paris, 1973.

ALAZARD, 1950. J. Alazard, *Ingres et l'Ingrisme*, Paris, 1950.

ALAZARD, 1957. J. Alazard, *Nicolas Poussin*, Art et les artistes, Paris, 1957.

ANANOFF, 1966. A. Ananoff, *L'œuvre dessiné de François Boucher, catalogue raisonné*, Paris, 1966.

ANANOFF, 1976. A. Ananoff, *François Boucher, avec la collaboration de M. Daniel Wildenstein de l'Institut*, Lausanne-Paris, 1976.

ANGULO, 1961. D.I. Angulo, «Miscelanea murillesca», *Archivo Español de Arte*, n° 34, 1961, pp. 3-4.

ANGULO, 1970. D.I. Angulo, «Un dibujo de Murillo para el cuadro de san Salvator de Horta», *Archivo Español de Arte*, n° 43, 1970, pp. 435-436.

ANGULO, 1974. D.I. Angulo, «Algunos dibujos de Murillo», *Archivo Español de Arte*, 1974, pp. 97-108.

ANTAL, 1937-1938. F. Antal et E. Wind, «The Maenad under the cross», *The Journal of the Warburg Institute*, 1937-1938, pp. 70-72.

ANTAL, 1958. F. Antal, *Fuseli Studies*, Londres, 1958.

ARRIZOLI, 1976. M.T. Arrizoli, «Per Giuseppe cadès», *Pantheon*, 1976, pp. 1-7.

AVEL, 1972. N. Avel, «Les Perelle. Graveurs de paysage du XVIIe siècle», *Bulletin de la société de l'histoire de l'Art français*, 1972, pp. 145-153.

BACOU, 1968. R. Bacou, *Dessins du Louvre. Ecole Italienne*, Paris, 1968.

BACOU, 1970. R. Bacou, *Le XVIIIe siècle français*, Paris, 1970.

BACOU, 1980. R. Bacou, «Primatice. Le festin des dieux», *La Revue du Louvre et des Musées de France*, IV, 1980, pp. 249-251.

BADT, 1969. K. Badt, *Die Kunst des Nicolas Poussin*, Paris, Cologne, 1969, 2 vol.

BAGLIONE, 1733. Baglione, *La vie de Leoni*, Ed. de Naples, 1733.

BARRAULT, 1947. J.L. Barrault, «Propos sur la pantomime», *Formes et couleur*, pp. 5-6.

BAROCCHI, 1950. P. Barocchi, *Il Rosso Fiorentino*, Rome, 1950.

BAROCCHI, 1951. P. Barocchi, «Precisazioni sul Primaticcio», *Commentari*, 1951, pp. 211-218.

BARTSCH. A. Bartsch, *Le Peintre graveur*, Vienne, 1803-1821, 21 vol.

BASLER, 1938. A. Basler, *Leonard de Vinci*, collection Les maîtres, Paris, 1938.

BATICLE, 1964. J. Baticle, «Un tableau de Murillo», *La Revue du Louvre et des Musées de France*, n° 2, 1964, pp. 93-96.

BEAN, 1960. J. Bean, *Bayonne. Musée Bonnat. Les dessins italiens de la collection Bonnat par Jacob Bean*, Inventaire général des dessins des Musées de France, n° 4, Paris, 1960.

BEAN, 1965. J. Bean et F. Stampfle, *Drawings from New York Collections. I. The Italian Renaissance*, Greenwich, 1965.

BEAN, 1967. J. Bean et F. Stampfle, *Drawings from New York Collections. II. The 17th Century*, New York, The Metropolitan Museum of Art, 1967.

BECK, 1972. H.U. Beck, *Jan Van Goyen*, Amsterdam, 1972, 2 vol.

BÉGUIN, 1960. S. Béguin, *L'Ecole de Fontainebleau, le maniérisme à la cour de France*, Paris, 1960.

BÉGUIN, 1960. S. Béguin, «Un aspect négligé de l'Ecole de Fontainebleau», *l'Oeil*, décembre 1960, pp. 67-68.

BÉGUIN, 1961. S. Béguin, «Dessins inédits de la période italienne de Nicolo' dell' Abate», *Arte antica e moderna*, 13-16, 1961, pp. 230-232.

BÉGUIN, 1966. S. Béguin, *Le seizième siècle Européen dans les collections publiques françaises, 3, Ecoles germaniques, Ecole Française*, Paris, 1966.

BÉGUIN, 1969. S. Béguin, «Critique du livre d'Henri Zerner, Ecole de Fontainebleau, gravures», *Revue de l'Art*, 1969, pp. 103-107.

BÉGUIN, 1969. S. Béguin, «Niccolo dell'Abbate en France», *Art de France*, t. II, 1969, pp. 112-116.

BÉGUIN, 1970. S. Béguin, *Il seicento francese*, Milan, 1970.

BÉGUIN, 1970. S. Béguin et F. Valcanover, *Tout l'œuvre peint de Titien*, Paris, 1970.

BÉGUIN, 1972. S. Béguin, «La galerie de François 1er à Fontainebleau», *Numéro Spécial de la Revue de l'Art*, 1972.

BENESCH, 1935. O. Benesch, *Rembrandt. Werk und Forschung*, Londres, 1935.

BENESCH, 1947. O. Benesch, *Rembrandt, Selected Drawings*, Londres-New York, 1947.

BENESCH, 1954-1957. O. Benesch, *The Drawings of Rembrandt*, Londres, 1954-1957, 6 vol.

BENESCH, 1970. O. Benesch, *Rembrandt, biographical and critical Study*, New York, 1970.

BENESCH, 1973. O. Benesch, *The Drawings of Rembrandt, enlarged and edited by Eva Benesch*, Londres-New York, 1973, 6 vol.

BERENCE, 1965. F. Bérence, *Leonard de Vinci*, Paris, 1965.

BERENSON, 1903. B. Berenson, *The Drawings of the Florentine Painters*, Londres, 1903, 2 vol.

BERENSON, 1938. B. Berenson, *The Drawings of the Florentine Painters*, Chicago, 1938, 3 vol.

BERENSON, 1961. B. Berenson, *Disegni di pittori fiorentini*, Milan, 1961, 3 vol.

BERGER, 1943. K. Berger, «Courbet in his century», *Gazette des Beaux-Arts*, vol. XXIV, 1943, pp. 30-32.

BERGER, 1968. K. Berger, *Gericault*, Paris, 1968.

BERGOT, 1972. F. Bergot, *Dessins de la collection du Marquis de Robien conservés au Musée de Rennes*, Paris, Musée du Louvre, 1972.

BERNIER, 1975. G. Bernier, *Girodet, Prix de Rome, 1789*, Paris-Bruxelles, 1975.

BERNT, 1958. W. Bernt, *Die Niederländischen Zeichner des 17. Jahrhunderts*, Munich, 1958, 2 vol.

BERTI, 1965. L. Berti, *Michelangelo : le tombe medice*, Florence, 1965.

BLANC, 1857. Ch. Blanc, *Le Trésor de la curiosité tiré des catalogues de vente de tableaux, dessins, estampes, livres*, Paris, 1857.

BLUM, 1950. A. Blum, *Les nielles du quattrocento*, Paris, 1950.

BLUNT, 1939-1974. A. Blunt et W. Friedlaender, *The drawings of Nicolas Poussin*, Londres, 1939-1974, 5 vol.

BLUNT, 1960. A. Blunt, «Colloque Nicolas Poussin», publié sous la direction de André Chastel, *The Burlington Magazine*, n° 688, vol. CII, juillet 1960, pp. 330-332.

BLUNT, 1965. A. Blunt, «Poussin and his Roman Patrons», *Walter Friedlaender zum 90 Geburstag*, 1965.

BLUNT, 1966. A. Blunt, *The paintings of Poussin, A critical catalogue*, Londres, 1966.

BLUNT, 1979. A. Blunt, *The Drawings of Poussin*, Londres, 1979.

BLUNT, 1979. A. Blunt, «Further newly identified Drawings by Poussin and his Followers», *Master Drawings*, n° 2, 1979, pp. 119-146.

BOCK, 1929. E. Bock, *Die Zeichnungen in der Universitätsbibliothek Erlangen*, Francfort, 1929, 2 vol.

BODE, 1882. W. Bode, «Bildwerke des Andrea del Verrochio», *Jahrbuch der preussischen Kunstsammlungen*, 1812, pp. 97-98.

BODMER, 1931. H. Bodmer, *Leonardo des Meisters Gemälde und Zeichnungen*, Klassiker der Kunst, Stuttgart-Berlin, 1931.

BODMER, 1934. H. Bodmer, «I manoscritti e i designi di Leonardo da Vinci», *Commissione vinciana*, Rome, 1934.

BOIME, 1969. A. Boime, «Did Girodet sign somebody else's work?», *Gazette des Beaux-Arts*, t. 74, 1969, pp. 211-216.

BOISFLEURY, 1972. S. de Boisfleury, «Pierre Puget et son temps», *Provence historique*, XXII, 88, avril-juin 1972, pp. 109-110.

BON, 1957. S. Bon, «La danse et les peintres de fêtes galantes au XVIIIᵉ siècle», *Jardins des Arts*, septembre 1957, pp. 643-650.

BOUCHER, 1952. F. Boucher et Ph. Jaccottet, *Le dessin français au XVIIIᵉ siècle*, Paris, 1952.

BOUCHOT-SAUPIQUE, 1935. J. Bouchot-Saupique, *Antoine Watteau*, Paris, 1935.

BOUCHOT-SAUPIQUE, 1953. J. Bouchot-Saupique, *Watteau*, Paris, 1953.

BOUCHOT-SAUPIQUE, 1953-1954. J. Bouchot-Saupique, «Contributions à l'Étude des dessins de Leonard de Vinci», *Etudes d'Art*, 1953-1954, pp. 53-81.

BOULARD-COLLIN, 1959. Boulard-Collin, *La donation Maurice et Pauline Feuillet de Borsat*, Musée Borély, Marseille, 1959.

BOYER, 1949. F. Boyer, «Catalogue raisonné de l'œuvre de Charles Natoire», extrait des *Archives de l'Art Français*, 1949.

BRIGANTI, 1945. G. Briganti, *Il manierismo e Pellegrino Tibaldi*, Rome, 1945.

BRION, 1959. M. Brion, *Leonard de Vinci*, Paris, 1959.

BROOKNER, 1964. A. Brookner, «Prud'hon, Master decorator of the Empire», *Apollo*, LXXX, 1964, pp. 192-198.

BROOKNER, 1969. A. Brookner, *Watteau*, Paris, 1969.

BROWN, 1973. J. Brown, «Notes on Princeton Drawings 8 : Bartolomeo Esteban Murillo», *Record of the Art Museum Princeton University*, n° 32, 1973, pp. 28-33.

BUDNY, 1979-1980. V. Budny, «The poses of the Child in the composition sketches by Leonardo da Vinci for the Madona and Child with a cat in other works related to this group», *Weatherspoon Gallery Association Bulletin*, 1979-1980, pp. 4-12.

BYAM-SHAW, 1932. J. Byam-Shaw, «Liberale da Verona», *Old Master Drawings*, t. VI, 1932, pp. 62-64.

BYAM-SHAW, 1933. J. Byam-Shaw, «Some venetian draughtsmen of the Eighteenth Century», *Old Master Drawings*, t. VII, pp. 47-63.

BYAM-SHAW, 1962. J. Byam-Shaw, *The Drawings of Domenico Tiepolo*, Londres, 1962.

BYAM-SHAW, 1967. J. Byam-Shaw, *Paintings by old Masters at Christ Church*, Oxford, Londres, 1967.

CAILLEUX, 1966. J. Cailleux, «L'Art du dix-huitième siècle, Four artists in search of the same nude Girl», *The Burlington Magazine*, note 16, avril 1966, pp. 221-225.

CALVET, 1968. A. Calvet, «Unpublished studies for the oath of the Horatii by Jacques Louis David», *Master Drawings*, vol. I, 1968, pp. 37-51.

CAMESASCA, 1970. E. Camesasca et P. Rosenberg, *Tout l'Oeuvre peint de Watteau*, Paris, 1970.

CANTINELLI, 1930. R. Cantinelli, *Jacques-Louis David (1748-1825)*, Paris, 1930.

CAROTTI, 1921. G. Carotti, *Leonardo da Vinci*, Turin, 1921.

CARROLL, 1961. E.A. Carroll, «Some Drawings by Rosso Fiorentino», *The Burlington Magazine*, novembre 1961, pp. 446-453.

CARROLL, 1976. E.A. Carroll, *The Drawings of Rosso Fiorentino*, Londres, 1976.

CHENNEVIERES, 1898. Ph. de Chennevières, «Les dessins de maîtres anciens exposés à l'Ecole des Beaux-Arts en 1879», *Gazette des Beaux-Arts*, t. XIX, 2ᵉ période, 1879, pp. 505-535.

CHENNEVIERES, 1972. Ph. de Chennevières, «Portail», *Gazette des Beaux-Arts*, t. I, 1898, pp. 326-328.

CHIARINI, 1972. M. Chiarini, *Disegni italiani di paesaggio dal 1600 al 1750*, Trévise, 1972.

CHIARINI, 1973. M. Chiarini, «Il Paesaggio nel Disegno Europeo del cinquecento», *Arte Illustrata*, n° 52, 1973, pp. 89-93.

CLEMENT, 1872. Ch. Clément, *Prud'hon sa vie, ses œuvres et sa correspondance*, Paris, 1872.

CLEMENT, 1879. Ch. Clément, *Géricault, étude biographique et critique*, Paris, 1879.

COGGINS, 1968. C. Coggins, «Tracings in the coork of J.L. David», *Gazette des Beaux-Arts*, vol. II, 1968, pp. 262-264.

COMMISSIONE VINCIANA, 1930. Commissione Vinciana, *I Manoscritti e i Disegni di Leonardo da Vinci*, II, Rome, 1930.

COUPIN, 1825. P.A. Coupin, «Notice nécrologique sur Girodet, peintre d'histoire, membre de l'Institut, Officier de la Légion d'Honneur, Chevalier de l'Ordre de Saint-Michel», extrait de la *Revue encyclopédique*, 740 cahiers, t. XXV, 7e année, 2e série, février 1825.

COUPIN, 1829. P.A. Coupin, *Oeuvres posthumes de Girodet-Trioson, peintre d'histoire, suivies de sa correspondance précédée d'une notice historique*, mises en ordre par P.A. Coupin, Paris, 1829, 2 vol.

COURTHION, 1947. P. Courthion, *Géricault raconté par lui-même et les autres*, Paris, 1947.

CUST, 1900. L. Cust, *Anthony van Dyck, An Historical study of his Life and works*, Londres, 1900.

DACIER, 1921-1929. E. Dacier et A. Vuaflart, *Jean de Jullienne et les graveurs de Watteau au XVIIIe siècle*, Paris, 1921-1929.

DACIER, 1929-1931. E. Dacier, *Gabriel de Saint-Aubin, peintre, dessinateur et graveur (1724-1780), catalogue raisonné*, Paris et Bruxelles, 1929-1931, 2 vol.

DACIER, 1930. E. Dacier, *Antoine Watteau, 52 dessins*, Dessins de maîtres français, X, Paris, 1930.

DEGENHART, 1968. B. Degenhart et A. Schmitt, *Corpus der Italienischen Zeichnungen, 1300-1450, Teil I, Sünd und Mittelitalien*, Berlin, 1968, 4 vol.

DELACRE, 1908. M. Delacre, *Zeitschrift für Bildende Kunst*, N.F., t. XIX, Bruxelles, 1908.

DELACRE, 1927. M. Delacre et P. Lavallée, *Dessins anciens de l'Ecole des Beaux-Arts*, Paris et Bruxelles, 1927.

DELACRE, 1932. M. Delacre, «Recherches sur le rôle du dessin dans l'iconographie de Van Dyck», *Mémoires de l'Académie Royale de Belgique*, 2e série, II, 4, 1932, Bruxelles.

DELACRE, 1934. M. Delacre, «Le dessin dans l'œuvre de Van Dyck», *Académie Royale de Belgique, Classe des Beaux-Arts, Mémoires*, 2e série, n° 1, 1934.

DELACRE, 1938. M. Delacre, *Le dessin de Michel-Ange*, Bruxelles, 1938.

DELTEIL, 1924. L. Delteil, *Géricault, Le Peintre Graveur illustré*, XVIII, Paris, 1924.

DEMONTS, 1910. L. Demonts, *Inventaire général des dessins dans les collections publiques de France, I, Musée du Louvre, Inventaire des dessins des Ecoles du Nord*, publié sous la direction de L. Demonts, Paris, 1910.

DEMONTS, 1920. L. Demonts, *Quarante dessins de Claude Gellée*, Paris, 1920.

DESGUINE, 1950. A. Desguine, *L'œuvre de J.B. Oudry sur le parc et les jardins d'Arcueil*, Paris, 1950.

DIMIER, 1900. L. Dimier, *Le Primatice, peintre, sculpteur et architecte des rois de France*, Paris, 1900.

DIMIER, 1905. L. Dimier, «Les Origines de la peinture française, 6, De Niccolo dell'Abbate au retour de Vouet», *Les Arts*, octobre 1905, pp. 32-33.

DIMIER, 1938. L. Dimier, «Le Primatice à Fontainebleau», *Le Dessin*, avril 1938, pp. 24-28.

DIMIER, 1942. L. Dimier, *La peinture française au XVIe siècle*, Marseille, 1942.

DORIVAL, 1948. B. Dorival, «Une Bacchanale de Poussin à Madrid», *Cah. Soc. Poussin*, 1948, pp. 27-42.

DUCLAUX, 1970. L. Duclaux, *Rembrandt et son temps*, Paris, Louvre, 1970.

DUSSIEUX, 1852-1853. L. Dussieux et A. de Montaiglon, «Nouvelles recherches sur la vie et sur les ouvrages de Le Sueur», publiées dans *Archives de l'Art Français*, 1852-1853.

DÜSSLER, 1959. L. Düssler, *Die Zeichnungen des Michelangelo Kritischer Katalog*, Berlin, 1959.

DUTUIT, 1884-1885. Dutuit, *Manuel de l'amateur d'estampes*, Paris et Londres, 1884-1885, 5 vol.

EDITORIAL, 1978. «L'identité du tableau : Ambitions et limites de l'attribution», *Revue de l'Art*, n° 42, 1978, pp. 4-14.

EIDELBERG, 1977. M.P. Eidelberg, *Watteau's Drawings, their use and significance*, Londres-New York, 1977.

EISLER, 1975. C. Eisler, *Dessins de maîtres du XIVe au XXe siècle*, Paris, 1975.

EISLER, 1977. C. Eisler, *Paintings from the Samuel H. Kress Collection. European Schools excluding Italian*, Oxford, 1977.

EITNER, 1973. L. Eitner, *Réimpression de Ch. Clément, Géricault. Etude biographique et critique*, 3e ed., 1879, Paris, 1973.

EPHRUSSI, 1879. Ch. Ephrussi et Dreyfus, *Dessins de maîtres anciens exposés à l'Ecole des Beaux-Arts*, Paris, E.B.A., 1879.

EPHRUSSI, 1882. Ch. Ephrussi, *Albert Dürer et ses dessins*, Paris, 1882.

EWALD, 1964. G. Ewald, «Unbekannte Werke von Cecco Bravo, Sebastiano Mazzoni und Pietro Ricchi», *Pantheon*, VI, novembre-décembre 1964, pp. 387-399.

FAGIOLO DELL'ARCO, 1970. M. Fagiolo dell'Arco, *Il Parmigianino un saggio subl'ermetismo nel cinquecento*, Rome, 1970.

FALCK, 1927. Falck, *Les dessins de Rembrandt*, Paris, 1927.

FIGARO ARTISTIQUE, 1924. «Notes sur l'œuvre dessiné de Watteau», jeudi 10 juillet 1924, p. 2.

FIOCCO, 1915. G. Fiocco, «La Giovinezza di Giulio campagnola», *l'Arte*, XVIII, pp. 138-156.

FIOCCO, 1933. G. Fiocco, «Mantegna o Giambellino ?», *l'Arte*, 1933, pp. 184-185.

FIOCCO, 1937. G. Fiocco, *Mantegna*, Milan, 1937.

FIOCCO, 1950. G. Fiocco, «I Disegni di Giambellino», *Arte Veneta*, 1950, pp. 40-54.

FISCHEL, 1922. O. Fischel, «Eine Bildnisstudie von Andrea del Sarto», *Belvedere*, t. I, pp. 32-33.

FLECHSIG, 1928. E. Flechsig, *Albrecht Dürer, sein Leben und seine Künstlerische Entwicklung*, Berlin, 1928.

FOUCART, 1978. B. Foucart, «Trois siècles de dessins français», *l'Oeil*, octobre 1978, pp. 40-47.

FOWLE, 1970. G.E. Fowle, *The Biblical Paintings of Sébastien Bourdon*, University of Michigan, Michigan, 1970.

FRAENCKEL, 1935. I. Fraenckel, *Andrea del Sarto, Gemälde und Zeichnungen*, Strasbourg, 1935.

FREEDBERG, 1950. S.J. Freedberg, *Parmigianino his works in Paintings*, Cambridge, 1950.

FREEDBERG, 1963. S.J. Freedberg, *Andrea del Sarto, Catalogue raisonné*, Cambridge, Massachusetts, 1963, 2 vol.

FRIEDLAENDER, 1914. W. Friedlaender, *Nicolas Poussin*, Berlin, 1914.

FRIEDLAENDER, 1939-1974. W. Friedlaender et A. Blunt, *The Drawings of Nicolas Poussin*, Londres, 1939-1974, 5 vol.

FRIEDLAENDER, 1965. W. Friedlaender, *Nicolas Poussin*, Paris, 1965.

FRIEDLAENDER, 1978. M. Friedlaender et J. Rosenberg, *The paintings of Lucas Cranach*, Londres, 1978.

FRÖHLICH-BUM, 1921. L. Fröhlich-Bum, *Parmigianino und der Manierismus*, Vienne, 1921.

FRÖHLICH-BUM, 1928. L. Fröhlich-Bum, «Studien der Handzeichnungen der Italienischen Renaissance», *Jahrbuch der Kunsthistorischen Sammlungen in Wien*, N.F. II, 1928, pp. 163-198.

FRÖHLICH-BUM, 1929. L. Fröhlich-Bum, «Die Landschaftszeichnungen Tizians», *Belvedere*, t. VIII, pp. 71-78.

FRÖHLICH-BUM, 1938. L. Fröhlich-Bum, «Tizian, Leben und werk», *Art Bulletin*, t. XX, 1938, pp. 444-446.

GALICHON, 1868. E. Galichon, «Un dessin de Poussin», *Gazette des Beaux-Arts*, t. I, 1968, pp. 278-279.

GALICHON, 1872. E. Galichon, «Les dessins de Mantègne», *Gazette des Beaux-Arts*, t. I, 1872, pp. 151-153.

GARBERI, 1968. M.P. Garberi, *Les fresques des villas vénitiennes au XVIIIe siècle*, Paris, 1968.

GAUTIER, 1959. M. Gautier, *Watteau*, Paris, 1959.

GELDER, 1942. J.G. Van Gelder, «Teekeningen *van* Anthonie Van Dyck», *Beeldende Kunst 28*, 1942, Heft 8, n° 3.

GELDER, 1948. J.G. Van Gelder, *Teekeningen van Anthonie Van Dyck*, Anvers, 1948.

GERSON, 1936. H. Gerson, *Philips Koninck*, Berlin, 1936.

GIBSON, 1968. W. Gibson, *National Gallery catalogue, Summary catalogue*, Londres, 1968.

GIGLIOLI, 1944. O.H. Giglioli, *Leonardo. Iniziazione alla conoscenza di lui e delle questione vinciniane*, Florence, 1944.

GILLET, 1921. L. Gillet, *Un grand maître du XVIIIe siècle, Watteau*, Paris, 1921.

GODEFROY, 1930. L. Godefroy, *L'œuvre gravé de Adrien Van Ostade (1610-1685)*, Paris, 1930.

GOLDSCHEIDER, 1948. L. Goldscheider, *Leonard de Vinci*, Paris, 1948.

GOLZIO, 1969. V. Golzio, *The Complete work of Raphael*, New York, 1969.

GONCOURT, 1873. Ed. et J. de Goncourt, *L'art du dix-huitième siècle*, 2e ed. revue et augmentée, Paris, 1873, 3 vol.

GONCOURT, 1875. Ed. de Goncourt, *Catalogue raisonné de l'œuvre peint, dessiné et gravé d'Antoine Watteau*, Paris, 1875.

GONCOURT, 1876. Ed. de Goncourt, *Catalogue raisonné de l'œuvre peint, dessiné et gravé de P.P. Prud'hon par Edmond de Goncourt*, Paris, 1876.

GONCOURT, 1881. Ed. de Goncourt, *La maison d'un artiste*, ed. définitive publiée sous la direction de l'Académie Goncourt, postface de P. Neveux, Paris, s.d. (1881).

GRADMANN, 1949. E. Gradmann, *French Master Drawings of the Eighteenth Century selected and with an Introduction by Erwin Gradmann with 57 illustrations*, New York, 1949.

GRAUTOFF, 1914. O. Grautoff, *Sein Werk und sein Leben*, Munich, 1914.

GRAUTOFF, 1932. O. Grautoff, «Nouveaux tableaux de Nicolas Poussin», *Gazette des Beaux-Arts*, 1932, pp. 323-340.

GRONAU, 1897. G. Gronau, «Das sogenannte Skizzenbuch des Verrochio», *Jahrbuch der preussischen Kunstsammlungen*, 1897.

GRUNCHEC, 1978. Ph. Grunchec, *Tout l'œuvre peint de Gericault*, Paris, 1978.

GRUNCHEC, 1980. Ph. Grunchec, *Gericault*, Rome, Villa Médicis, 1980.

GRUYER, 1902. F.A. Gruyer, *Les portraits de Carmontelle à Chantilly*, Paris, 1902.

GUIDUCCI, 1980. A.M. Guiducci, «A propos de quelques dessins du Bourguignon», *Etudes de la Revue du Louvre et des Musées de France*, n° 1, 1980, pp. 36-41.

GUIFFREY, 1882. J. Guiffrey, *Antoine Van Dyck, sa vie et son œuvre*, Paris, 1882.

GUIFFREY, 1882. J. Guiffrey, «Recensionen. Antoine Van Dyck. Sa vie et son œuvre par Jules Guiffrey», *Graphischen Künste*, Paris, 1882.

GUIFFREY, 1907-1938. J. Guiffrey et P. Marcel, *Inventaire général des dessins du Louvre et du Musée de Versailles. Ecole française*, Paris, 1907-1938, 11 vol.

GUIFFREY, 1924. J. Guiffrey, «Pierre-Paul Prud'hon, peintures et dessins», *Archives de l'Art Français*, t. XIII, 1924.

GUILLAUME, 1964. J. Guillaume, «Léonard de Vinci, peintre», *Bulletin de l'Association Léonard de Vinci*, mai 1964, pp. 7-9.

GUILMARD, 1880. J. Guilmard, *Les maîtres ornemanistes*, Paris, 1880.

HADELN, 1925. D. von Hadeln, *Zeichnungen der Hochrenaissance*, Berlin, 1925.

HAHR, 1966. M. Hahr, «Titian's old Testament cycle», *Journal of the Warburg and Courtauld Institutes*, 1966, pp. 202-205.

HARRIS, 1979. A. Harris, *Selected Drawings of Bernini*, Londres, 1979.

HARTT, 1958. F. Hartt, *Giulio Romano*, New Haven, 1958.

HARTT, 1971. F. Hartt, *The Drawings of Michelangelo*, Londres, 1971.

HASKELL, 1960. F. Haskell et S. Rinehart, «The Dal Pozzo Collection, Some new evidences», *The Burlington Magazine*, C II, 1960, pp. 318-326.

HAUTECŒUR, 1954. L. Hautecœur, *Louis David*, Paris, 1954.

HAVERKAMP BEGEMANN, 1961. E. Haverkamp Begemann, Otto Benesch, «The Drawings of Rembrandt» (compte rendu), *Kunstchronik*, vol. XIV, n° 1-3, 1961.

HAZLEHURST, 1960. H. Hazlehurst, «The artistic evolution of David's oath», *The Art Bulletin*, vol. XLII, 1960, pp. 59-62.

HEIKAMP, 1967. Heikamp, «Federico Zuccaro 1575 bis 1579», *Paragone*, 1967, n° 205, pp. 30-60.

HELD, 1959. J.-S. Held, *Rubens selected Drawings*, Londres, 1959, 2 vol.

HELLER, 1937. J. Heller, *Das Leben und die Werke Albrecht Dürers*, Berlin 1931-1937, 2 vol.

HENNIQUE, 1926. N. Hennique, *Jean-Baptiste Oudry*, Maîtres anciens et modernes, Paris, 1926.

HERBET, 1937. F. Herbet, *Le Château de Fontainebleau*, publié par H. Stein, Paris, 1937.

HERDING, 1970. K. Herding, *Pierre Puget, das Bildnerische Werk*, Berlin, 1970.

HEYDENREICH, 1949. L.H. Heydenreich, *I Disegni di Leonardo da Vinci e della sua scuola*, Florence, 1949.

HIND, 1915-1931. A.M. Hind, *Catalogue of Drawings by Dutch and Flemish Artists... in the British Museum*, Londres, 1915-1931, 4 vol.

HIND, 1938-1948. A.-M. Hind, *Early Italian Engravings*, Londres, 1938-1948, 7 vol.

HOETINK, 1969. H.R. Hoetink, *Tekeningen van Rembrandt en Zijn School, catalogues van de Verzameling in het Museum Boymans-van Beuningen, deel afbeeldingen*, Rotterdam, 1969.

HOLLSTEIN, 1947. F.W.H. Hollstein, *Dutch and Flemish Etchings, Engravings and Woodcuts, C. 1450-1700*, Amsterdam, 1947, 19 vol. parus.

HOLMA, 1940. K. Holma, *David, son évolution et son style*, Paris, 1940.

HOLT, 1969. E. Holt, «The Jesuit battle painter : Jacques Courtois, le Bourguignon», *Apollo*, mars 1969, pp. 212-223.

HONOUR, 1972. H. Honour, «Canova et David», *Apollo*, vol XCVI, pp. 127-130.

HOURTICQ, 1919. L. Hourticq, *La*

jeunesse du Titien, Paris, 1919.

HOURTICQ, 1925. L. Hourticq, *Le paysage français de Poussin à Corot*, Paris, 1925.

HOWARD, 1975. S. Howard, «Sacrifice of the hero : The roman years : a classical Frieze by Jacques-Louis David», *E.B. Crocker Art Gallery Monograph Series*, Sacramento, 1975, pp. 33-42.

HUYGHE, 1950. H. Adhémar et R. Huyghe, *Watteau, sa vie, son œuvre*, Paris, 1950.

HUYGHE, 1968. R. Huyghe, *L'Univers de Watteau*, Paris, 1968.

JACCOTTET, 1952. Ph. Jaccottet et F. Boucher, *Le dessin français au XVIIIe siècle*, Paris, 1952.

JARRY, 1969. M. Jarry, «Esquisses et maquettes de tapisseries du XVIIIe siècle pour les Manufactures Royales», *Gazette des Beaux-Arts*, t. LXXIII, 1969, pp. 111-118.

JUSTI, 1926. L. Justi, *Giorgione*, Berlin, 1926, 2 vol.

KAUFFMANN, 1926. H. Kauffmann, «Zur Kritik der Rembrandt Zeichnungen», *Repertorium für Kunstwissenschaft*, t. XLVII, pp. 157-178.

KLOEK, 1975. W. Th. Kloek, *Beknopte Catalogus van de Nederlandse Tekeningen in Het Prentenkabinet van de Uffizi te Florence*, Utrecht, 1975.

KNAPP, 1928. F. Knapp, *Andrea del Sarto*, Leipzig, 1928.

KOCH, 1922. C. Koch, *Zeichnungen altdeutscher Meister zur Zeit Dürers*, Dresde, 1922.

KOUZNETSOV, 1970. I. Kouznetsov, *Les écoles flamandes et hollandaises*, Paris, 1970.

KRISTELLER, 1901. P. Kristeller, *Andrea Mantegna*, Londres (Leipzig, 1902), 1901.

KRISTELLER, 1907. P. Kristeller, «Giulio Campagnola, Kupferstiche und Zeichnungen», *Graphische Gesellschaft*, t. V, 1907.

KUSENBERG, 1929. K. Kusenberg, «Rosso Fiorentino», *Old Master Drawings*, mars 1929, pp. 62-63.

KUSENBERG, 1931. K. Kusenberg, *Le Rosso*, Paris, 1931.

LACAMBE, 1967. J. Lacambe et D. Ternois, *Ingres et son temps*, Paris, 1967.

LANDON, 1829. C.P. Landon, *Annales du musée, Ecole française ancienne*, Paris, 1929, 2e édition.

LAPAUZE, 1911. H. Lapauze, *Ingres, sa vie et son œuvre*, Paris, 1911.

LAUTS, 1967. J. Lauts, *Jean-Baptiste Oudry, la chasse dans l'art*, Hambourg et Berlin, 1967.

LAVALLEE, 1917. P. Lavallée, «La collection de dessins de l'Ecole des Beaux-Arts», *Gazette des Beaux-Arts*, 4e période, 1917, pp. 265-283.

LAVALLEE, 1917. P. Lavallée, «La collection de dessins de l'Ecole des Beaux-Arts», *Gazette des Beaux-Arts*, 4e période, 1917, pp. 417-432.

LAVALLEE, 1925. P. Lavallée, «Un dessin de Watteau», *Les trésors des Bibliothèques de France*, vol. I, 1925, pp. 160-162.

LAVALLEE, 1927. P. Lavallée et M. Delacre, *Dessins anciens de l'Ecole des Beaux-Arts*, Bruxelles et Paris, 1927.

LAVALLEE, 1928. P. Lavallée, *Dessins français du XVIIIe siècle à l'Ecole Nationale des Beaux-Arts*, Paris et Bruxelles, 1928.

LAVALLEE, 1930. P. Lavallée, «Le dessin romantique», *Revue de l'Art*, 1930, pp. 217-220.

LAVALLEE, 1930. P. Lavallée, *Le dessin français du XIIIe au XVIe siècle*, Paris, 1930.

LAVALLEE, 1933. P. Lavallée, «Autour de deux peintres du XVIIe siècle : Jacques Blanchard et Charles Dauphin», *Bulletin de la Société de l'histoire de l'Art Français*, 1933, pp. 145-149.

LAVALLEE, 1943. P. Lavallée, *Les techniques du dessin : leur évolution dans les différentes écoles de l'Europe*, Paris, 1943.

LAVALLEE, 1948. P. Lavallée, *Le dessin français*, Paris, 1948.

LEES, 1913. F. Lees, *The Art of the great masters as exemplified by Drawings in the collection of Emile Wauters*, Londres, 1913.

LEGRAND, 1911. N. Legrand, *Les collections artistiques de la faculté de médecine*, Paris, 1911.

LEVENSON, 1973. J.A. Levenson, K. Oberhuber et J.C. Sheeham, *Early Italian Engravings from the National Gallery of Art*, Washington, 1973.

LIPPMANN, 1883-1929. F. Lippmann, «Zeichnungen von Albrecht Dürer», *Nachbildungen*, Berlin, 1883-1929.

LOCQUIN, 1912. J. Locquin, *Catalogue raisonné de l'œuvre de J.-B. Oudry*, Paris, 1912.

LUGT, 1927. F. Lugt, *Les dessins des Ecoles du Nord de la collection Dutuit*, Paris, 1927.

LUGT, 1929. F. Lugt, *Musée du Louvre, Inventaire général des dessins des Ecoles du Nord, Ecole hollandaise*, Paris, 1929, vol. I.

LUGT, 1933. F. Lugt, *Musée du Louvre, Inventaire général des dessins des Ecoles du Nord, Ecole hollandaise*, Paris, 1933, vol. III.

LUGT, 1950. F. Lugt, *Ecole Nationale Supérieure des Beaux-Arts, Paris, Inventaire général des dessins des Ecoles du Nord, Ecole hollandaise*, Paris, 1950.

MACLAREN, 1958. N. Maclaren, *The Dutch School*, Londres, 1958.

MAGNE, 1914. E. Magne, *Nicolas Poussin, premier peintre du Roi, 1594-1665 (documents inédits), suivi d'un catalogue raisonné*, Bruxelles et Paris, 1914.

MAHONEY, 1965. M. Mahoney, *Catalogue raisonné des dessins de Salvator Rosa*, Ph. D., 1965.

MALAGUZZI-VALERI, 1922. F. Malaguzzi-Valeri, *Leonardo da Vinci, Zeichnungen*, Munich, 1922.

MALE, 1942. E. Mâle, *Rome et ses vieilles églises*, Paris, 1942.

MANTEUFFEL, 1966. C. Zoege van Manteuffel, *Italienische Zeichnungen*, Berlin, 1966.

MARCEL, 1907-1938. P. Marcel et J. Guiffrey, *Inventaire général des dessins du Musée du Louvre et du Musée de Versailles, Ecole française*, Paris, 1907-1938, 11 vol.

MARCHEIX, 1909. L. Marcheix, «Les nouveaux dessins de l'Ecole des Beaux-Arts», *L'Art et les artistes*, 1909, pp. 257-264.

MARCUARD, 1901. F. von Marcuard, *Die Zeichnungen Michelangelos im Museum Teyler zu Haarlem*, Munich, 1901, 3 vol.

MARIETTE, 1851-1860. P.J. Mariette, *Abecedario*, Ph. de Chennevières et A. de Montaiglon, *Abecedario de Mariette et autres notes inédites de cet amateur sur les arts et les artistes. Ouvrage publié par les Archives de l'Art Français*, 1851-1860, 6 vol.

MARTIN, 1908. J. Martin et C. Masson, *Catalogue raisonné de l'œuvre peint et dessiné de Jean-Baptiste Greuze*, Paris, 1908.

MARTINE, 1921. Ch. Martine, *Nicolas Poussin, Cinquante reproductions de Léon*

Marotte avec un catalogue par Charles Martine, Dessins de maîtres français, I, Paris, 1921.

MARTINE, 1922. Ch. Martine, *P.P. Prud'hon, 72 reproductions de Léon Marotte avec un catalogue par Charles Martine*, Dessins de maîtres français, III, Paris, 1922.

MARTINE, 1922. Ch. Martine, *Claude Gellée, dit Le Lorrain, cinquante-deux reproductions de Léon Marotte avec un catalogue et une vie du peintre par J. de Sandrart nouvellement traduite de l'allemand par Charles Martine*, Dessins de maîtres français, Paris, 1922.

MARTINE, 1926. Ch. Martine, *Ingres, 65 reproductions de Léon Marotte avec un catalogue par Charles Martine*, Dessins de maîtres français, V, Paris, 1926.

MARTINE, 1928. Ch. Martine, *Théodore Géricault, aquarelles, dessins, croquis, reproduits par Léon Marotte et publiés avec un catalogue raisonné par Charles Martine*, Dessins de maîtres français, VIII, Paris, 1928.

MASSON, 1908. C. Masson et J. Martin, *Catalogue raisonné de l'œuvre peint et dessiné de Jean-Baptiste Greuze*, Paris, 1908.

MATHEY, 1936. J. Mathey, «Quelques confusions entre les dessins de Watteau et son école», *Revue de l'Art*, juillet 1936, pp. 7-12.

MATHEY, 1957. J. Mathey et K.T. Parker, *Antoine Watteau, catalogue complet de son œuvre dessiné*, Paris, 1957, 2 vol.

MATHEY, 1959. J. Mathey, «Le rôle décisif des dessins dans l'œuvre de Watteau», *Connaissance des Arts*, avril 1959, pp. 40-49.

MATHEY, 1973. F. Mathey, *Le Musée Nissim de Camondo*, Paris, 1973.

MAUQUOY-HENDRICKX, 1968. M. Mauquoy-Hendrickx, «Deux avant-projets pour le calvaire d'Antoine Van Dyck», *La Revue du Louvre et des musées de France*, n° 3, 1968, pp. 121-124.

MCNAIRN, 1980. A. Mcnairn, «Dessins de jeunesse de Van Dyck», *L'Œil*, juillet-août 1980, pp. 22-27.

MEDER, s.d. J. Meder et J. Schönbrunner, *Handzeichnungen alter Meister*, Vienne, s.d.

MEIJER, 1975. B.W. Meijer, «Early Drawings by Titien some attributions», *Arte Veneta*, t. XVIII, 1975, pp. 75-92.

MÉJANÈS, 1973. J.F. Méjanès, *Trémolierès*, Cholet, Musée des Beaux-Arts, 1973.

MICHEL, 1923-1925. A. Michel, *Histoire de l'Art depuis les premiers temps chrétiens jusqu'à nos jours*, Paris, 1923-1925, 15 vol

MIDDELDORF, 1958. U. Middeldorf, «Eine Zeichnung von Giulio Campagnola», *Festschrift Marteri Wackernagel*, Cologne et Graz, 1958, pp. 141-152.

MIRIMONDE, 1975. A.P. de Mirimonde, *Iconographie musicale des rois Bourbons dans les arts plastiques*, Paris, 1975.

MOMMÉJA, 1904. J. Momméja, *Ingres*, Paris, 1904.

MONBEIG-GOGUEL, 1979. C. Monbeig-Goguel, *Maestri Toscani del cinquecento. Michelangelo, Danti, Tribolo, Bandinelli, Daniele da Volterra, Salviati, Gherardi, Vasari, Giambologna Montorsoli*, Biblioteca di Disegni, vol. XXII, 1979, Florence.

MONNIER, 1971. G. Monnier, *Aquarelles et dessins du Musée de Pontoise*, Pontoise, Musée Favet, 1971.

MONTAIGLON, 1852-1853. A. de Montaiglon et L. Dussieux, «Essai de catalogue des dessins de Le Sueur» publié dans *Archives de l'Art Français*, 1852-1853.

MONTROSIER, 1932. E. Montrosier, *Peintres modernes, Ingres, H. Flandrin, Robert-Fleury*, Paris, 1932.

MORASSI, 1942. A. Morassi, *Giorgione*, Milan, 1942.

MORASSI, 1955. A. Morassi, *A Complete catalogue of the paintings of G.B. Tiepolo*, Londres, 1955.

MORASSI, 1973. A. Morassi, *I Guardi, l'Opéra completa, di Antonio e Francesco Guardi*, Venise, 1973, 2 vol.

MORASSI, 1975. A. Morassi, *Guardi, Tutti disegni, Antonio, Francesco Guardi*, Venise, 1975.

MORELLI, 1891-1892. G.I. Lermolieff Morelli, «Handzeichnungen italienischer Meister in Photögraphischen, Aufnahmen von Braun», *Kunstchronik*, N.F., 1891-1892.

MORELLI, 1893. G.I. Lermolieff Morelli, *Kunstkritische Studien über italienische Malerei. Die Galerie zu Berlin*, Leipzig, 1893.

MUCHALL-VIEBROCK, 1926. Th. Muchall-Viebrock, *Flemish, Drawings of the 17 th century*, Londres, 1926.

MUCHALL-VIEBROCK, 1942. Th. Muchall-Viebrock, «Andrea Mantegna als Zeichner», *Pantheon*, 1942, pp. 73-77.

MÜLLER-WALDE, 1889-1890. P. Müller-Walde, *Leonardo da Vinci : Lebensskisse und Forschungen über sein Verhältniss zur Florentiner Kunst und zu Rafael*, Munich, 1889-1890.

MUNHALL, 1976-1977. E. Munhall, *Jean-Baptiste Greuze 1725-1805*, Hartford, Wadworth Athenum, San Francisco, California Palace of the Legion of Honor, Dijon, Musée des Beaux-Arts, 1976-1977.

MUNHALL, 1977. E. Munhall, «The first lesson in love by J.B. Greuze», *The Currier Gallery of Art, Manchester-New Hampshire*, Bulletin, 1977.

MÜNTZ, 1889. E. Müntz, *Guide de l'Ecole des Beaux-Arts*, Paris, 1889.

MÜNTZ, 1899. E. Müntz, *Leonard de Vinci. L'Artiste, le penseur, le savant*, Paris, 1899.

MUSPER, 1952. T. Musper, *Albrecht Dürer, der gegenwärtige Stand der Forschung*, Stuttgart, 1952.

NAEF, 1960. H. Naef, *Rome vue par Ingres*, Lausanne, 1960.

NAEF, 1977. H. Naef, *Die Bildniszeichnungen von J.A.D. Ingres*, Berne, 1977, 5 vol.

NICHOLSON, 1932. A. Nicholson, *Cimabue, a critical study*, Princeton, 1932.

NICODEMI, 1975. G. Nicodemi, *Leonard de Vinci*, Paris, 1975 (ed. Atlas).

NILSON, 1970. T. Nilson, *Fantastic Tales, Strange animals, riddles, jests and prophecies of Leonardo da Vinci*, New York, 1970.

NOUVELLES DE FRANCE, 1979. «Les Collections de l'Ecole des Beaux-Arts accessibles au public», *Nouvelles de France*, 1979.

OBERHUBER, 1973. K. Oberhuber, J.A. Levenson et J.C. Sheeham, *Early Italian engravings from the National Gallery of Art*, Washington, 1973.

OBERHUBER, 1976. K. Oberhuber, *Disegni di Tiziano e della sua cerchia*, Venise, 1976.

OLDENBOURG, KDK, 1921. R. Odelbourg KDK, *P.P. Rubens, des Meisters Gemälde Klassiker der Kunst*, vol. V, Berlin et Leipzig, 1921.

OPPERMAN, 1977, H.N. Opperman, *Catalogue of Oudry's work*, New York, 1977.

OTTLEY, 1923. W. Young Ottley, *The Italian School of Design being a series of facsimiles of original Drawings by the most eminent painters and sculptors of Italy with biographical notices of the artists and observations on their works*, Londres, 1923, 2 vol.

OURSEL, 1977. H. Oursel, *Le siècle de Rubens dans les collections publiques françaises*, Paris, Grand Palais, 1977.

OZZOLA, 1925. L. Ozzola, «Pitture di Salvator Rosa, sconosciute o inedite», *Bolle-*

tino d'Arte, V, Seria II, 1925, pp. 28-35.

PALLUCCHINI, 1937. R. Pallucchini, «Gruppo di Disegni inediti di Giambattista Tiepolo», Critica d'Arte, n° VII, février 1937, pp. 41-45.

PALLUCCHINI, 1969. R. Pallucchini, Tiziano, Florence, 1969.

PANOFSKY, 1930. E. Panofsky, «Das erste Blatt aus dem «Libro Giorgio Vasaris», eine Studie über die Beurteilung der Gotik in der italienischen Renaissance», Städel Jahrbuch, 1930, pp. 25-72.

PANOFSKY, 1948. E. Panofsky, The Life and Art of Albrecht Dürer, Princeton, 1948.

PANOFSKY, 1955. E. Panofsky, The Life and Art of Albrecht Dürer, Princeton, 1955.

PANOFSKY, 1956. E. Panofsky, Pandora's Box, The changing aspects of a mythical Symbol, New York, 1956.

PANOFSKY, 1958. E. Panofsky, «The Iconography of the Galerie of François Ier at Fontainebleau, Gazette des Beaux-Arts, 1958, pp. 162-189.

PANOFSKY, 1969. E. Panofsky, L'œuvre d'art et ses significations, Paris, 1969.

PARKER, 1927. K.T. Parker, North Italian Drawings of the Quattrocento, Londres, 1927.

PARKER, 1931. K.T. Parker, The Drawings of Antoine Watteau, Londres, 1931.

PARKER, 1957. K.T. Parker et J. Mathey, Antoine Watteau, Catalogue complet de son œuvre dessiné, Paris, 1957, 2 vol.

PATTISON, 1884, M. Pattison, Claude Lorrain, sa vie, ses œuvres, Paris, 1884.

PEREZ, 1977. M.F. Perez, «A propos d'un dessin de J.J. de Boissieu, Le départ de la Montgolfière», La Revue du Louvre et des musées de France, n° 2, 1977, pp. 78-80.

PEREZ-SANCHEZ, 1969. A.E. Perez-Sanchez, Catalogo de la coleccion de Dibujos del Instituto jovellanos de Gijon, Madrid, 1969.

PERON, 1839. A. Peron, Examen du tableau des Horaces, Paris, 1839.

PIGNATTI, 1969. T. Pignatti, Giorgione, Milan, 1969.

PIGNATTI, 1976. T. Pignatti, «Disegni di Tiziano : tre mostre a Firenze e a Venezia», Arte Veneta, XXX, 1976, pp. 266-270.

PIGNATTI, 1977. T. Pignatti, «Fondazione Giorgio Cini. Esposizioni. Disegni di Tiziano e della sua Cerchia. Tiziano e la silografia Veneziana del Cinquecento», Pantheon, XXXV, 1977, pp. 168-170.

PIGNATTI, 1979. T. Pignatti, Tiziano Disegni, Florence, 1979.

POGGI, 1919. G. Poggi, Leonardo da Vinci, la «Vita» di Giorgio Vasari, Florence, 1919.

POPHAM, 1946. A.E. Popham, The Drawings of Leonardo da Vinci, Londres, 1946.

POPHAM, 1949. A.E. Popham et J. Wilde, The Italian Drawings of the XVth and XVIth Centuries in the collection of His Majesty the King at Windsor Castle, Londres, 2 vol.

POPHAM, 1950. A.E. Popham et Ph. Pouncey, Italian Drawings in the Department of Prints and Drawings in the British Museum. The Fourteenth and the Fifteenth Centuries, Londres, 1950, 2 vol.

POPHAM, 1952. A.E. Popham, The Drawings of Leonardo da Vinci, Londres, 1952.

POPHAM, 1953. A.E. Popham, The Drawings of Parmigianino, Londres, s.d. (1953).

POPHAM, 1961. A.E. Popham, «Dessins de Parmesan au Musée de Budapest», Bulletin du Musée National Hongrois, 1961, pp. 47-48.

POPHAM, 1971. A.E. Popham, Catalogue of Drawings by Parmigianino, New Haven, Londres, 1971, 3 vol.

POPP, 1928. A.E. Popp, Leonardo da Vinci, Zeichnungen, Munich, 1928.

PORTALIS, 1877. R. Portalis, Les dessinateurs d'illustrations au XVIIIe siècle, Paris, 1877, 2 vol.

POUNCEY, 1950. Ph. Pouncey et A.E. Popham, Italian Drawings in the Department of Prints and Drawings in the British Museum. The Fourteenth and the Fifteenth Centuries, Londres, 1950, 2 vol.

QUENTIN, 1922. H. Quentin, L'établissement du texte de la Vulgate, Paris, 1922.

RAGGHIANTI-COLLOBI, 1970. L. Ragghianti-Collobi, «Disegni di Claudio Lorense», Critica d'Arte, juillet-août 1970, n° 112, pp. 37-48.

RAGGHIANTI-COLLOBI, 1972. L. Ragghianti-Collobi, «Pertinenze francesi nel Cinquecento», Critica d'Arte, fasc. 12, 1972.

RAGGHIANTI-COLLOBI, 1974. L. Ragghianti-Collobi, Il libro de Disegni del Vasari, Florence, 1974, 2 vol.

REARICK, 1976. W. R. Rearick, Tiziano e il Disegno Veneziano del suo tempo, Venise, 1976.

REAU, 1928. L. Reau, François Boucher, dessins, Paris, 1928.

REYNAUD, 1974. N. Reynaud, P. Rosenberg et I. Compin, Musée du Louvre, catalogue illustré des Peintures. Ecole française XVIIe et XVIIIe siècles, Paris, 1974, 2 vol.

RICHTER, 1937. G.M. Richter, Giorgio da Castelfranco called Giorgione, Chicago, 1937.

RICHTER, 1942. G.M. Richter, Giorgione's evolution in the light of recent discoveries, Giorgione and his circle, Baltimore, 1942.

RINEHART, 1960. S. Rinehart et F. Haskell, «The Dal Pozzo collection, Some new evidences», The Burlington Magazine, C II, pp. 318-326.

ROBELS, 1967. H. Robels, Katalog ausgewählter Handzeichnungen und Aquarelle im Wallraf Richartz Museum, Cologne, 1967.

ROBINSON, 1862. J.C. Robinson, South Kensington Museum Italian Sculpture of Middle Ages and Period of the revival of Art. A descriptive catalogue of the works forming the above section of the Museum, Londres, 1862.

ROCHEBLAVE, 1927. S. Rocheblave, Charles-Nicolas Cochin, graveur, dessinateur, Paris - Bruxelles, 1927, 2 vol.

ROETHLISBERGER, 1961. M. Roethlisberger, Claude Lorrain, the Paintings, New Haven, 1961.

ROETHLISBERGER, 1965. M. Roethlisberger, «A group of sixty grimaldesque drawings», Master Drawings, vol. III, n° 4, 1965, pp. 369-380.

ROETHLISBERGER, 1968. M. Roethlisberger, Claude Lorrain, the Drawings catalogue, University of California, Los Angeles, 1968, 2 vol.

ROGER-MARX, 1960. C. Roger-Marx, Rembrandt, Paris, 1960.

RONDORF, 1967. D. Rondorf, Der Ballsall im Schloss Fontainebleau zur Stilgeschichte Primaticcios in Frankreich, Bonn, 1967.

ROOSES, 1886-1892. M. Rooses, L'œuvre de P.P. Rubens. Histoire et description de ses tableaux et dessins, Anvers, 1886-1892, 5 vol.

ROSENBERG, 1970. P. Rosenberg et E. Camesasca, Tout l'œuvre peint de Watteau, Paris, 1970.

ROSENBERG, 1970. P. Rosenberg, «Dessins connus et inconnus», Revue de l'Art, n° 9, 1970, pp. 94-97.

ROSENBERG, 1972. P. Rosenberg, French master drawings of the XVIIth and XVIIIth Centuries in he North American collections, Toronto, Ottawa, San Francisco, New York, 1972.

ROSENBERG, 1974. P. Rosenberg, N.

Reynaud et I. Compin, *Musée du Louvre, catalogue illustré des Peintures. Ecole française XVIIe et XVIIIe siècles*, Paris, 1974, 2 vol.

ROSENBERG, 1976. P. Rosenberg, *Le XVIIe siècle français*, Paris, 1976.

ROSENBERG, 1978. J. Rosenberg et M. Friedlaender, *The Paintings of Lucas Cranach*, Londres, 1978.

ROSENBERG-HENDERSON, 1974. N. Rosenberg-Henderson, «Lesueur's decoration for the Cabinet des Muses», *The Art Bulletin*, 1974, pp. 555-570.

ROSENBLUM, 1973. R. Rosenblum, «David funeral of Patroclus», *The Burlington Magazine*, septembre 1973, pp. 567-576.

ROSENTHAL, 1905. L. Rosenthal, *Gericault*, Paris, 1905.

ROTERMUND, 1963, H.M. Rotermund, *Rembrandt Handzeichnungen und Radierungen zur Bibel*, Stuttgart, 1963.

ROUCHES, 1913. G. Rouchès, *La peinture bolonaise : Les Carrache*, Paris, 1913.

ROUCHES, 1921. G. Rouchès, Le paysage chez les peintres de l'Ecole bolonaise, *Gazette des Beaux-Arts*, 63e année, 1er semestre, pp. 7-22.

ROUCHES, 1923. G. Rouchès, *Eustache Lesueur*, Paris, 1923.

SALERNO, 1963. L. Salerno, *Salvator Rosa*, Florence, 1963.

SALVINI, 1972. R. Salvini, «Giotto and the orators». *Commentari*, t. 22, 1972, pp. 156-163.

SAPIN, 1978. M. Sapin, «Contribution à l'Etude de quelques œuvres d'Eustache Lesueur», *Revue du Louvre et des Musées de France*, n° 4, 1978, pp. 242-254.

SAUNIER, 1922. Ch. Saunier, «Les dessins de Prud'hon», *La Renaissance de l'Art français*, Paris, 1922.

SCAMOZZI, 1973. V. Scamozzi, «Nuove precisazioni sui disegni di architettura del Libro del Vasari», *Critica d'Arte*, juillet-août 1973, n° 130, pp. 31-54.

SCHNACKENBURG, 1981. B. Schnackenburg, *Adrian van Ostade, Zeichnungen und Aquarelle, Werkverzeichnis*, Hambourg, 1981, 2 vol. (sous presse).

SEIDLITZ, 1909. W. von Seidlitz, *Leonardo da Vinci*, Berlin, 1909, 2 vol.

SCHNEIDER, 1932. M. Schneider, *Jan Lievens*, Amsterdam, 1932.

SCHNEIDER, 1973. M. Schneider et Ekkart, *Jan Lievens, Sein Leben und Seine Werke*, Amsterdam 1973.

SCHONBRUNNER, s.d. J. Schönbrunner et J. Meder, *Handzeichnungen alter Meister*, Vienne, s.d.

SCHOUTE, 1963. R. van Schoute, *Corpus de la peinture des anciens Pays-Bas méridionnaux au XVe s. 6. La Chapelle Royale de Grenade*, Bruxelles, Centre national de Recherches, Primitifs flamands, 1963.

SCHULZ, 1961. J. Schulz, «Vasari in Venice», *The Burlington Magazine*, t.c' III, 1961, pp. 510-513.

SCHULZ, 1968. J. Schulz, *Venetian painted ceilings of the Renaissance*, Berkeley, 1968.

SELZ, s.d. J. Selz, *Dessins et aquarelles du XIXe siècle*, s.d. (1977).

SERRULLAZ, 1949. M. Serullaz, «Le paysage dans le dessin français», *Les Arts Plastiques*, n° 11-12, novembre-décembre, 1949, pp. 445-449.

SEZNEC, 1954. J. Seznec, «Dessins à la gloire des Princes d'Este», *Revue de l'Art*, mars 1954, pp. 21-26.

SHEARMAN, 1965. J. Shearman, *Andrea del Sarto*, Oxford, 1965, 2 vol.

SHEEHAM, 1973. J.C. Sheeham, J.A. Levenson, K. Oberhuber, *Early Italian engravings from the National Gallery of Art*, Washington, 1973.

SINZELER: 1929. A. Sinzeler, «Une peinture de Rigaud au Cabinet des estampes», *Gazette des Beaux-Arts*, t. I, 1929, pp. 108-109.

SIREN, 1928. O. Siren, *Leonardo da Vinci, l'artiste et l'homme*, Paris-Bruxelles, 1928, 3 vol.

SIREN, 1944. O. Siren, *Nationalmusei Arsbok*, 1944.

SMITH, 1929-1942. J. Smith, *A Catalogue Raisonné of Works of the Most Eminent Dutch and Flemish Painters*, 1929-1942, Londres, 4 vol.

SONKES, 1969. M. Sonkes, *Les Primitifs flamands. 3. Contributions à l'étude des primitifs flamands, t. V, Dessins du 15e s., groupe Van der Weyden, essai de Catalogue des originaux du maître, des copies et des dessins anonymes inspirés par son style.* Bruxelles, Centre national de recherches, Primitifs flamands, Paris, 1969.

STAMPFLE, 1965. F. Stampfle et J. Bean, *Drawings from New Collections, I, The Italian Renaissance*, Greenwich, 1975.

STAMPFLE, 1967. F. Stampfle et J. Bean, *Drawings from New York Collections, II, The 17th Century*, New York, The Metropolitan Museum of Art, 1967.

STERLING, 1960. Ch. Sterling, «Quelques Imitateurs», *Colloque Poussin*, I, 1960, pp. 265-276.

STERLING, 1960. Ch. Sterling et H. Adhémar, *Musée national du Louvre, Peinture, Ecole Française, XIXe siècle*, Paris, 1960, 4 vol.

STERLING, 1961. Ch. Sterling, «Un dessin de Jacques Stella», *Art de France*, 1961, pp. 101-102.

STRAUSS, 1974. W.L. Strauss, *The Complete Drawings of Albrecht Dürer*, New York, 1974, 4 vol.

SUIDA, 1935. W. Suida, «Giorgione nouvelles attributions», *Gazette des Beaux-Arts*, t. XIV, 1935, pp. 75-94.

SUIDA, 1935-1936. W. Suida, «Tizian die bieden Campagnola und Ugo da Carpi», *Critica d'Arte*, t. I, 1935-1936, pp. 285-289.

SUMOWSKI, 1961. W. Sumowski, *Bemerkungen zu Otto Beneschs Corpus der Rembrandtzeichnungen*, II, Bad Pyrmont, 1961.

SUMOWSKI, 1979. W. Sumowski, *Drawings of the Rembrandt School*, New York, 1979, vol. I.

SUTTON, 1949. D. Sutton, *French drawings of the XVIIIe Century*, Londres, 1949.

SZWYKOWSKI, 1859. I. von Szwykowski, *Anton Van Dyck's Bildnisse Bekannten Personen. Iconographie ou le cabinet des dessins d'Antoine Van Dyck*, Leipzig, 1859.

TERNOIS, 1955. D. Ternois, «Ingres aquarelliste», *Revue de l'Art*, n° 2, 1955, pp. 101-104.

TERNOIS, 1959. D. Ternois, *Inventaire général des dessins des Musées de province, III, les dessins d'Ingres au Musée de Montauban, les portraits*, Paris, 1959.

TERNOIS, 1967. D. Ternois et J. Lacambe, *Ingres et son temps*, Paris, 1967.

TERNOIS, 1975. D. Ternois, «Dessins inédits de Gros au Musée Lyonnais des Arts Décoratifs», *La Revue du Louvre et des Musées de France*, 1975, pp. 23-32.

THAUSING, 1884. M. Thausing, *Albrecht Dürer, Geschichte seines Lebens*, Leipzig, 1884.

THIIS, 1913. G. Thiis, *Leonardo da Vinci*, Londres, 1913.

THODE, 1912. H. Thode, *Michelangelo und das Ende der Renaissance*, Berlin, 1912, 9 vol.

THOME, 1933. A. Thome, A propos de l'exposition des Beaux-Arts, *Gazette des Beaux-Arts*, janvier 1933, pp. 128-129.

THUILLIER, 1960. J. Thuillier, «Poussin et ses premiers compagnons français à Rome» (*Centre national de la Recherche Scientifique, colloques internationaux*, sciences humaines sous la direction d'André Chastel, Paris, 19-21 septembre 1958) Paris, 1960, t. II, pp. 71-116.

THUILLIER, 1974. J. Thuillier, *Tout l'œuvre peint de Poussin*, Paris, 1974.

THUILLIER, 1978. J. Thuillier, «Propositions pour Charles Errard, peintre», *Revue de l'Art*, n° 40-41, 1978, pp. 151-172.

TIETZE et TIETZE-CONRAT, 1930.

H. Tietze et E. Tietze-Conrat, *Tizian, Leben und Werk*, Vienne, 1936.

TIETZE et TIETZE-CONRAT, 1937. H. Tietze et E. Tietze-Conrat, «Contributi allo studio organico dei disegni Veneziani del Cinquecento», *Critica d'Arte*, t. VII, 1937, pp. 77-88.

TIETZE et TIETZE-CONRAT, 1937-1938. H. Tietze et E. Tietze-Conrat, *Kritisches Verzeichnis der Werke Albrecht Dürers*, Bâle et Leipzig, 1937-1938.

TIETZE et TIETZE-CONRAT, 1939. H. Tietze et E. Tietze-Conrat, «Domenico Campagnola's Graphic Art», *The Print Collector's Quartely*, t. XXVI, 1939, pp. 311-333 et pp. 445-465.

TIETZE et TIETZE-CONRAT, 1944. H. Tietze et E. Tietze-Conrat, *The Drawings of the Venetian Painters*, New York, 1944, seconde édition, 1970.

TIETZE, 1950. H. Tietze, *Titian, the paintings and drawings*, Londres, 1950.

TINTI, 1930. M. Tinti, *Guardi*, Maîtres de l'art ancien, Paris, 1930.

TOLNAY, 1949. Ch. de Tolnay, «Quelques dessins inédits de Léonard de Vinci», *Raccolta vinciani*, vol. XIX, 1949, pp. 95-114.

TOLNAY, 1975. Ch. de Tolnay, *Corpus di Disegni di Michelangelo*, Novare, 1975, 5 vol.

VALCANOVER, 1970. F. Valcanover et S. Béguin, *Tout l'œuvre peint de Titien*, Paris, 1970.

VALENTINER, 1933. E. Valentiner, «Zeichnungen des Giov. Franc. Bezzi, genannt Nosadella», *Mitteilungen des Kunsthistorischen Institutes in Florenz*, 1933, pp. 131-133.

VALENTINER, 1955. E. Valentiner, «Bandinelli, rival of Michelangelo», *The Art quarterly*, 1955, pp. 251-263.

VALENTINER, 1924. W.R. Valentiner, *Nicolaes Maes*, Stuttgart, Leipzig, Berlin, 1924.

VALENTINER, 1925-1934. W.R. Valentiner, *Rembrandt. Des Meisters Handzeichnungen*, (Klassiker der Kunst), Stuttgart, 1925-1934, 2 vol.

VALENTINER, 1930. W.R. Valentiner, *Das Unbekannte Meisterwerk*, Berlin, 1930.

VALLERY-RADOT, 1953. J. Vallery-Radot, *Le dessin au XVIIe siècle*, Paris, 1953.

VALLERY-RADOT, 1964. J. Vallery-Radot, *French Drawings from the 15th century through Gericault*, Londres, 1964.

VASARI, 1841-1842. G. Vasari, *Vies des peintres, sculpteurs et architectes par Giorgio Vasari*, trad. Leopold Leclanché et Jeanron, Paris, 1841-1842, Paris.

VASARI, 1878-1885. G. Vasari, *Le Vite de più eccellenti pittori, scultori ed architettori Scritte da ... con nuovo annotazioni e commenti di Gaetano Milanesi*, Florence, 1878-1885, 9 vol.

VASARI, 1961. G. Vasari, *Ed de Vite*, El Club del Libro, par Giovanni Previtali, Milan, 1962.

VENERANDE, 1979. R. de Vénérande, «Objets particuliers», *Connaissance des arts*, numéro spécial, 1979, pp. 109-112.

VERGNET-RUIZ, 1930. J. Vergnet-Ruiz, Oudry, 1686-1755, extrait de «Les peintres français du XVIIIe siècle», *Dimier*, t. II, Paris, 1930.

VESME, 1971. A. de Vesme, *Stefano della Bella, Catalogue raisonné with introduction and additions by Phyllis Dearborn Massar*, New York, 1971.

VEY, 1958. H. Vey, *Van Dyck Studien*, Cologne, 1958.

VEY, 1959. H. Vey, «Een belangrijke toevoeging aan de Verzameling van Dyck tekeningen», *Bulletin Museum Boymans - van Beuningen*, t. X, 1959, pp. 2-22.

VEY, 1962. H. Vey, *Die Zeichnungen Anton van Dycks*, Bruxelles, 1962, 2 vol.

VIATTE, 1974. F. Viatte, *Dessins de Stefano della Bella*, Paris, Musées Nationaux, Inventaire général des dessins italiens, Louvre, 2, 1974.

VITRY, 1911. P. Vitry, *Le Musée de Tours. Peintures, dessins, sculptures, meubles, etc.*, Collection Musées et Monuments de France, Paris, 1911.

VITZTHUM, 1971. W. Vitzthum, *Il Barocco a Napoli*, 1971, Milan.

VITZTHUM, 1971. W. Vitzthum, *Il Barocco a Roma*, Milan, 1971.

WAGNER, 1979. B. Wagner, «Zum Problem der Französischen Groteske in Vorlagen des 16. Jahrhunderts», *Kunsthistorisches Jahrbuch Graz*, 1979, pp. 153-197.

WALKER, 1941. R. Walker, *Domenico Campagnola, Venetian Landscape draughtsman of the sixteenth century*, Cambridge, 1941.

WALLACE, 1965. R. Wallace, «The Genius of Salvator Rosa», *The Art Bulletin*, XLVII, 1965, pp. 471-480.

WARD, 1975. R.R. Ward, *Sir Joshua Reynolds, discours on Art, Discours XII, delivered to the Students of the Royal Academy on the distribution of the Prizes, december, 10th 1784*, Londres, 1975.

WEIGEL, 1865. R. Weigel, *Die werke der Maler in Ihren Handzeichnungen*, Leipzig, 1865.

WESSELEY, 1866. J.E. Wesseley, *Jan de Visscher und Lambert Visscher*, Leipzig, 1866.

WETHEY, 1969-1975. H.E. Wethey, *Titian, I, the religions paintings*, Londres, 1969-1975.

WHITE, 1964. C. White, *The Flower Drawings of Jan Van Huysum*, Leigh-on-sea, 1964.

WILD, 1980. D. Wild, *Nicolas Poussin*, Zürich, 1980, 2 vol.

WILDE, 1949. J. Wilde et A.E. Popham, *The Italian drawings of the XVth and XVIth centuries in the collection of his Majesty the King at Windsor Castle*, Londres, 1949, 2 vol.

WILDE, 1954. J. Wilde, *Michelangelo's victory*, Londres, New York, 1954.

WILDENSTEIN, 1924. G. Wildenstein, *L'œuvre de Nicolas Lancret*, Paris, 1924.

WILHELM, 1951. J. Wilhelm, «François Lemoyne et Watteau», *The Art quarterly*, vol. XIV, n° 3, 1951, pp. 216-229.

WINKLER, 1936-1939. F. Winkler, *Die Zeichnungen Albrecht Dürers*, Berlin, 1936-1939, 3 vol.

WINNER, 1973. M. Winner, *Vom Späten Mittelalter bis zu Jacques David*, Staatliche Museen Preussischer Kulturbesitz, Berlin, 1973.

WURZBACH, 1911. A. von Wurzbach, *Niederländischer Künstler. Lexikon*, Vienne, 1906-1911, 3 vol.

ZERNER, 1969. H. Zerner, *Ecole de Fontainebleau*, Paris, 1969.

Expositions

tion Jean Masson, E.B.A., 1937.

1937. PARIS, *Chefs d'œuvre de l'art français*, Palais des Beaux-Arts, 1937.

1937. SCEAUX, *Les environs de Paris autrefois*, Musée de l'Ile-de-France, 1937.

1937. ZURICH, *Zeichnungen französischer Meister von David zu Millet*, Kunsthaus, 1937.

1939. BUENOS AIRES, *La Pintura Francesa de David à nuestros Dias*, Museo Nacional de Bellas Artes, 1939.

1939. NEW YORK, *French Portrait in 16th century*, French Institute of New York, 1939.

1946. PARIS, *Trois siècles de dessin parisien*, Musée Carnavalet, 1946.

1947. PARIS, *Art Flamand des XVe, XVIe, XVIIe siècles. Exposition de dessins, livres illustrés et xylographies conservés dans les collections de l'Ecole et tirés en majeure partie de la Donation Jean Masson*, E.B.A., 1947.

1947. PARIS, *Beautés de la Provence*, Galerie Charpentier, 1947.

1948. PARIS, *Paysages d'Italie*, Galerie Charpentier, 1947.

1948. PARIS, *Centenaire de David*, Orangerie, 1948.

1948. PARIS, *Chefs d'œuvre de l'art alsacien et de l'art lorrain*, Musée des Arts Décoratifs, 1948.

1948. PARIS, *Huit siècles de vie britannique à Paris*, Palais Galliera, 1948.

1948. ROTTERDAM, *L'art des jardins en France*, Musée Boymans-van Beuningen, 1948.

1949. PARIS, *Nicolas Poussin*, Bibliothèque Nationale, 1949.

1949. PARIS, *Ingres, maître du dessin français*, Galerie Charpentier, 1949.

1949-1950. BRUXELLES-ROTTERDAM-PARIS, *Le dessin français de Fouquet à Cézanne*, Palais des Beaux-Arts, Musée Boymans-van Beuningen, Orangerie, 1949-1950.

1949-1950. LONDRES, *Landscape in french Art, 1550-1900*, Royal Academy of Art, 1949-1950.

1950. LONDRES, *French Masters drawings of the 18th Century*, Matthiesen Gallery, 1950.

1950. PARIS, *Cent portraits de femmes*, Galerie Charpentier, 1950.

1950. VIENNE, *Meisterwerke aus Frankreichs Museen Zeichnungen Französischer Künstler vom Ausgang des Mittelalters bis Cezanne*, Albertina, 1950.

1951. AMSTERDAM, *Het Franse Landschap van Poussin tot Cezanne*, Rijkmuseum, 1951.

1951. GENEVE, *De Watteau à Cézanne*, Musée d'Art et d'Histoire, 1951.

1951. VENISE, *Mostra del Tiepolo*, 1951.

1952. FLORENCE, *Quinto Centenario della nascita di Leonardo da Vinci. Mostra di Disegni, manoscritti et documenti*, Biblioteca Medicea Laurenziana, 1952.

1952. LONDRES, *French Drawings from Fouquet to Gauguin*, Arts council Gallery, 1952.

1952. NAPLES, *Fontainebleau e la Maniera italiana*, Palazzo Reale, 1952.

1952. PARIS, *Hommage à Léonard de Vinci*, Musée du Louvre, 1952.

1952. ROTTERDAM, *Dessins du XVe au XIXe siècle*, Musée Boymans-van Beuningen, 1952.

1952-1953. WASHINGTON, CLEVELAND (Ohio), SAINT-LOUIS (Missouri), NEW YORK, *French Drawings Masterpieces from five centuries*, Havard University, Cleveland Museum of Art, City Art Museum, Fogg Art Museum, Métropolitan Museum of Art, 1952-1953.

1952-1953. HAMBOURG - MUNICH, *Meisterwerke der Französischen Malerei von Poussin bis Ingres*, Kunsthalle, Alten Pinakothek, 1952-1953.

1953. PARIS, *L'Art graphique au Moyen Age. Exposition de dessins, manuscrits enluminés, gravures et incunables conservés dans les collections de l'Ecole et tirés en majeure partie de la Donation J. Masson*, E.B.A., 1953.

1953. WINTERTHUR, *Théodore Géricault 1791-1824*, Kunstmuseum Winterthur, 1953.

1954. BERNE, *Das 17. Jahrhundert in der Französischen Malerei*, Kunstmuseum, 1954.

1954. LONDRES, *XVIIIth Century - Exhibition*, Royal Academy of Arts, 1954.

1954-1955. BRUXELLES, *L'Europe humaniste*, Palais des Beaux-Arts, 1954-1955.

1954-1955. LONDRES, *European Masters of the Eighteenth Century*, Royal Academy of Arts, 1954-1955.

1954-1955. TOKYO, FUKUOKA, KYOTO, *Catalogue de l'exposition d'Art français au Japon*, Musée d'Art Occidental, 1954-1955.

1955. PARIS, *Rembrandt et son temps.*

Dessins et eaux-fortes de Rembrandt et d'autres maîtres hollandais du XVIIe siècle conservés dans les collections de l'Ecole des Beaux-Arts, E.B.A., 1955.

1955. TOULOUSE - MONTAUBAN, *Ingres et ses maîtres. De Roques à David*, Musée des Augustins, Musée Ingres, 1955.

1955-1956. CHICAGO, MINNEAPOLIS, DETROIT, SAN FRANCISCO, *French Drawings masterpieces from the seven centuries*, Art Institute of Chicago, Minneapolis Institute of Arts, California Palace of the Legion of Honor, 1955-1956.

1956. LEYDE, *Rembrandt als Leermeester*, Stedelijk Museum de Lankenhal, 1956.

1956. LONDRES, *The Art of Drawings XVIth to XIXth Centuries*, Galerie Wildenstein, 1956.

1956. PRAGUE, *Francouzské uměni od Delacroix po Současnost*, Narodni, Galerie, 1956.

1956. ROME, *Paesisti e Vedutisti a Roma*, Galleria Nazionale d'Arte Antica, 1956.

1956. ROTTERDAM, AMSTERDAM, *1606-1956 Rembrandt, Tentoonstelling ter berdenking von de geboorte van Rembrandt op 15 juli 1606, tekeningen*, Museum Boymans-van Beuningen, Rijksmuseum, 1956.

1956. WINTERTHUR, *Gericault*, E. Bühler, 1956.

1957. CHARLEROI, *Exposition Fragonard-David-Navez*, Palais des Beaux-Arts, 1957.

1957. NANCY, *Autour de Claude Gellée; de Paul Bril à Joseph Vernet*, Musée des Beaux-Arts, 1957.

1958. BORDEAUX, *Paris et les ateliers provinciaux*, Musée des Beaux-Arts, 1958.

1958. HAMBOURG, COLOGNE, STUTTGART, *Das 17. Jahrhundert in der französische Malerei*, Kunsthalle, Wallraf-Richartz Museum, Wurtembergischen Kunstverein, 1958.

1958. PARIS, *La Renaissance italienne et ses prolongements européens. Exposition de dessins et de livres illustrés conservés dans les collections de l'Ecole des Beaux-Arts*, E.B.A., 1958.

1958. PARIS, *Pierre-Paul Prud'hon, 1758-1823*, Musée Jacquemart-André, 1958.

1959. BERNE, *Französische Zeichnungen von den Anfangen bis zum Ende der 19 Jahrhunderts*, Kunstmuseum, 1959.

1959. DIJON, *Pierre-Paul Prud'hon, 1758-1823. Les premières étapes de sa car-*

rière, Musée des Beaux-Arts, 1959.

1959. LONDRES, *The Romantic Movement*, Art Council of Great Britain, 1959.

1959. ROME, *Il Settencento a Roma*, Palazzo delle Esposizioni, 1959.

1960. ANVERS et ROTTERDAM, *Antoon van Dyck : Tekeningen en Olieverfschetsen*, Rubenshuis et Museum Boymans-van Beuningen, 1960.

1960. PARIS, *Bestiaire hollandais*, Institut Néerlandais, 1960.

1960. PARIS, *Nicolas Poussin*, Louvre, 1960.

1960-1961. WASHINGTON, TOLEDO, NEW YORK, *The splendid Century, French Art : 1600-1715*, National Gallery of Art, Toledo Museum of Art, Metropolitan Museum of Art, 1960-1961.

1961. CALAIS, *L'aquarelle romantique en France et en Angleterre*, Musée des Beaux-Arts, 1961.

1961. MANTOUE, *La Mostra di Andrea Mantegna*, Palazzo Ducale, 1961.

1961. NEW YORK, *Ingres in American Collections*, Paul Rosenberg and co., 1961.

1961. PARIS, *L'Art français au XVIIe siècle. Exposition de dessins, tableaux, sculptures, gravures et documents d'archives conservés dans les collections de l'Ecole*, E.B.A., 1961.

1961. ROME, *L'Italia vista dai Pittori Francesi del XVIII e XIX Secolo*, Palazzo delle Esposizioni, 1961.

1961. ROME, *I Francesi a Roma. Residenti e viaggiatori nella citta Eterna dal Rinascimento agli inizi del Romanticismo*, 1961.

1962. BRUXELLES, *Ile-de-France - Brabant*, Palais des Beaux-Arts, 1962.

1962. BOLOGNE, *L'Ideale classico del Seicento in Italia e la pittura di Paesaggio*, Palazzo dell' Archigiannasio, 1962.

1962. PARIS, *Première exposition des plus beaux dessins du Louvre et de quelques pièces célèbres des collections de Paris*, Louvre, 1962.

1962. ROME, *Il ritrato francese da Clouet a Degas*, Palazzo Venezia, 1962.

1962. SCEAUX, *Ile-de-France - Brabant*, Musée de l'Ile-de-France, 1962.

1962. VALENCIENNES, *Watteau*, Musée des Beaux-Arts, 1962.

1962. VARSOVIE, *Francuskie Rysunki XVII-XX W. I Thaniny*, Muzeum Marodowe W Warszawie, 1962.

1963. AARAU, *Handzeichnungen und Aquarelle aus den Museen Frankreichs - Drei Jahrhunderte französischer Zeichnenkunst*, Kunthaus Aarau, 1963.

1963. FLORENCE, *Disegni della fondazione Horne in Firenze*, Fondation Horne, 1963.

1963. LAUSANNE-AARAU, *Exposition des dessins français*, Musée des Beaux-Arts, 1963.

1963. PAU, *L'Art au temps d'Henri IV*, Musée des Beaux-Arts, 1963.

1963. STOCKHOLM, *Koutens venedig utställning anordnard med anledning av Konurg Gustaf VI adolfs attioarsdag*, Musée National, 1963.

1964. MICHIGAN, *Italy through Dutch Eyes*, Ann Arbor, 1964.

1965. PARIS, *L'Art français au XVIIIe siècle. Exposition de dessins, tableaux, sculptures, projets d'architectes et livres illustrés conservés dans les collections de l'Ecole*, E.B.A., 1965.

1965. UDINE, *Disegni del Tiepolo*, Loggio del Lionello, 1965.

1965. VENISE, *La Mostra dei Guardi*, Palazzo Grassi, 1965.

1965-1966. NEW YORK, *Drawings from New York collections, I, the Italian Renaissance*, Metropolitan Museum of Art, 1965-1966.

1965-1966. PARIS, *Le XVIe siècle européen. Peintures et dessins dans les collections publiques françaises*, Petit Palais, 1965-1966.

1966. HOUSTON (Texas), *Builders and humanists. The Renaissance popes as patrons of the arts*, 1966.

1966. STOCKHOLM, *Christine, reine de Suède, personnalité européenne du grand siècle; onzième exposition du Conseil de l'Europe*, Musée National, 1966.

1966. VIENNE, *L'Art et la pensée au XVIIIe siècle*, Belvédère, 1966.

1967. MONTARGIS, *Girodet 1767-1824*, Musée Girodet, 1967.

1967. MONTAUBAN, *Ingres et son temps*, Musée Ingres, 1967.

1967. MONTREAL, *French Art in 16th century*, Pavillon Français, 1967.

1967. PARIS, *Les grandes heures de l'amitié franco-suisse*, Hôtel de Rohan, 1967.

1967. PARIS, *Le cabinet d'un grand amateur P.J. Mariette, 1694-1774. Dessins du XVe siècle au XVIIIe siècle*, Louvre, 1967.

1967. PARIS, *Lorraine-marche de France, 1766-1966*, Hôtel de Rohan, 1967.

1967. PARIS, *Evocation de l'Académie de France à Rome*, Institut de France, 1967.

1967-1968. PARIS, *Ingres*, Petit Palais, 1967-1968.

1968. FLORENCE, *Mostra di disegni francesi da Callot à Ingres*, Cabinetto disegni e stampe degli Uffizi, 1968.

1968. LONDRES, *France in the XVIIIth century* Royal Academy, 1968.

1968. PARIS, *Rome à Paris*, Petit Palais, 1968.

1968. ROME, *Ingres in Italia*, Villa Médicis, 1968.

1969. BOLOGNE, *Mostra di Nicolo dell'Abate*, Palazzo dell'Archiginnasio, 1969.

1969. CHICAGO, *Rembrandt after three hundred years*, the Art Institute of Chicago, 1969.

1969. ROTTERDAM, *Erasmus en zijn Tijd*, Musée Boymans-van Beuningen, 1969.

1969. TOKYO, KYOTO, *Art français du XVIIIe siècle*, Musée National d'Art Occidental et Musée municipal, 1969.

1969. WASHINGTON, *Rembrandt in the national Gallery of Washington*, the National Gallery of Washington, 1969.

1970. LA ROCHELLE, *Fromentin - Le peintre et l'écrivain. 1820-1876*, Musée des Beaux-Arts, 1970.

1970. LOS ANGELES, *Studies in drawings selection from the Cecile and Milton Hebald collection*, the Grunwald graphic Arts Foundation, Dickson Art Center, University of California, 1970.

1970. MILAN, *Trentotto disegni di Rembrandt*, Pinacoteca di Brera, 1970.

1970. PARIS, *Rembrandt et son temps*, Musée du Louvre, 1970.

1971. NUREMBERG, *1471. Albrecht Dürer - 1971*, Germanischen Nationalmuseums, 1971.

1971. NEW YORK, *Drawings from New York collections, III, the Eighteenth century in Italy*, The Metropolitan Museum of Art, the Pierpont Morgan Library, 1971.

1971. PARIS, *Venise au dix-huitième siècle. Peintures, dessins et gravures des collections françaises*, Orangerie, 1971.

1971. PARIS, *Albert Dürer*, Bibliothèque Nationale, 1971.

1972. HEINO, *Cent dessins anciens*, Fondation Hannema, 1972.

1972. LOS ANGELES, DETROIT, PHILADELPHIE, *Géricault*, Museum of Art, Institute of Art, Museum of Art, 1972.

1972. PARIS, *Dessins de la collection*

du *Marquis de Robien conservés au Musée de Rennes*, Musée du Louvre, 1972.

1972. PARIS. *L'École de Fontainebleau*, Grand Palais, 1972.

1972. TORONTO. OTTAWA, SAN FRANCISCO, NEW YORK, *French masters drawings of the XVIIth and XVIIIth centuries, drawings in the North American collections*, 1972.

1972-1973. ROME, *Il paesaggio nel Disegno del Cinquecento Europeo*, villa Médicis, 1972-1973.

1973. AMSTERDAM, *Dessins hollandais XVIIe-XIXe siècles*, Musée Boymans-van Beuningen, 1973.

1973. CHOLET, *Trémolières*, Musée des Beaux-Arts, 1973.

1973. CLERMONT-FERRAND, *Prosper Marilhat, Peintures, dessins, gravures*, Musée Bargoin, 1973.

1973. LONDRES, *Salvator Rosa*, Hayward Gallery, 1973.

1973. OTTAWA, *Fontainebleau. L'Art en France. 1528-1610*, Galerie Nationale du Canada, 1973.

1973. PARIS, *La mort de Germanicus de Poussin du Musée de Minneapolis*, Musée du Louvre, 1973.

1973. PARIS, BRUXELLES et ROTTERDAM, *Dessins flamands et hollandais du dix-septième siècle. Collections de l'Ermitage, Leningrad et du Musée Pouchkine, Moscou*, Bibliothèque Royale Albert 1er, Musée Boymans-van Beuningen, Institut Néerlandais, 1973.

1973. PARIS, *Copies, Répliques, Pastiches*, Musée du Louvre, 1973.

1973. WASHINGTON, *Early Italian engravings from the National Gallery of Art*, The National Gallery of Art, 1973.

1974. BERLIN, *Die Holländische Landschaftszeichnung 1600-1700*, Kupferstichkabinett (S.M.P.K.), 1974.

1974. DIJON, *Musée des Beaux-Arts de Dijon. Dessins de la collection His de la Salle*, Palais des Etats de Bourgogne, 1974.

1974. PARIS, *Louis XV, un moment de perfection de l'Art français*, Hôtel de la Monnaie, 1974.

1974. PARIS, *Acquisitions récentes de toutes les époques*, Fondation Custodia, 1974.

1974-1975. PARIS, *Le néo-classicisme français, dessins des Musées de Province*, Petit Palais, 1974-1975.

1975. PARIS, *Dessins du Musée Atger de Montpellier*, Musée du Louvre, 1975.

1976. LONDRES, *Claude-Joseph Vernet*, Kenwood House, 1976.

1976. ORLEANS, *Dessins français du XVIe au XVIIIe siècle*, Hôtel Cabu, 1976.

1976. PARIS, *Claude-Joseph Vernet*, Musée de la Marine, 1976.

1976. STOCKHOLM, *Drawings in Swedish Public collections : French drawings sixteenth and seventeenth centuries*, 1976.

1976. VENISE, *Titien e sua Cuerchia*, San Giorgio Maggiore, Fondation Cini, 1976.

1976-1977. HARTFORD, SAN FRANCISCO, DIJON, *Jean-Baptiste Greuze, 1725-1805*, Wadworth Athenum, California Palace of the Legion of Honor, Musée des Beaux-Arts, 1976-1977.

1977. LONDRES, *French Landscape drawings and sketches of eighteenth century*, British Museum, 1977.

1977. LONDRES, *Nineteenth century french drawings*, Hazlitt, 1977.

1977. PRINCETON, *Murillo and his drawings*, the Art Museum, Princeton University, 1977.

1977-1978. PARIS, NEW YORK, *Rembrandt et ses contemporains. Dessins hollandais du dix-septième siècle*, collection Frits Lugt, Institut Néerlandais, the Pierpont Morgan Library, 1977-1978.

1977-1978. ROME, *Nicolas Poussin, 1594-1665*, Villa Médicis, 1977-1978.

1977-1978. PARIS, *Collections de Louis XIV, dessins, albums, manuscrits*, Orangerie, 1977-1978.

1978. NORTHAMPTON, *Antiquity in the Renaissance*, Smith College Museum of Art, 1978.

1978. PARIS, *Les dessins anciens*, Grand Palais, 1978.

1978. RENNES, *L'Art maniériste. Formes et symboles, 1520-1620*, Musée des Beaux-Arts, 1978.

1979. BRAUNSCHWEIG, *Jan Lievens, ein Maler im Schatten Rembrandts*, Herzog Anton Ulrich Museum, 1979.

1979. NICE, *L'Art religieux à Venise. 1500-1600*, Musée National Message biblique Marc Chagall, 1979.

1979. PARIS, *Claude Lorrain, dessins du British Museum*, Musée du Louvre, 1979.

1979. PARIS, *Dessins français du XIXe siècle du Musée Bonnat à Bayonne*, Musée du Louvre, 1979.

1979. PARIS, *Albrecht Dürer, 1471-1528*, Centre Culturel du Marais, 1979.

1979. PRINCETON, *Van Dyck as religious artist*, the Art Museum Princeton University, 1979.

1979-1980. CHICAGO, *Roman Drawings of the sixteenth century from the Musée du Louvre Paris*, the Art Institute of Chicago, 1979-1980.

1979-1980. PARIS, ANVERS, LONDRES, NEW YORK, *Le siècle de Rubens et de Rembrandt, dessins flamands et hollandais du XVIIe siècle de la Pierpont Morgan Library de New York*, Institut Néerlandais, Konintlijk Museum voor Schone Kunsten, British Museum, Pierpont Morgan Library, 1979-1980.

1979-1980. ROME, *Gericault*, Villa Médicis, 1979-1980.

1980. BORDEAUX, *Les Arts du théâtre de Watteau à Fragonard*, Galerie des Beaux-Arts, 1980.

1980. FLORENCE, *Editoria e Societa*, Orsan Michele, 1980.

1980. FLORENCE, *Il Primato del disegno*, Palazzo Strozzi, 1980.

1980. LONDRES, *Watteau drawings in the Britisch Museum*, British Museum, 1980.

1980. OTTAWA, *The young Van Dyck. Le Jeune Van Dyck*, Galerie Nationale du Canada, 1980.

Index des artistes

Les chiffres indiqués ci-dessous correspondent aux numéros des notices du catalogue.

Index des musées et des collections

Les chiffres indiqués ci-dessous correspondent aux numéros des notices du catalogue.

Table de concordance

entre les numéros d'inventaire (en italique) et ceux des notices du catalogue (en romain).

1	3	*374*	43	*954*	109	*1379*	144	*34 584 (L. 19)*	54
2	1	*381*	4	*962*	112	*1380*	145	*34 591 (L. 299)*	69
3	2	*388*	10	*963*	111	*1382*	147	*34 599 (L. 714)*	84
24	6	*389*	44	*973*	110	*1396*	148	*34 602 (L. 32)*	56
49	26	*391*	45	*979*	113	*1399*	149	*34 603 (L. 13)*	53
53	5	*393*	46	*995*	115	*1421*	151	*34 605 (L. 229)*	66
59	13	*400*	48	*1003*	116	*1424*	153	*34 608^1 (L. 482)*	75
61	11	*402*	47	*1007*	114	*1429*	92	*34 608^2 (L. 481)*	76
74	15	*403*	14	*1024*	117	*1453*	152	*34 611 (L. 359)*	72
117	8	*423*	50	*1025*	118	*1489*	155	*34 612 (L. 661)*	82
118	7	*424*	49	*1028*	120	*1494*	156	*34 636 (L. 627)*	80
120	17	*435*	9	*1030*	119	*1495*	154	*34 655 (L. 642)*	81
149	18	*443*	52	*1040*	121	*1500*	157	*34 669 (L. 567)*	78
175	19	*499*	86	*1042*	122	*1509*	158	*34 671 (L. 557)*	79
179	20	*546*	162	*1056*	94	*1512*	159	*34 677 (L. 414)*	73
180	21	*564*	87	*1060*	123	*1532*	160	*34 680 (L. 23)*	55
183	22	*591*	89	*1096*	126	*1533*	161	*34 690 (L. 342)*	71
190	24	*593*	88	*1099*	127	*1559*	163	*34 693 (L. 271)*	68
197	25	*612*	90	*1100*	125	*1589*	164	*34 759 (L. 154)*	59
207	16	*655*	91	*1102*	128	*1604*	170	*37 111 (L. 488)*	77
221	29	*696*	93	*1103*	124	*1605*	167	*37 119 (L. 266)*	67
222	31	*713*	95	*1104*	129	*1606*	169	*37 147 (L. 710)*	83
225	30	*715*	96	*1130*	134	*1607*	168		
230	34	*730*	97	*1138*	130	*1608*	166		
231	35	*733*	98	*1140*	131	*1609*	165		
232	33	*873*	27	*1176*	133	*1610*	132		
233	32	*874*	28	*1186*	109	*1658*	60		
247	140	*880*	99	*1187*	101	*1679*	85		
276	51	*937*	107	*1188*	135	*1689*	65		
289	42	*938*	108	*1189*	136	*1709*	64		
296	36	*939*	103	*1197*	139	*1710*	62		
299	37	*941*	106	*1202*	138	*1711*	61		
300	38	*942*	104	*1203 bis*	137	*1712*	63		
312	12	*946*	23	*1364*	141	*1738*	58		
335	39	*947*	102	*1376*	142	*34 157 (L. 430)*	74		
340	40	*949*	105	*1377*	146	*34 525 (L. 478)*	57		
348	41	*952*	150	*1378*	143	*34 526 (L. 479)*	70		

CREDITS PHOTOGRAPHIQUES

Ce catalogue a été composé à l'Ecole nationale supérieure des Beaux-Arts et achevé d'imprimer sur ses presses en avril 1981 sur du papier Centaure ivoire de chez Arjomari.

Maquette de Jean-Pierre Rosier.

Le catalogue de cette exposition a pu être réalisé
grâce à la générosité des Papeteries Canson et Montgolfier
et des Papeteries Arjomari.

ISBN 2 - 903639 - 000